부수명칭(部首名稱)

	1획		大	큰 대		木	나무 목
一	한 일		女	계집 녀		欠	하품 흠
丨	뚫을 곤		子	아들 자		止	그칠 지
丶	점 주(점)		宀	집 면(갓머리)		歹(歺)	뼈앙상할 알(죽을사변)
丿	삐칠 별(삐침)		寸	마디 촌		殳	칠 수(갖은등글월문)
乙(乚)	새 을		小	작을 소		毋	말 무
亅	갈고리 궐		尢(尣)	절름발이 왕		比	견줄 비
	2획		尸	주검 시		毛	터럭 모
二	두 이		屮(屮)	싹날 철		氏	각시 씨
亠	머리 두(돼지해머리)		山	메 산		气	기운 기
人(亻)	사람 인(인변)		巛(川)	개미허리(내 천)		水(氵)	물 수(삼수변)
儿	어진사람 인		工	장인 공		火(灬)	불 화
入	들 입		己	몸 기		爪(爫)	손톱 조
八	여덟 팔		巾	수건 건		父	아비 부
冂	멀 경(멀경몸)		干	방패 간		爻	점괘 효
冖	덮을 멱(민갓머리)		幺	작을 요		爿	조각널 장(장수장변)
冫	얼음 빙(이수변)		广	집 엄(엄호)		片	조각 편
几	안석 궤(책상궤)		廴	길게걸을 인(민책받침)		牙	어금니 아
凵	입벌릴 감(위터진입구)		廾	손맞잡을 공(밑스물입)		牛(牜)	소 우
刀(刂)	칼 도		弋	주살 익		犬(犭)	개 견
力	힘 력		弓	활 궁			5획
勹	쌀 포		彐(彑)	돼지머리 계(터진가로왈)		玄	검을 현
匕	비수 비		彡	터럭 삼(삐친석삼)		玉(王)	구슬 옥
匚	상자 방(터진입구)		彳	조금걸을 척(중인변)		瓜	오이 과
匸	감출 혜(터진에운담)			4획		瓦	기와 와
十	열 십		心(忄小)	마음 심(심방변)		甘	달 감
卜	점 복		戈	창 과		生	날 생
卩(㔾)	병부 절		戶	지게 호		用	쓸 용
厂	굴바위 엄(민엄호)		手(扌)	손 수(재방변)		田	밭 전
厶	사사로울 사(마늘모)		支	지탱할 지		疋	필 필
又	또 우		攴(攵)	칠 복 (등글월문)		疒	병들 녁(병질엄)
	3획		文	글월 문		癶	걸을 발(필발머리)
口	입 구		斗	말 두		白	흰 백
囗	에울 위(큰입구)		斤	도끼 근(날근)		皮	가죽 피
土	흙 토		方	모 방		皿	그릇 명
士	선비 사		无(旡)	없을 무(이미기방)		目(罒)	눈 목
夂	뒤져올 치		日	날 일		矛	창 모
夊	천천히걸을 쇠		曰	가로 왈		矢	화살 시
夕	저녁 석		月	달 월		石	돌 석

示(ネ)	보일 시	谷	골 곡	\multicolumn{2}{c	}{10 획}
禸	짐승발자국 유	豆	콩 두	馬	말 마
禾	벼 화	豕	돼지 시	骨	뼈 골
穴	구멍 혈	豸	발없는벌레 치(갖은돼지시변)	高	높을 고
立	설 립	貝	조개 패	髟	머리털늘어질 표(터럭발)
\multicolumn{2}{|c|}{6 획}	赤	붉을 적	鬥	싸울 투
竹	대 죽	走	달아날 주	鬯	술 창
米	쌀 미	足(⻊)	발 족	鬲	솥 력
糸	실 사	身	몸 신	鬼	귀신 귀
缶	장군 부	車	수레 거	\multicolumn{2}{c	}{11 획}
网(罓·罒)	그물 망	辛	매울 신	魚	물고기 어
羊	양 양	辰	별 진	鳥	새 조
羽	깃 우	辵(辶)	쉬엄쉬엄갈 착(책받침)	鹵	소금밭 로
老(耂)	늙을 로	邑(⻏)	고을 읍(우부방)	鹿	사슴 록
而	말이을 이	酉	닭 유	麥	보리 맥
耒	쟁기 뢰	釆	분별할 변	麻	삼 마
耳	귀 이	里	마을 리	\multicolumn{2}{c	}{12 획}
聿	붓 율	\multicolumn{2}{c	}{8 획}	黃	누를 황
肉(月)	고기 육(육달월변)	金	쇠 금	黍	기장 서
臣	신하 신	長(镸)	길 장	黑	검을 흑
自	스스로 자	門	문 문	黹	바느질할 치
至	이를 지	阜(⻖)	언덕 부(좌부방)	\multicolumn{2}{c	}{13 획}
臼	절구 구(확구)	隶	미칠 이	黽	맹꽁이 맹
舌	혀 설	隹	새 추	鼎	솥 정
舛(桀)	어그러질 천	雨	비 우	鼓	북 고
舟	배 주	靑	푸를 청	鼠	쥐 서
艮	그칠 간	非	아닐 비	\multicolumn{2}{c	}{14 획}
色	빛 색	\multicolumn{2}{c	}{9 획}	鼻	코 비
艸(艹)	풀 초(초두)	面	낯 면	齊	가지런할 제
虍	범의문채 호(범호)	革	가죽 혁	\multicolumn{2}{c	}{15 획}
虫	벌레 충(훼)	韋	다룸가죽 위	齒	이 치
血	피 혈	韭	부추 구	\multicolumn{2}{c	}{16 획}
行	다닐 행	音	소리 음	龍	용 룡
衣(衤)	옷 의	頁	머리 혈	龜	거북 귀(구)
襾	덮을 아	風	바람 풍	\multicolumn{2}{c	}{17 획}
\multicolumn{2}{|c|}{7 획}	飛	날 비	龠	피리 약변
見	볼 견	食(飠)	밥 식(변)	*는	↑ 심방(변) / 冫쾌방(변)
角	뿔 각	首	머리 수	부수의	氵삼수(변) / 犭개사슴록(변)
言	말씀 언	香	향기 향	변형글자	阝(邑)우부방) / 阝(阜) 좌부(변)

국립중앙도서관 출판시도서목록(CIP)

```
(Point up) 3-step 왕초보 1000 한자 / 창 [편].
— 서울 : 창, 2013  p. ; cm
감수: 최청화, 유향미
ISBN 978-89-7453-204-8 13710 : ₩8,000

한자(글자)[漢字]

711.47-KDC5
495.78-DDC21    CIP2012006026
```

Point Up 3step 왕초보 1000 한자

2013년 05월 20일 1쇄 발행
2023년 04월 20일 6쇄 발행

감수자 | 최청화/유향미
펴낸이 | 이규인
편 집 | 홍보현
펴낸곳 | 도서출판 **창**
등록번호 | 제15-454호
등록일자 | 2004년 3월 25일

주소 | 서울특별시 마포구 대흥로 4길 49, 1층(용강동, 월명빌딩)
전화 | (02) 322-2686, 2687 / **팩시밀리** | (02) 326-3218
홈페이지 | http://www.changbook.co.kr
e-mail | changbook1@hanmail.net

ISBN 978-89-7453-204-8 13710

정가 8,000원
*잘못 만들어진 책은 〈도서출판 **창**〉에서 바꾸어 드립니다.

*이 책의 저작권은 〈도서출판 **창**〉에 있습니다.
 저작권법에 의해 보호를 받는 저작물이므로 무단 전재와 복제를 금합니다.

Point up

3-step 왕초보
1000 한자

창
Chang Books

Foreword

간편하고 효율적인 학습을 위해

여러분은 지금 국제화 시대에 살고 있습니다. 한자는 중국 등 한자문화권 국가와의 비즈니스 관계에 따라 영어와 마찬가지로 여러분과 떼려야 뗄 수 없는 불가분의 관계입니다. 지구상에 글자를 소리글자와 뜻글자로 크게 분류한다면 소리글자가 영어라면 뜻글자는 한자입니다. 이러한 시대 상황을 고려하여 편집·제작된 Pointup 3-step 왕초보 1000 한자는 교육부에서 발표한 "21세기 한자·한문 교육의 내실을 기하며, 새로운 교육적 전망을 확립하기 위하여 만들어졌습니다. 따라서 한자 능력시험의 4Ⅱ급~8급까지의 기초한자 및 필수한자와 핵심한자 등을 포함해서 초급부터 누구나 부담없이 공부할 수 있도록 하였습니다. 그리고 왕초보자를 위해 필순을 넣어 쉽게 쓸 수 있도록 하였으며, 또한 10년 이상 각종 시험자료에서 입증된 핵심한자만을 골라 1000한자로 구성하였습니다. 우리글은 상당 부분을 한자에서 유래된 말이 많이 차지하고 있어 비록 복잡하지만 공부해보면 정말 신비하고 재미있는 철학이 담겨있다는 것을 알게 될 것입니다.

이 책의 구성을 살펴보면,

Part Ⅰ   왕초보 1스텝 기초한자 – 초급 단계 (7~8급)
Part Ⅱ   왕초보 2스텝 필수한자 – 중급 단계 (5~6급)
Part Ⅲ   왕초보 3스텝 핵심한자 – 고급 단계 (4~4Ⅱ급)

이와 같이 단계(급수)별로 분류한 후, 중요도에 따라 알기 쉽게 '가나다(ㄱ, ㄴ, ㄷ)'순으로 배열·수록하였으며, 학생들이 언어생활과 전공 학습에 필요한 한자를 학습하고, 국가공인 한자자격증 시험을 준비하는 데 도움을 주고자 상용 한자 어휘의 자료를 충실히 반영하고, 그외 다양한 실생활과 학업에 필요한 한자만을 열거하였습니다. 모든 한자는 표제자(標題字)의 부수(部首), 획수(畫數), 총획수(總畫數)를 표시하였습니다. 그리고 한문 교육용 기본한자 1000자 중에서 기초한자 150자, 필수한자 350자, 나머지 핵심한자 500자로 구성되었습니다. 그리고 세계화에 대비해서 완벽한 언어로 발전하기 위해

F·o·r·e·w·o·r·d

4개국어로 표기되어 누구든지 쉽게 활용할 수 있습니다. 또한 한자 어휘를 중심으로 해당 한자의 음과 뜻, 한자 어휘의 활용, 해당 어휘가 활용된 예를 제시하였으며, 중·고등학교 교육용 기초한자는 中, 高로 구분하였으며, 한자 능력검정시험용 급수도 함께 수록하였습니다. 급수 표기는 (社)대한민국한자 교육연구회(대한검정회)와 (社)한국어문회가 배정한 공동으로 사용되는 급수를 앞에 수록하였으며, 중국어 간체자뿐만 아니라 일본어 약자 및 파생어 등도 함께 수록하여 한자 익히기에 도움을 주었다. 부록은 한자 학습에 꼭 필요한 알찬 내용만을 엄선하여 실었습니다.

그리고 포켓용으로 만들어져 휴대하며 공부할 수 있기에 한자학습을 한층 Point up 함으로써 여러분의 한자실력을 단계별로 향상시켜 줄 것입니다.

참고로 이 책을 학습하는 데 필요한 사용기호를 살펴보면,

기본 뜻 외에, 영어, 중국어, 일본어 등을 표기하고 교육용 1000 기본한자는 반대자와 상대자, 약자와 속자 등을 제시하고 영 → 영어, 중 → 중국어, 일 → 일본어, 유 → 유의어, 반 → 반의어를 표시하였습니다.

*예문은 두음법칙에 따라 표기했음. 中-중학교, 高-고등학교 표기.

〈본문설명〉

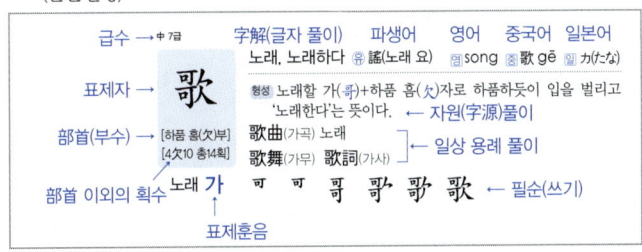

contents

차례

- Part I 왕초보 1스텝 기초 한자 7
  (초급 단계 : 7~8급)
- Part II 왕초보 2스텝 필수 한자 59
  (중급 단계 : 5~6급)
- Part III 왕초보 3스텝 핵심 한자 177
  (고급 단계 : 4~4Ⅱ급)

〈부록〉
- 한자(漢子)에 대하여   346
- 부수(部首) 일람표   350
- 두음법칙(頭音法則) 한자   362
- 동자이음(同字異音) 한자   364
- 약자(略字)·속자(俗字)   368
- 고사성어(故事成語)   370
- 찾아보기   383

Part I

3-step
1단계

기초한자

中 7급

[하품 흠(欠)부]
[4欠10 총14획]

노래 가

노래, 노래하다 ㉠謠(노래 요) ㉢song ㈜歌 gē ㈛カ(たな)

형성 노래할 가(哥)+하품 흠(欠)자로 하품하듯이 입을 벌리고 '노래한다'는 뜻이다.

歌曲(가곡) 노래

歌舞(가무) 歌詞(가사)

可 可 哥 歌 歌 歌

中 7급

[갓머리(宀)부]
[3宀7 총10획]

집 가

집, 가정 ㉠宅(집 댁) ㉢house ㈜家 jiā ㈛カ·ケ(いえ)

회의 움집 면(宀)+돼지 시(豕)자로 돼지는 새끼를 많이 낳으므로 사람이 모여사는 '집'을 뜻한다.

家系(가계) 한 집안의 혈통

家奴(가노) 家具(가구) 家內(가내)

宀 宀 宁 字 宇 家 家

8 | 3-Step 왕초보 1000한자 – 1단계

1단계

中 7급

[문 문(門)부]
[8門4 총12획]

사이 **간**

사이, 틈   영gap 중間 jiān 일カン(あいだま)

회의 문 문(門)+날 일(日)자로 빛이 문틈으로 새어들어 오므로 '사이'를 뜻한다.

間隔(간격) 서로 떨어져 있는 거리

間色(간색)   間伐(간벌)   間食(간식)

丨 丨 門 門 間 間

中 7급

[물 수(삼수변) 水(氵)부]
[3氵3 총6획]

강 **강**

강, 큰 내   반山(뫼 산)   영river 중江 jiāng 일コウ(え)

회의·형성 물 수(氵=水)+만들 공(工)자로 가장 큰 물줄기를 만드는 '강'의 뜻이다.

江口(강구) 강 어귀

江南(강남)   江邊(강변)   江村(강촌)

丶 丶 氵 氵 江 江

中 7급

[수레 거(車)부]
[7車0 총7획]

수레 **거/차**

수레, 수레의 바퀴   영cart 중车 jū chē 일シャ(くるま)

상형 외바퀴차의 모양을 본뜬 글자이다.

車馬費(거마비) 교통비

車駕(거가)   車馬(거마)   車輛(차량)

一 冂 冃 百 亘 車

7·8급 기초한자 | 9

中 7급

工
[장인 공(工)부]
[3工0 총3획]
장인 **공**

장인, 교묘하다　영 artisan　중 工 gōng　일 コウ(たくみ)

상형 목수가 사용하는 자를 본뜬 자로 '만들다'의 뜻이다.

工科(공과) 공업에 관한 학과

工巧(공교) 工具(공구) 工夫(공부)

一 丁 工

中 7급

空
[구멍 혈(穴)부]
[5穴3 총8획]
빌 **공**

비다, 하늘　유 虛(빌 허)　영 empty　중 空 kōng　일 クウ(そら)

형성 구멍 혈(穴)+장인 공(工)자로 공구로 땅을 파내므로 '비다'의 뜻이다.

空間(공간) 비어 있는 곳

空白(공백) 空氣(공기) 空腹(공복)

丶 宀 宂 空 空 空

中 8급

[나무 목(木)부]
[4木6 총10획]
학교 **교**

학교, 가르치다　영 school　중 校 xiào　일 コウ(くらべる)

형성 나무 목(木)+사귈 교(交)자로 구부러진 나무를 곧게 해주는 곳으로 '학교'라는 뜻이다.

校門(교문) 학교의 문

校風(교풍) 校旗(교기) 校內(교내)

十 木 朩 朩 柊 校

• 1단계

中 8급

[칠 복(등글월문) 攵(攴)부]
[4攵7 총11획]

가르칠 **교**

가르치다, 학교   영 educate 중 教 jiào 일 教キョウ(おしえる)

회의 어린아이를 사귀거나 '가르치다'의 뜻이다.

教權(교권) 교육상 교육자의 권리

教具(교구) **教師**(교사) **教生**(교생)

ㄨ ㄠ ㄠ ㆆ 孝 敎 敎

中 8급

[새 을(乙)부]
[1乙1 총2획]

아홉 **구**

아홉, 아홉 번   영 nine 중 九 jiǔ 일 九キユウ·ク(ここのつ)

지사 열 십(十)자의 열에서 하나 떨어져 나갔으므로 '아홉'을 뜻한다.

九曲(구곡) 아홉 굽이

九十春光(구십춘광) **九氣**(구기) **九族**(구족)

丿 九

中 7급

[입 구(口)부]
[3口0 총3획]

입 **구**

입, 말하다   영 mouth 중 口 kǒu 일 コウ(くち)

상형 사람의 입모양을 본뜬 글자이다.

口舌(구설) 입과 혀

口術(구술) **口徑**(구경) **口頭**(구두)

丨 冂 口

中 8급

國
[큰입 구(口)부]
[3口8 총11획]

나라 **국**

나라, 도읍   영 country 중 国 guó 일 国 コク(くに)

회의 에울 위(口)+창 과(戈)+입 구(口)+한 일(一)자로 무기를 들고 백성 영토를 지키는 '나라'의 뜻이다.

國權(국권) 국가의 권력

國手(국수) **國基**(국기) **國道**(국도)

冂 冋 囷 國 國 國

中 8급

軍
[수레 거(車)부]
[7車2 총9획]

군사 **군**

군사, 전투   영 military·district 중 军 jūn 일 グン(いくさ)

회의 수레 거(車)+ 포(勹)자로 전차를 둘러싸고 있는 '군사'란 뜻이다.

軍官(군관) 군인과 관리

軍紀(군기) **軍歌**(군가) **軍犬**(군견)

冖 宀 写 宣 宣 軍

中 8급

金
[쇠 금(金)부]
[8金0 총8획]

쇠 **금**
성 **김**

쇠, 금   영 gold 중 金 jīn 일 キン(かな)

형성 이제 금(今)+흙 토(土)를 합치고 양쪽에 두 점을 찍어 흙 속에서 빛을 발하는 '금'을 뜻한다.

金冠(금관) 금으로 만든 관

金髮(금발) **金庫**(금고) **金泉**(김천)

人 合 仐 仐 余 金

1단계

高 7급

[모 방(方)부]
[4方10 총14획]

기 **기**

기, 대장기   영 flag 중 旗 qí 일 キ(はた)

형성 전쟁에서 지휘하기 위하여 높이 올리는 '기'를 뜻한다.

旗手(기수) 기를 든 사람
旗亭(기정) 旗幟(기치) 旗章(기장)

⺊ 方 方 斻 斾 旌 旗 旗

中 7급

[말씀 언(言)부]
[7言3 총10획]

적을 **기**

기록하다   유 錄(기록할 록)   영 record 중 记 jì 일 キ(しるす)

형성 말씀 언(言)+몸 기(己)자로 말을 다듬어 마음에 '기록하다'를 뜻한다.

記事(기사) 사실을 있는 그대로 적음
記名(기명) 記錄(기록) 記帳(기장)

⺊ ㅗ 言 言 記 記 記

中 7급

[기운 기(气)부]
[4气6 총10획]

기운 **기**

기운, 숨기   영 air 중 气 qì 일 気 キ

형성 기운 기(气)+쌀 미(米)자로 쌀로 밥을 지을 때 나오는 '수증기'를 뜻한다.

氣骨(기골) 기혈과 골격
氣母(기모) 氣球(기구) 氣道(기도)

⺊ ㄥ 气 气 気 氣 氣

中 8급

南
[열 십(十)부]
[2+7 총9획]

남녘 남

남녘 🔄 北(북녘 북)　　영 south　중 南 nán　일 ナン(みなみ)

형성 싹나올 철(屮)+멀 경(冂)자로 나무가 무성해서 뻗어가는 곳은 '남쪽'의 뜻이다.

南國(남국) 남쪽에 위치한 나라
南方(남방)　南極(남극)　南部(남부)

十 冂 丙 甫 南 南

中 7급

男
[밭 전(田)부]
[5田2 총7획]

사내 남

사내, 남자 🔄 女(계집 녀)　영 man　중 男 nán　일 ダン(おとこ)

회의 밭 전(田)+힘 력(力)자로 밭에 나가 노력하여 생산하는 '사내'의 뜻이다.

男系(남계) 남자쪽의 혈연계통
男性(남성)　男妹(남매)　男便(남편)

丨 冂 田 田 男 男

中 7급

內
[들 입(入)부]
[2入2 총4획]

안 내

안, 속 🔄 外(바깥 외)　영 inside　중 內 nèi　일 ナイ(うち)

회의 멀 경(冂)+들 입(入)자로 집 안으로 들어오므로 '안'을 뜻한다.

內艱(내간) 어머니의 상사
內申(내신)　內面(내면)　內服(내복)

丨 冂 內 內

中 8급

[계집 녀(女)부]
[3女0 총3획]

계집
녀(여)

여자, 계집 반男(사내 남) 영female 중女 nǚ 일ジョ(おんな)

상형 여자가 손을 앞으로 모으고 무릎을 꿇고 앉아 있는 '여자'의 모습이다.

女傑(여걸) 걸출한 여자

女唱(여창) 女軍(여군) 女王(여왕)

く 夂 女

中 8급

[방패 간(干)부]
[3干3 총6획]

해 년(연)

해, 나이 유歲(해 세) 영year 중年 nián 일ネン(とし)

형성 벼 화(禾)+일천 천(千)자로 벼 수확하는 기간이 1년이므로 '해'를 뜻한다.

年期(연기) 만1년

年老(연로) 昨年(작년) 年歲(연세)

ノ 亇 匚 乍 年 年

中 7급

[별 진(辰)부]
[7辰6 총13획]

농사 농

농사, 농사짓다 영farming 중农 nóng 일ノウ

형성 굽을 곡(曲)+별 신(辰)자로 농부가 밭일할 때는 별을 보며 일하므로 '농사'를 뜻한다.

農耕(농경) 논밭을 경작함

農功(농공) 農家(농가) 農夫(농부)

冂 曲 芇 農 農 農

中 7급

[대 죽(竹)부]
[6竹6 총12획]

대답할 **답**

대답하다 〔반〕 問(물을 문) 〔영〕 answer 〔중〕 答 dá 〔일〕 トウ(こたえる)

〔형성〕 대 죽(竹)+합할 합(合)자로 옛날 대쪽에 써서 보낸 편지에 '대답'의 뜻이다.

答禮(답례) 받은 예를 갚는 일

答辭(답사) **答訪**(답방) **答狀**(답장)

⺊ ⺮ 欠 筊 筊 答 答

中 8급

[큰 대(大)부]
[3大0 총3획]

큰 **대**

크다, 많다 〔유〕 太(클 태) 〔영〕 great 〔중〕 大 dà 〔일〕 タイ(おおきい)

〔지사〕 사람이 팔과 다리를 크게 벌리고 있는 모양을 본뜬 글자로 '크다'를 뜻한다.

大家(대가) 부귀한 집

大吉(대길) **大闕**(대궐) **大量**(대량)

一 ナ 大

中 7급

[쉬엄쉬엄갈 책받침(辶)부]
[4辶_9 총13획]

길 **도**

길, 도로 〔유〕 路(길 로) 〔영〕 road 〔중〕 道 dào 〔일〕 ドウ(みち)

〔회의·형성〕 머리 수(首)+쉬엄쉬엄갈 착(辶)자로 사람이 마땅히 지켜야 할 도덕적인 일이 '도리'이다.

道德(도덕) 사람이 행해야할 바른 길

道界(도계) **道具**(도구) **道民**(도민)

丷 ⺍ 首 首 道 道

1-step

中 7급

[이 수(冫)부]
[2冫3 총5획]

겨울 **동**

겨울, 동절기   영winter 중冬 dōng 일トウ(ふゆ)

회의 뒤져올 치(夂)+얼음 빙(冫)자로 발밑에 얼음이 어는 '겨울'을 뜻한다.

冬季(동계) 겨울철

冬至(동자) 冬眠(동면) 冬至(동지)

丿 ク 夂 冬 冬

中 8급

[나무 목(木)부]
[4木4 총8획]

동녘 **동**

동녘, 동쪽   반西(서녘 서) 영east 중东 dōng 일トウ(ひがし)

회의 해 일(日)+나무 목(木)자로 해가 떠올라 나뭇가지 중간에 걸쳐 있으므로 '동녘'을 뜻한다.

東史(동사) 우리 나라의 역사

東床(동상) 東邦(동방) 東洋(동양)

一 ᅳ 冂 百 申 東 東

中 7급

[힘 력(力)부]
[2力9 총11획]

움직일 **동**

움직이다, 일하다   영move 중动 dòng 일トウ(うごかす)

형성 무거울 중(重)+힘 력(力)자로 무거운 것을 힘으로 '움직이다'의 뜻이다.

動産(동산) 금전 등으로 이동이 가능한 재산

動因(동인) 動力(동력) 動脈(동맥)

二 ᅳ 台 重 重 動 動

7-8급 기초한자 | **17**

中 7급

同
[입 구(口)부]
[3口3 총6획]

한가지 **동**

한 가지, 같이 하다 영 same 중 同 tóng 일 トウ(おなじ)

회의 무릇 범(凡)+입 구(口)자로 여러 사람의 입에서 나온 의견이 '한 가지'를 뜻한다.

同級(동급) 같은 학년
同名(동명) **同甲**(동갑) **同生**(동생)

丨 冂 冂 冋 同 同

中 7급

洞
[물 쉬[삼수변] 水(氵)부]
[3氵6 총9획]

마을 **동**
통할 **통**

고을, 구멍 영 village 중 洞 dòng 일 ドウ(ほら)

형성 물 수(氵)+한 가지 동(同)자로 물로 움푹 패여 사람이 한데 모여사는 '마을'을 뜻한다.

洞窟(동굴) 깊고 넓은 큰 굴
洞天(동천) **洞口**(동구) **洞察**(통찰)

氵 氵 氵 汩 汩 洞 洞

中 7급

登
[걸을 발(癶)부]
[5癶7 총12획]

오를 **등**

오르다, 기재하다 영 climb 중 登 dēng 일 ト・トウ(のぼる)

회의 걸을 발(癶)+콩 두(豆)자로 두 발로 서서 높은 곳에 '오르다'의 뜻이다.

登高(등고) 높은 곳에 오름
登用(등용) **登校**(등교) **登極**(등극)

ㄱ 癶 癶 咎 登 登

• 1단계

中 7급

來

[사람 인(人)부]
[2人6 총8획]

올 래(내)

오다, 오게 하다 ㉑ 去(갈 거) ㉼ come ㉭ 来 lái ㉔ 来 ライ(きたる)

상형 보리 이삭이 매달려 처져 있는 모양을 본뜬 글자로 하늘이 내리신 것이므로 '오다'를 뜻한다.

來訪(내방) 찾아옴

來世(내세) 來賓(내빈) 來日(내일) 來訪(찾아옴)

一 十 ナ 朿 來 來

中 7급

力

[힘 력(力)부]
[2力0 총2획]

힘 력(역)

힘, 힘쓰다   ㉼ strength ㉭ 力 lì ㉔ リョク·リキ(ちから)

상형 물건을 들어올릴 때 팔에 생기는 근육의 모양을 본뜬 글자로 '힘쓰다'를 뜻한다.

力說(역설) 힘써 말함

力點(역점) 力道(역도) 力士(역사) 力說(역설)

フ 力

中 7급

老

[늙을 로(耂/老)부]
[6老0 총6획]

늙을 로(노)

늙다, 지치다 ㉑ 少(젊을 소) ㉼ old ㉭ 老 lǎo ㉔ ロウ(おいる)

상형 머리카락이 길고 허리가 굽은 노인이 지팡이를 짚고 서 있는 모양을 본뜬 글자이다.

老境(노경) 늙바탕

老年(노년) 老將(노장) 老翁(노옹)

一 十 土 耂 耂 老

7-8급 기초한자 | **19**

中 8급

[여덟 팔(八)부]
[2八2 총4획]

여섯 륙(육)

여섯, 여섯 번   영six 중六 liù 일ロク

지사 양손의 세 손가락을 펼친 모양을 본뜬 글자로 합하여 '여섯'을 뜻한다.

六旬(육순) 60세. 또는 60일

六角(육각)　六禮(육례)　六法(육법)

丶 亠 六 六

中 7급

[마을 리(里)부]
[7里0 총7획]

마을 리(이)

마을, 이   영village 중里 lǐ 일リ(さと)

회의·형성 밭 전(田)에 흙 토(土)자로 밭과 밭이 두렁을 사이에 두고 연이어 있는 '마을'을 뜻한다.

鄕里(향리) 고향

洞里(동리)　里長(이장)　鄕里(향리)

丨 口 日 日 旦 里 里

中 7급

[나무 목(木)부]
[4木4 총8획]

수풀 림(임)

수풀, 숲 ㈜ 樹(나무 수)   영forest 중林 lín 일リン(はやし)

회의 두 그루의 나무가 서있는 형상으로 나무가 한곳에 많이 모여 있는 '수풀'의 뜻이다.

林立(임립) 숲의 나무들처럼 죽 늘어섬

林業(임업)　林産(임산)　林野(임야)

一 十 才 木 朴 村 林 林

中 7급

[설 립(立)부]
[5立0 총5획]

설 **립(입)**

서다, 세우다   영 stand   중 立 lì   일 リツ(たてる)

회의 큰 대(大)+한 일(一)자로 사람이 땅 위에 바로 '서다'의 뜻이다.

立脚(입각) 발판을 만듦

立證(입증)   立地(립지)   立冬(립동)

丶 亠 ㇒ 立 立

中 8급

[풀초(초두) 艸(++)부]
[4++9 총13획]

일만 만

1만, 다수   영 ten thousand   중 万 wàn   일 万 マン(よろず)

상형 독충인 전갈 모양을 본뜬 자로 무리지어 사는 전갈은 수가 많다의 '일만'의 뜻이다.

萬福(만복) 많은 복

萬歲(만세)   萬感(만감)   萬能(만능)

艹 艹 芍 苩 萬 萬 萬

中 7급

[말 무(毋)부]
[5毋2 총7획]

매양 매

매양, 늘   영 every, always   중 每 měi   일 マイ(ごと)

형성 싹날 철(屮)+어미 모(母)자로 풀이 무성한 것을 뜻하며 '매양'의 뜻이다.

每番(매번) 번번이

每事(매사)   每年(매년)   每日(매일)

丿 亠 亡 乍 与 每 每

中 7급

面

[얼굴 면(面)부]
[9面0 총9획]

얼굴 **면**

낯, 얼굴　　　영 face 중 面 miàn 일 メン(かお)

상형 목과 얼굴의 윤곽을 그려 '얼굴'을 뜻한다.

面鏡(면경) 얼굴을 볼 수 있는 작은 거울

面刀(면도) 面談(면담) 面貌(면모)

一 厂 丆 而 而 面

中 7급

名

[입 구(口)부]
[3口3 총6획]

이름 **명**

이름, 외형　　　영 name 중 名 míng 일 メイ(な)

회의 저녁 석(夕)+입 구(口)자로 저녁에는 얼굴을 분간할 수 없어 '이름'을 불러야 한다는 뜻이다.

名曲(명곡) 이름난 악곡

名士(명사) 名物(명물) 名分(명분)

中 7급

命

[입 구(口)부]
[3口5 총8획]

목숨 **명**

목숨, 수명　㈜ 令(하여금 령)　영 life 중 命 mìng 일 メイ(いのち)

회의 명령 령(令)+입구(口)자로 임금의 명령은 '목숨'을 바쳐 지켜야 한다는 뜻이다.

命令(명령) 윗사람이 아랫사람에게 시킴

命中(명중) 命巾(명건) 運命(운명)

中 8급

[말 무(母)부]
[5母0 총5획]

어미 모

어미, 근원 　　　　영 mother 중 母 mǔ 일 ボ(はは)

상형 어미가 어린아이를 가슴에 품고 있는 모양을 본뜬 자다.

母校(모교) 자기의 출신 학교
母體(모체)　母系(모계)　母國(모국)

ㄴ　乙　母　母　母

中 8급

[나무 목(木)부]
[4木0 총4획]

나무 목

나무, 목재　유 樹(나무 수)　　영 tree 중 木 mù 일 ボク(き)

상형 땅에 뿌리를 박고 가지를 벌리고 서있는 나무의 모양을 본뜬 글자이다.

木工(목공) 나무로 물건을 만드는 일
木器(목기)　木馬(목마)　木石(목석)

一　十　才　木

中 8급

[문 문(門)부]
[8門0 총8획]

문 문

문, 문간　　　　영 door 중 门 mén 일 モン(かど)

상형 두 개의 문짝을 달아놓은 모양을 본뜬 글자로 '집 안'을 뜻한다.

門客(문객) 집안에 있는 식객
門限(문한)　門前(문전)　門中(문중)

丨　冂　冂　門　門　門

中 7급

問
[입 구(口)부]
[3口8 총11획]

물을 문

묻다 (반) 答(대답 답)　　(영) ask (중) 问 wèn (일) モン(とう)

(형성) 문 문(門)+입 구(口)자로 문 앞에서 입을 열어 말하며 '묻다'의 뜻이다.

問病(문병) 앓는 사람을 찾아보고 위로함
問罪(문죄) 問答(문답) 問題(문제)

「　「　門　門　問　問

中 7급

文
[글월 문(文)부]
[4文0 총4획]

글월 문

글월, 문장 (유) 章(글 장)　　(영) letter (중) 文 wén (일) ブン(もじ)

(상형) 사람의 몸에 그린 무늬 모양을 본뜬 '글자'의 뜻이다.

文格(문격) 문장의 품격
文魁(문괴) 文明(문명) 文魚(문어)

、　亠　ナ　文

中 7급

物
[소 우(牛)부]
[4牛4 총8획]

만물 물

만물 (유) 件(물건 건)　(영) matter, goods (중) 物 wù (일) ブツ(もの)

(상형·지사) 소 우(牛)+말 물(勿)자로 부정이 씻긴 산제물인 소의 뜻에서 '물건'을 뜻한다.

物價(물가) 물건의 값
物望(물망) 物件(물건) 物量(물량)

丶　牛　牜　牞　物　物

中 8급

民
[성 씨(氏)부]
[5刀0 총5획]

백성 **민**

백성 ^반 官(벼슬 관)　　^영 people ^중 民 mín ^일 ミン(たみ)

^{회의} 덮을 멱(冖)+성 씨(氏)자로 집안 가득한 '백성'의 뜻이다.

民權(민권) 인민의 권리

民族(민족)　**民家**(민가)　**民泊**(민박)

フ コ ア 尸 民

中 7급

方
[모 방(方)부]
[4方0 총4획]

모 **방**

모, 각　　　　^영 square ^중 方 fāng ^일 ホウ(かた)

^{상형} 두 척의 뱃머리를 하나로 묶어놓은 모양으로 '방위'의 뜻이다.

方今(방금) 지금, 금방

方書(방서)　**方途**(방도)　**方面**(방면)

丶 一 亍 方

中 8급

白
[흰 백(白)부]
[5白0 총5획]

흰 **백**

희다, 깨끗하다 ^반 黑(검을 흑) ^영 white ^중 白 bái ^일 ハク(しろい)

^{지사} 해 일(日)+삐칠 별(丿)자로 해가 빛을 발해 '희다'를 뜻한다.

白骨(백골) 흰 뼈

白露(백로)　**白晝**(백주)　**白人**(백인)

' ⺊ 白 白 白

7-8급 기초한자 | **25**

中 7급

百
[흰 백(白)부]
[6白0 총6획]

일백 **백**

일백, 100　　　영 hundred　중 百 bǎi　일 ヒャク(もも)

형성 한 일(一)+흰 백(白)자로 머리카락이 하얗게 센 사람은 '많다'는 뜻이다.

百家(백가) 많은 집

百方(백방)　百官(백관)　百姓(백성)

一 アアア百百百

中 7급

夫
[큰 대(大)부]
[3大1 총4획]

지아비 **부**

지아비(남편)　반 婦(아내 부)　영 husband　중 夫 fū　일 フ(おっと)

회의 큰 대(大)+한 일(一)자로 머리위에 상투틀어 관례를 올린 성인남자인 '지아비'의 뜻이다.

夫婦(부부) 남편과 아내

夫日(부일)　夫君(부군)　夫婦(부부)

一 二 夫

中 8급

父
[아비 부(父)부]
[4父0 총4획]

아비 **부**

아비, 아버지　반 母(어미 모)　영 father　중 父 fù　일 フ(ちち)

상형 오른 손[乂:又]에 도끼 들고 일하는 남자로 가족을 거느리고 인도하는 '아버지'를 뜻한다.

父道(부도) 아버지로서 지켜야할 도리

父命(부명)　父女(부녀)　父母(부모)

' ハ グ 父

1단계

中 8급

北
[비수 비(匕)부]
[2匕3 총5획]

북녘 북
달아날 배

북녘, 북쪽 반 南(남녘 남)   영 north 중 北 bě 일 ホク(きた)

상형 서로 등진 두 사람을 뜻한다.

北極(북극) 북쪽 끝
北斗(북두) 北道(북도) 敗北(패배)

丨 ㅏ ㅓ 北 北

中 7급

不
[한 일(一)부]
[1─3 총4획]

아니 불
아닐 부

아니다, 못하다   영 not 중 不 bù 일 フ·ブ

지사 하나[一]의 작은[小] 잘못도 아니 된다.

不德(부덕) 덕이 없음.
不變(불변) 不安(불안) 不渡(부도)

一 ㄱ 구 不

中 7급

事
[갈고리궐(亅)부]
[1亅7 총8획]

일 사

일하다, 직분   영 work 중 事 shì 일 ジ(こと)

형성 역사 사(史)+갈 지(之)자로 관청이나 상점에서 기를 내걸고 일을 취급한데서 '일'의 뜻이다.

事件(사건) 뜻밖에 있는 변고
事理(사리) 事故(사고) 事實(사실)

一 ㄇ ㅁ 亘 写 写 事

7-8급 기초한자 | 27

中 8급

四
[큰입 구(口)부]
[3口2 총5획]

넉 **사**

넷, 네 번　　　영 four 중 四 sì 일 シ(よ·よつ)

지사 에울 위(口)+여덟 팔(八)자로 사방을 네 부분으로 나누는 모양으로 '넷'의 뜻이다.

四角(사각) 네모

四面(사면)　四季(사계)　四足(사족)

丨 冂 冂 四 四

中 8급

山
[뫼 산(山)부]
[3山0 총3획]

뫼 **산**

뫼(메), 산 반 川(내 천) 영 mountain 중 山 shān 일 サン(やま)

상형 지평선 위에 솟아 있는 세 산봉우리를 본뜬 자로 '산'을 뜻한다.

山林(산림) 산과 숲, 또는, 산에 있는 숲

山寺(산사)　山蔘(산삼)　山脈(산맥)

丨 山 山

中 7급

算
[대 죽(竹)부]
[6竹8 총14획]

셈할 **산**

셈하다, 산가지 유 計(셀 계) 영 count 중 suàn 일 サン(かぞえる)

회의 대나무 죽(竹)+갖출 구(具)를 합친 자로 산가지나 주판을 손에 잡고 '셈하다'는 뜻이다.

算法(산법) 계산하는 법

算入(산입)　算數(산수)　算出(산출)

⺮ 筲 筲 筲 筲 算 算

中 8급

三

[한 일(一)부]
[1—2 총3획]

석 **삼**

석, 셋 영three 중三 sān 일サン(みつつ)

지사 세 개의 가로줄 모양 또는 손가락 셋을 나란히 한 모양으로 '셋'을 뜻한다.

三更(삼경) 밤 12시

三權(삼권) 三冬(삼동) 三族(삼족)

一 二 三

中 7급

上

[한 일(一)부]
[1—2 총3획]

위 **상**

위, 위쪽 반 下(아래 하) 영upper 중上 shàng 일ジョウ(うえ)

회의·형성 기준 가로선 위에 짧은 하나의 선을 그어 위쪽을 가리킨다.

算法(산법) 계산하는 법

算入(산입) 算數(산수) 算出(산출)

丨 ⺊ 上

中 7급

色

[빛 색(色)부]
[6色0 총6획]

빛 **색**

빛, 빛깔 영color 중色 sè 일ショク(いろ)

회의 사람 인(亻)+병부 절(巴)자로 사람의 얼굴에 나타난 것이 '낯빛'의 뜻이다.

色界(색계) 색의 세계, 화류계

色魔(색마) 色感(색감) 色盲(색맹)

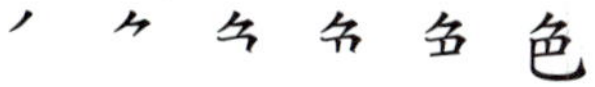

中 8급

生
[날 생(生)부]
[5生0 총5획]

날 생

나다, 낳다 반 死(죽을 사)　영 born　중 生 shēng　일 セイ(なま)

상형 초목의 새싹이 땅위로 솟아나오는 모양을 본뜬 자로 '살다'의 뜻이다.

生家(생가) 자기가 난 집

生計(생계)　**生氣**(생기)　**生命**(생명)

丿 ㅡ 仁 牛 生

中 8급

西
[덮을 아(襾)부]
[6襾0 총6획]

서녘 서

서녘, 서쪽 반 東(동녘 동)　영 west　중 西 xī　일 セイ(にし)

상형 새가 둥지에 앉은 모양을 본뜬자로 새가 둥지로 돌아올 무렵이 '서녘'이다.

西藏(서장) 티베트

西風(서풍)　**西曆**(서력)　**西洋**(서양)

一 一 冂 兀 西 西

中 7급

[저녁 석(夕)부]
[3夕0 총3획]

저녁 석

저녁, 밤 반 朝(아침 조)　영 evening　중 夕 xī　일 セキ(ゆう)

지사 초저녁에 뜬 반달을 본뜬 자로 달[月]에서 한 획을 뺀 것이 초승달이다.

夕刊(석간) 저녁 신문

夕室(석실)　**夕霧**(석무)　**夕陽**(석양)

丿 ⺈ 夕

1단계

中 8급

先
[어진사람 인(儿)부]
[2儿4 총6획]

먼저 선

먼저, 우선　凹 後(뒤 후)　영 first　중 先 xiān　일 セン(さき)

회의 갈 지(之)+어진사람 인(儿)자로 남보다 '먼저'란 뜻이다.

先見(선견) 장래 일어날 일을 미리 알아냄
先例(선례) 先導(선도) 先頭(선두)

丿　ㄧ　ㅛ　生　步　先

中 7급

姓
[계집 녀(女)부]
[3女5 총8획]

성 성

성, 성씨　영 family name　중 姓 xìng　일 セイ(みょうじ)

회의·형성 계집 녀(女)+날 생(生)자로 여자가 자식을 낳으면 이름을 짓는 '성'의 뜻이다.

姓名(성명) 성과 이름
姓氏(성씨) 百姓(백성) 同姓(동성)

夂　女　女‾　如　姓　姓

中 7급

世
[한 일(一)부]
[1—4 총5획]

인간 세

대, 세대　영 generation　중 世 shì　일 セ・セイ(と)

지사 서른 해를 하나[一]로 곧 30년을 1세로 친다는 뜻이다.

世代(세대) 한 세대를 30년으로 잡음
世孫(세손) 世間(세간) 世界(세계)

一　十　卅　卋　世

7-8급 기초한자 | 31

中 8급

[작을 소(小)부]
[3小0 총3획]

작을 **소**

작다, 적다 (반) 大(큰 대) (영) small (중) 小 xiǎo (일) ショウ(ちいさい)

지사 큰 물체에서 떨어져나간 불똥 주(丶)가 세 개로 물건이 작은 모양을 나타낸다.

小家(소가) 작은 집

小康(소강) **小國**(소국) **小盤**(소반)

亅 小 小

中 7급

[작을 소(小)부]
[3小1 총4획]

적을 **소**

적다, 잠시 (반) 多(많을 다) (영) few (중) 少 shǎo (일) ショウ(すくない)

회의·형성 작을 소(小)+삐칠 별(丿)로 작은 것을 일부분을 떨어내어 더 '적다'는 뜻이다.

少年(소년) 나이가 어린 사람

少壯(소장) **少女**(소녀) **少量**(소량)

亅 小 小 少

中 7급

[집 호(戶)부]
[4戶4 총8획]

바 **소**

바, 것 (유) 處(처할 처) (영) place (중) 所 suǒ (일) リク(あやまる)

형성 집 호(戶)+도끼 근(斤)자로 문에서 도끼소리가 나는 '곳'의 뜻이다.

所感(소감) 느낀 바

所得(소득) **所望**(소망) **所有**(소유)

丶 亠 宀 户 所 所 所 所

---

32 | 3-Step 왕초보 1000한자 – 1단계

中 7급

[손 수(재방변) 手(扌)부]
[4手0 총4획]

손 **수**

손, 손가락 (반) 足(발 족)　　영 hand 중 手 shǒu 일 シュ(て)

상형 다섯 손가락을 편 손의 모양을 본뜬 자이다.

手記(수기) 자기의 체험을 자신이 적은 글
手段(수단) **手匣**(수갑) **手巾**(수건)

一 二 三 手

中 7급

[칠 복(등글월문) 攵(攴)부]
[4攵11 총15획]

셀**수** / 자주**삭**
촉**촉**

셈, 셈하다 (유) 算(셈 산)　　영 count 중 数 shǔ 일 数 スウ(かず)

회의·형성 끌 루(婁)+칠 복(攵)자로 여러번 두드리며 그 수를 '세다'의 뜻이다.

數尿症(수뇨증) 오줌이 자꾸 마려운 병
數學(수학) **數窮**(삭궁) **數罟**(촉고)

口 吕 串 婁 婁 數

中 8급

[물 수(삼수변) 水(氵)부]
[4水0 총4획]

물 **수**

물, 강 (반) 火(불 화)　　영 water 중 水 shuǐ 일 ヌイ(みず)

상형 물이 끊임없이 흐르고 있는 모양을 본뜬 글자이다.

水難(수난) 물로 말미암은 재난
水魔(수마) **水路**(수로) **水面**(수면)

亅 亅 水 水

7-8급 기초한자 | **33**

中 7급

時
[날 일(日)부]
[4日6 총10획]

때 시

때, 시간　　　　　　　　영time 중时 shí 일ジ(とき)

형성 날 일(日)+절 사(寺)자로 절에서 종을 쳐서 '시간'을 뜻한다.

時急(시급) 매우 급함

時勢(시세) **時間**(시간) **時計**(시계)

日　日⁺　旷　旰　時　時

中 7급

市
[수건 건(巾)부]
[3巾2 총5획]

저자 시

저자, 장　　　　　　　　영market 중市 shì 일シ(いち)

회의 갈 지(之)+수건 건(巾)자로 생활에 필요한 옷감(巾)을 사기 위해 가야 하는 '시장'의 뜻이다.

市街(시가) 도시의 큰 거리

市價(시가) **市內**(시내) **市立**(시립)

丶　亠　亣　市　市

中 7급

食
[밥 식(食)부]
[9食0 총9획]

밥/먹일
식/사

밥, 음식　　　　영food, eat 중食 shí 일ショク(たべる)

회의·형성 밥이 쌓인 것과 숟가락으로 오곡을 익히면 고소한 밥이 되어 '먹다'의 뜻이다.

食器(식기) 음식을 담는 그릇

食指(식지) **食糧**(식량) **簞食**(단사)

人　𠆢　今　今　食　食

1단계

中 7급

植

[나무 목(木)부]
[4木8 총12획]

심을 **식**

심다, 식물   영plant 중植 zhí 일ショク(うつす)

형성 나무 목(木)+곧을 직(直)자로 나무나 식물은 곧게 세워 '심다'의 뜻이다.

植木(식목) 나무를 심음

植毛(식모)   植物(식물)   植樹(식수)

木 栌 柿 柿 植 植

中 8급

室

[갓머리(宀)부]
[3宀6 총9획]

집 **실**

집, 방   영house 중室 shì 일シツ(へや)

회의 집 면(宀)+이를 지(至)자로 사람이 일과를 마치고 가는 '집'의 뜻이다.

室人(실인) 주인

室家(실가)   室內(실내)   室長(실장)

宀 宀 宂 宏 宰 室

中 7급

心

[마음 심(심방변) 心(忄/㣺)부]
[4心0 총4획]

마음 **심**

마음, 생각   유情(뜻 정)   영heart 중心 xīn 일シン(こころ)

상형 심장의 모양을 본뜬 자로 심장은 마음의 바탕이 되므로 '마음'을 뜻한다.

心筋(심근) 심장의 벽을 이루는 근육

心亂(심란)   心氣(심기)   心理(심리)

丶 心 心 心

中 8급

[열 십(十)부]
[2+0 총2획]

열 십/시

열(번째), 완전하다　　영 ten 중 十 shí 일 ジュウ(とお)

지사 동서[一]와 남북[丨]자로 사방 및 중앙을 모두 갖춘 '열십'을 뜻한다.

十誡命(십계명) 구약성경에 나오는, 하나님이 모세에게 내린 열 가지의 계명

十代(십대)　十字(십자)　十月(시월)

一 十

中 7급

[갓머리(宀)부]
[3↰3 총6획]

편안할 안

편안하다　반 危(위태할 위)　영 peaceful 중 安 ān 일 アン(やすい)

회의·상형 집 면(宀)+계집 녀(女)자로 여자가 집안에 있으니 '편안하다'의 뜻이다.

安保(안보) 편안히 보전함

安眠(안면)　安寧(안녕)　安心(안심)

丶 丷 宀 宂 安 安

中 7급

[말씀 언(言)부]
[7↰7 총14획]

말씀 어

말씀, 말　유 言(말씀 언)　영 words 중 语 yǔ 일 ゴ·ギョ(かたる)

형성 말씀 언(言)+나 오(吾)자로 나의 의견을 변론하는 '말씀'의 뜻이다.

語錄(어록) 위인이나 유명한 사람의 말을 기록한 책

語源(어원)　語感(어감)　語句(어구)

亠 言 訂 語 語 語

中 7급

然
[불 화(火/灬)부]
[4灬8 총12획]

그러할 **연**

그러하다, 대답하는 말　영 so, such　중 然 rán　일 ゼン(しかり)

회의 고기 육(月:肉)+개 견(犬)+불 화(火)자로 고기를 불에 굽는다는 것은 '당연'하다.

然則(연즉) 그런즉, 그렇다면
然而(연이)　**然後**(연후)　**慨然**(개연)

夕　夕　夛　然　然　然

中 8급

五
[두 이(二)부]
[2二2 총4획]

다섯 **오**

다섯, 다섯 번　영 five　중 五 wǔ　일 ゴ(いつつ)

지사 「二+乂」 화 수 목 금 토의 오행이 상생하여 '다섯' 이란 뜻이다.

五穀(오곡) 주식이 되는 다섯 가지 곡식
五角(오각)　**五感**(오감)　**五色**(오색)

一　丁　五　五

中 7급

[열 십(十)부]
[2+2 총4획]

낮 **오**

낮, 일곱째 지지　영 noon　중 午 wǔ　일 ゴ(うま・ひる)

상형 절구질할 때 들어올린 절굿공이의 모양으로 11시부터 13시사이로 '한낮'을 뜻한다.

午睡(오수) 낮잠
午初(오초)　**午餐**(오찬)　**午後**(오후)

丿　㇇　二　午

中 8급

王
[구슬 옥(玉/王)부]
[4王0 총4획]

임금 **왕**

임금, 우두머리 _유 帝(임금 제) _영 king _중 王 wáng _일 オウ(きみ)

_{지사} '三'은 天·地·人을 가리키고 'ㅣ'은 세 가지를 꿰뚫는 것을 뜻한다.

王家(왕가) 임금의 집안

王命(왕명) 王國(왕국) 王妃(왕비)

一 T 干 王

中 8급

外
[저녁 석(夕)부]
[3夕2 총5획]

바깥 **외**

바깥, 타향 _반 內(안 내) _영 outside _중 外 wài _일 ガイ(そと)

_{회의} 저녁 석(夕)+점 복(卜)자로 점은 아침에 쳐야 하는데 저녁에 치는 점은 '예외'를 뜻한다.

外客(외객) 겨레붙이가 아닌 손님

外觀(외관) 外國(외국) 外勤(외근)

丿 ㄅ 夕 夕卜 外

中 7급

[입 구(口)부]
[3口2 총5획]

오른쪽 **우**

오른쪽, 숭상하다 _반 左(왼 좌) _영 right _중 右 yòu _일 ユウ(みぎ)

_{회의} 감싸듯이 물건을 쥔 손모양이다.

右武(우무) 무를 숭상함

右袒(우단) 右傾(우경) 右前(우전)

一 ナ 才 右 右

1단계

中 8급

月
[달 월(月)부]
[4月0 총4획]

달 **월**

달, 달빛 반 日(해 일) 영 moon 중 月 yuèn 일 ゲツ(つき)

상형 일그러진 초승달의 모양을 본뜬 글자이다.

月刊(월간) 매월 한 차례 간행함
月光(월광) 月間(월간) 月給(월급)

丿 几 月 月

中 7급

有
[달 월(月)부]
[4月2 총6획]

있을 **유**

있다, 가지다 반 無(없을 무) 영 exist 중 有 yǒu 일 ユウ(ある)

회의 손에 고기를 들고[月←肉] 있다 하여 '가지고 있다'는 뜻이다.

有功(유공) 공로가 있음
有無(유무) 有給(유급) 有能(유능)

一 ナ オ 有 有 有

中 7급

育
[고기 육(肉=月)부]
[4月4 총8획]

기를 **육**

기르다 유 養(기를 양) 영 bring up 중 育 yù 일 イク(そだてる)

형성 돌아나올 돌(云)+고기 육(月:肉)자로 아기가 어머니의 태내에서 '기르다'의 뜻이다.

育成(육성) 길러서 자라게 함
育兒(육아) 酉方(유방) 酉時(유시)

丶 亠 云 产 产 育 育

中 7급

邑
[고을 읍(우부방) 邑(阝)부]
[7邑0 총7획]

고을 **읍**

고을, 마을　　　　　　　영town 중邑 yì 일ユウ(むら)

회의 에워쌀 위(口=圍)+병부 절(巴)자로 일정한 경계 안에 사람이 모여사는 '고을'의 뜻이다.

邑內(읍내) 읍의 안
邑長(읍장)　**邑城**(읍성)　**邑民**(읍민)

中 8급

二
[두 이(二)부]
[2二0 총2획]

두 **이**

두, 둘　　　　　　　영two 중二 èr 일ニ(ふたつ)

지사 가로로 두 선을 그어 '둘'을 가리킨다.

二姓(이성) 두 왕조의 임금
二乘(이승)　**二重**(이중)　**二輪車**(이륜차)

中 8급

人
[사람 인(人)부]
[2人0 총2획]

사람 **인**

사람, 타인　　　　　　영person 중人 rén 일ジン·ニン(ひと)

상형 사람이 허리를 약간 굽혀 팔을 뻗치고 서있는 옆모습을 본뜬 글자이다.

人格(인격) 사람으로서의 품격
人望(인망)　**人氣**(인기)　**人道**(인도)

•1단계

中 8급

[한 일(一)부]
[1一0 총1획]

한 **일**

한, 하나　　　　　영 one　중 一 yī　일 イチ(ひと)

지사 가로그은 한 획으로써 '하나'의 뜻이다.

一戰(일전) 한바탕 싸움
一望(일망) 一念(일념) 一同(일동)

一 二

中 8급

日

[날 일(日)부]
[4日0 총4획]

날 **일**

날, 해　반 月(달 월)　　영 day, sun　중 日 rì　일 ジツ・ニチ(ひ)

상형 해의 모양을 본뜬 글자이다.

日久(일구) 시간이 몹시 경과가 됨
日沒(일몰) 日記(일기) 日語(일어)

丨 冂 日 日

中 7급

[들 입(入)부]
[2入0 총2획]

들 **입**

들다, 들이다　반 出(날 출)　영 enter　중 入 rù　일 ニュウ(いる)

지사 하나의 줄기 밑에 뿌리가 갈라져 땅속으로 뻗어들어가는 모양을 본뜬 글자이다.

入庫(입고) 창고에 넣음
入山(입산) 入校(입교) 入口(입구)

丿 入

7-8급 기초한자 | **41**

中 7급

子
[아들 자(子)부]
[3子0 총3획]

아들 **자**

아들, 자식 반 女(계집 녀)   영 son 중 子 zǐ 일 シ·ス(こ)

상형 어린아이가 두 팔을 벌리고 서있는 모양을 본뜬 글자이다.

子規(자규) 소쩍새

子時(자시) 子女(자녀) 子婦(자부)

　了子

中 7급

字
[아들 자(子)부]
[3子3 총6획]

글자 **자**

글자, 아이를 배다 유 文(글월 문) 영 letter 중 字 zì 일 ジ(もじ)

회의 집 면(宀)+아들 자(子)자로 젖을 먹여 자식이 커가듯 기본자를 바탕으로 늘어나는 '글자'란 뜻이다.

字句(자구) 글자의 글귀

字體(자체) 字幕(자막) 字母(자모)

丶丷宀宁字

中 7급

自
[스스로자(自)부]
[6自0 총6획]

스스로 **자**

스스로, 몸소 반 他(다를 타)   영 self 중 自 zì 일 シジ(みずから)

상형 사람의 코를 본뜬 글자로 사람이 코를 가리키며 자기를 '스스로'의 뜻이다.

自力(자력) 자기의 힘

自立(자립) 自國(자국) 自己(자기)

'丿自自自自

1단계

中 7급

場
[흙 토(土)부]
[3土9 총12획]
마당 **장**

씩씩하다, 젊다 영 place, spot 중 场 chǎng 일 ジョウ(ば)

형성 흙 토(土)+빛날 양(昜)자로 햇빛이 잘 드는 양지바른 '마당'의 뜻이다.

場稅(장세) 시장 세
場所(장소) 場面(장면) 場外(장외)

土 圹 坩 坦 堨 場

高 8급

長
[긴 장(長)부]
[8長0 총8획]
길 **장**

꾸미다, 차리다 영 long 중 长 cháng 일 チョウ(ながい)

상형 수염과 머리카락이 긴 노인이 지팡이를 짚고 있는 모양을 본뜬 글자로 '길다'의 뜻이다.

長江(장강) 긴 강. 중국에서는 양자강을 이름
長久(장구) 長男(장남) 長安(장안)

丨 厂 튼 乒 長 長

中 7급

全
[들 입(入)부]
[2入4 총6획]
온전할 **전**

온전하다, 온전히 하다 영 perfect 중 全 quán 일 ゼン(まったく)

회의·상형 들 입(入)+구슬 옥(王:玉)자로 사람 손에 의해 옥이 가공되어 '온전하다'는 뜻이다.

全國(전국) 온 나라
全一(전일) 全蠍(전갈) 全景(전경)

丿 入 仐 仐 全 全

7-8급 기초한자 | **43**

中 7급

[칼 도(刀/刂)부]
[2刀7 총9획]

앞 전

앞, 나아가다 〔반〕後(뒤 후) 〔영〕front 〔중〕前 qián 〔일〕ゼン(まえ)

〔형성〕 배를 멈추는 밧줄을 칼로 끊으면 배가 앞으로 나아가므로 '앞'의 뜻이다.

前景(전경) 앞에 보이는 경치

前功(전공) 前面(전면) 前生(전생)

丷 　 并 肻 前 前

中 7급

[비 우(雨)부]
[8雨5 총13획]

번개 전

번개 〔영〕lightning 〔중〕电 diàn 〔일〕電 デン(いなづま)

〔회의〕 비 우(雨)+펼 신(申)자로 비가 올 때 번쩍번쩍 빛을 펼쳐서 '번개'라는 뜻이다.

電球(전구) 전등알

電燈(전등) 電工(전공) 電車(전차)

一 　 雨 零 雷 雷 電

中 7급

[그칠 지(止)부]
[4止1 총5획]

바를 정

바르다, 바로잡다 〔영〕straight 〔중〕正 zhèng 〔일〕セイ(ただしい)

〔회의·형성〕 한 일(一)+그칠 지(止)자로 사람이 정지선에 발을 딛고 '바르다'의 뜻이다.

正刻(정각) 바로 그 시각

正格(정격) 正答(정답) 正當(정당)

一 Т 下 止 正

中 8급

弟
[활 궁(弓)부]
[3弓4 총7획]

아우 제

아우 반 兄(형 형) 영 younger brother 중 弟 dì 일 テイ(おとうと)

회의 활[弓]과 막대 칼[丿]을 비껴[丿]차고 마음껏 노는 어린 '아우'의 뜻이다.

弟嫂(제수) 아우의 아내

弟子(제자) 弟男(제남) 兄弟(형제)

丶 䒑 䒑 弟 弟 弟

中 7급

祖
[보일 시(示)부]
[5示5 총10획]

할아비 조

할아버지, 조상 반 孫(손자 손) 영 grand father 중 祖 zǔ 일 ソ(じじ)

형성 보일 시(示)+또 차(且)자로 시조의 신위부터 대대로 내려온 '할아버지, 조상'을 뜻한다.

祖道(조도) 먼 여행길이 무사하기를 도신에게 비는 것

祖先(조선) 祖國(조국) 祖母(조모)

二 千 禾 利 祖 祖

中 7급

足
[발 족(足)부]
[7足0 총7획]

발 족

발, 뿌리 반 手(손 수) 영 foot 중 足 zú 일 ソク(あし)

상형 무릎부터 발끝까지 모양을 본뜬 글자로 '발'을 뜻한다.

足炙(족적) 다리 구이

足鎖(족쇄) 滿足(만족) 不足(부족)

丨 口 口 甲 足 足 足

中 7급

左

[장인 공(工)부]
[3工2 총5획]

왼 좌

왼쪽, 왼손 반 右(오른 우) 영 left 중 左 zuǒ 일 サ(ひだり)

회의·형성 왼손 좌(𠂇)+장인 공(工)자로 목수가 자를 잴 때는 왼손이므로 '왼쪽'의 뜻이다.

左記(좌기) 왼쪽에 적음

左邊(좌변) 左傾(좌경) 左右(좌우)

一 ナ ナ 左 左

中 7급

主

[점 주(丶)부]
[1丶4 총5획]

주인 주

주인, 소유자 반 客(손 객) 영 lord 중 主 zhǔ 일 ショウ(うける)

상형 촛불이 타는 모양을 본뜬 글자로 등불은 방 안의 가운데 있으므로 '주인'의 뜻이다.

主客(주객) 주인과 손

主管(주관) 主動(주동) 主力(주력)

丶 亠 宀 主 主

中 7급

住

[사람 인(亻)부]
[2人5 총7획]

살 주

살다, 생활 유 居(살 거) 영 live 중 住 zhù 일 ジュウ(すむ)

회의·형성 사람 인(亻)+주인 주(主)자로 사람이 주로 '살다'의 뜻이다.

住所(주소) 살고 있는 곳

住民(주민) 住居(주거) 住宅(주택)

亻 亻 亻 亻 住 住

·1단계·

中 8급

[뚫을 곤(丨)부]
[1丨3 총4획]

가운데 중

가운데, 안   영middle 중中 zhōng 일チユウ(なか)

지사 사물의 복판을 꿰뚫은 모양에서 '가운데'를 뜻하다.

中間(중간) 한가운데
中年(중년) 中國(중국) 中央(중앙)

丨 冂 口 中

中 7급

[마을 리(里)부]
[7里2 총9획]

무거울 중

무겁다, 크다   영heavy 중重 zhòng 일ジュウ(かさなる)

형성 클 임(壬)+동녘 동(東)자로 사람이 등에 '무거운' 짐을 지고 서있다는 뜻이다.

重量(중량) 무게
重刊(중간) 重大(중대) 重力(중력)

二 亠 宀 重 重 重

中 7급

[흙 토(土)부]
[3土3 총6획]

땅 지

땅, 곳 반天(하늘 천) 영earth, land 중地 dì 일チ(つち)

회의·형성 흙 토(土)+어조사 야(也)자로 큰뱀이 꿈틀거리듯 땅의 굴곡된 형상에서 '땅'의 뜻이다.

地殼(지각) 지구의 껍데기 층
地面(지면) 地球(지구) 地點(지점)

一 十 土 圠 地 地

7-8급 기초한자 | 47

中 7급

紙
[실 사(糸)부]
[6糸4 총10획]

종이 지

종이, 종이를 세는 단위　영 paper　중 纸 zhǐ　일 シ(かみ)

형성 실 사(糸)+평평할 지(氏=砥)자로 나무의 섬유를 평평하게 눌러 만든 '종이'의 뜻이다.

紙燈(지등) 종이로 만든 초롱
紙面(지면) 紙匣(지갑) 紙幣(지폐)

幺　糸　糸'　紅　紙　紙

中 7급

直
[눈 목(目)부]
[5目3 총8획]

곧을 직

곧다, 바른 길　반 曲(굽을 곡)　영 straight　중 直 zhí　일 チョク(なお)

회의 열[十]개의 눈[目]은 아무리 작게 굽은[ㄴ]것도 바로 알 수 있으므로 '곧다'의 뜻이다.

直諫(직간) 바른 말로 윗사람에게 충간함
直立(직립) 直角(직각) 直感(직감)

一　十　古　盲　直　直

中 7급

千
[열 십(十)부]
[2+1 총3획]

일천 천

천, 천 번　영 thousand　중 千 qiān　일 セン(ち)

지사 사람 인(亻)+한 일(一)자로 엄지손가락을 펴서 백을 나타내고 몸으로 '천'을 나타낸다.

千古(천고) 먼 옛날
千里眼(천리안) 千年(천년) 千秋(천추)

丿　二　千

· 1단계 ·

中 7급

天
[큰 대(大)부]
[3大1 총4획]

하늘 천

하늘, 하느님 반 地(땅 지) 영 heaven 중 天 tiān 일 テン(そら)

회의 클 대(大)+한 일(一)자로 사람의 머리 위에 하늘이 있어 끝없이 넓은 '하늘'을 뜻한다.

天界(천계) 하늘
天氣(천기) 天國(천국) 天使(천사)

一 二 F 天

中 7급

川
[개미허리(내천) 巛(川)부]
[3川0 총3획]

내 천

내, 물 흐름의 총칭 영 stream 중 川 chuān 일 セン(かわ)

상형 내가 흐르는 모양을 형상화한 글자다.

川獵(천렵) 물가에서 고기잡이를 하며 노는 일
川邊(천변) 山川(산천) 河川(하천)

丿 丿| 川

中 8급

靑
[푸를 청(靑)부]
[8靑0 총8획]

푸를 청

푸르다, 푸른 빛 영 blue 중 青 qīng 일 セイ(あおい)

회의 날 생(生)+붉을 단(丹)자로 초목의 싹이 나올 때는 자라면서 '푸르다'의 뜻이다.

靑盲(청맹) 뜨고도 보지 못하는 눈
靑松(청송) 靑果(청과) 靑年(청년)

一 十 主 青 青 青

中 7급

草
[풀초(초두) 艹(艹)부]
[4艹+6 총10획]

풀 초

풀, 풀숲　　　　　　　영 grass 중 草 cǎo 일 ソウ(くさ)

형성 풀 초(艹)+이를 조(早)자로 이른 봄에 가장 먼저 싹이 돋아나는 것은 '풀'이다.

草家(초가) 이엉으로 지붕을 덮은 집

草色(초색) 草稿(초고) 草地(초지)

艹 艹 艹 芍 苣 草 草

中 8급

寸
[마디 촌(寸)부]
[3寸0 총3획]

마디 촌

마디, 치(길이의 단위)　영 inch, moment 중 寸 cùn 일 スン

지사 또 우(又)에 맥박이 뛰는 곳(丶)의 길이가 한 치이므로 '마디'의 뜻이다.

寸刻(촌각) 아주 짧은 시각

寸鐵(촌철) 寸劇(촌극) 寸評(촌평)

一 寸 寸

中 7급

村
[나무 목(木)부]
[4木3 총7획]

마을 촌

마을, 시골　　　　　영 village 중 村 cūn 일 ソン(むら)

형성 나무 목(木)+마디 촌(寸)자로 나무 밑에 질서있게 모여사는 '마을'의 뜻이다.

村婦(촌부) 시골에 사는 여자

村落(촌락) 村長(촌장) 江村(강촌)

一 十 木 木 村 村

中 7급

[벼 화(禾)부]
[5禾4 총9획]

가을 추

가을, 결실 반 春(봄 춘) 영 autumn 중 秋 qiū 일 シュウ(あき)

형성 벼 화(禾)+불 화(火)자로 곡식을 햇볕에 말려거두는 계절은 '가을'인 것이다.

秋季(추계) 가을철

秋扇(추선) 秋穀(추곡) 秋霜(추상)

二 千 禾 禾 秋 秋

中 7급

[날 일(日)부]
[4日5 총9획]

봄 춘

봄, 청춘 반 秋(가을 추) 영 spring 중 春 chūn 일 シュン(はる)

회의 풀 초(艹)+어려울 둔(屯)+날 일(日)자로 햇볕을 받아 풀싹이 돋아나는 '봄'이다.

春季(춘계) 봄철

春耕(춘경) 春困(춘곤) 春蘭(춘란)

二 三 夫 春 春 春

中 7급

[위터진입 구(凵)부]
[2凵3 총5획]

날 출

나다, 태어나다 영 come out 중 出 chū 일 シュツ(でる)

지사 초목이 움터에서 자라나므로 '나다'의 뜻이다.

出家(출가) 집을 나감

出力(출력) 出擊(출격) 出庫(출고)

㇄ ㇄ 出 出 出

7-8급 기초한자 | 51

中 8급

七
[한 일(一)부]
[1-1 총2획]

일곱 **칠**

일곱, 일곱 번　　　　　영seven 중七 qī 일シチ(なな)

지사 열 십(十)의 세로로 그은 자로 하늘[一]의 북두칠성 모양을 본뜬 글자이다.

七星(칠성) 북두칠성
七旬(칠순) 七寶(칠보) 七夕(칠석)

一 七

中 8급

土
[흙 토(土)부]
[3土0 총3획]

흙 **토**

흙, 토양 유地(땅 지)　　영soil, earth 중土 tǔ 일ト・ド(つち)

상형 초목의 새싹이 땅위로 솟아오르며 자라는 모양을 본뜬 글자이다.

土窟(토굴) 땅속으로 판 굴
土砂(토사) 土建(토건) 土窟(토굴)

中 8급

八
[여덟 팔(八)부]
[2八0 총2획]

여덟 **팔**

여덟, 여덟째　　　　영eight 중八 bā 일ハチ・ハツ(やっつ)

지사 두 손을 네 손가락씩 펴서 들어보이는 모양을 본뜬 글자로 '여덟'을 뜻한다.

八方美人(팔방미인) 어느 모로 보나 아름다운 미인
八旬(팔순) 八角(팔각) 八景(팔경)

中 7급

[사람 인(亻)부]
[2人7 총9획]

편할 **편**
오줌 **변**

편하다, 편리하다　영 handy　중 便 biàn　일 べん(たより)

회의·형성　사람 인(亻)+고칠 경(更)자로 사람은 불편하면 다시 고쳐서 '편리하게'한다는 뜻이다.

便乘(편승) 남의 차를 타고 감

便利(편리)　便安(편안)　便器(변기)

亻 亻 亻 伊 伊 便 便

中 7급

[방패 간(干)부]
[3干2 총5획]

평평할 **평**

평평하다, 바르게 하다　영 flat·even　중 平 píng　일 ヘイ(たいら)

상형　물에 뜬 부평초의 모양을 본뜬 글자로 수면이 '평평하다'의 뜻이다.

平交(평교) 벗과의 오랜 사귐. 오래된 친구

平吉(평길)　平等(평등)　平面(평면)

一 ア 厸 平 平

中 7급

[한 일(一)부]
[1一2 총3획]

아래 **하**

아래, 낮은 곳　반 上(윗 상)　영 below　중 下 xià　일 カ(した)

지사　하늘 밑에 있는 것으로 '아래'를 뜻한다.

下級(하급) 등급이 낮음

下略(하략)　下校(하교)　下待(하대)

一 丅 下

中 7급

夏
[천천히걸을 쇠(夂)부]
[3夂7 총10획]

여름 하

여름, 나라 이름　　　영 summer 중 夏 xià 일 カ(なつ)

회의 머리 혈(頁)+천천히 걸을 쇠(夂)자로 더워서 머리와 발을 드러내므로 '여름'의 뜻이다.

夏季(하계) 하절기, 여름

夏期(하기)　夏穀(하곡)　夏服(하복)

一 丆 百 頁 夏 夏

中 8급

學
[아들 자(子)부]
[3子13 총16획]

배울 학

배우다　반 敎(가르칠 교) 영 learn 중 学 xué 일 学 ガク(まなぶ)

회의 절구 구(臼)+본받을 효(爻)+덮을 멱(冖)+아들 자(子)로 몽매한 아이가 본받아 '배운다'의 뜻이다.

學說(학설) 학문상의 논설

學文(학문)　學界(학계)　學科(학과)

 段 與 學 學

中 7급

漢
[물 수(삼수변) 水(氵)부]
[3氵11 총14획]

한수 한

한수(漢水), 은하수　영 name of a river 중 汉 hàn 일 カン(かん)

회의·형성 중국의 한족은 황하강[氵]의 황토 진흙[堇]밭을 중심으로 발전해갔다.

漢文(한문) 중국의 문장

漢陽(한양)　漢江(한강)　漢詩(한시)

氵 汁 洪 漢 漢 漢

● 1단계

中 8급

韓
[가죽 위(韋)부]
[9韋8 총17획]

나라이름
한

나라 이름, 삼한　　영 Korea 중 韩 hán 일 カン(から)

형성 군사들이 성둘레를 지키는 해돋는 쪽의 '나라'를 뜻한다.

韓人(한인) 우리나라 사람
韓國(한국)　韓方(한방)　韓紙(한지)

中 7급

海
[물 수(삼수변) 水(氵)부]
[3氵7 총10획]

바다 **해**

바다, 바닷물 유 河(강 하)　영 sea 중 海 hǎi 일 カイ(うみ)

형성 물 수(氵)+매양 매(每)자로 물이 마르지 않고 매양 가득차 있는 '바다'를 뜻한다.

海陸(해륙) 바다와 육지
海洋(해양)　海軍(해군)　海諒(해량)

氵　氵　汒　洏　海　海

中 8급

兄
[어진사람 인(儿)부]
[2儿3 총5획]

맏 **형**

형 반 弟(아우 제)　영 elder brother 중 兄 xiōng 일 ケイ(あに)

회의·형성 입 구(口)+어진사람 인(儿)자로 아래 형제들을 타이르고 지도하는 '맏이'의 뜻이다.

兄夫(형부) 언니의 남편
兄嫂(형수)　兄弟(형제)　大兄(대형)

高 7급

花
[풀초(초두) 艹(卄)부]
[4++4 총8획]

꽃 화

꽃, 꽃이 피다 영 flower 중 花 huā 일 カ(はな)

형성 풀 초(艹)+될 화(化)자로 새싹이 돋아나와 꽃이 되므로 '꽃'을 뜻한다.

花信(화신) 꽃 소식
花草(화초) 花壇(화단) 花盆(화분)

中 8급

火
[불 화(火/灬)부]
[4火0 총4획]

불 화

불, 타다 반 水(물 수) 영 fire 중 火 huǒ 일 カ(ひ)

상형 불이 활활 타오르는 모양을 본뜬 글자이다.

火口(화구) 화산의 분화구
火氣(화기) 火急(화급) 火災(화재)

中 7급

話
[말씀 언(言)부]
[7言6 총13획]

말할 화

말씀, 말하다 유 說(말씀 설) 영 talk 중 话 huà 일 華 ワ(はなす)

형성 말씀 언(言)+혀 설(舌)자로 혀를 움직여 이야기하므로 '말하다'의 뜻이다.

話術(화술) 말하는 기술
話法(화법) 話題(화제) 對話(대화)

一 二 三 言 言 訁 話

1단계

中 7급

[물 쉬(삼수변) 水(氵)부]
[3氵6 총9획]

살 **활**

살다, 생존하다 유 生(살 생) 영 live 중 活 huó 일 カツ(いきる)

회의 물 수(氵)+혀 설(舌)자로 막혔던 입에서 혀가 나오듯 활기 있으므로 '살다'의 뜻이다.

活氣(활기) 활동의 원천이 되는 싱싱한 생기
活力(활력) **活劇**(활극) **活字**(활자)

氵　氵　汙　汗　活　活

中 7급

[아들 자(子)부]
[3子4 총7획]

효도 **효**

효도 영 filial duty 중 孝 xiào 일 コウ(まこと)

회의·형성 늙을 로(老)+아들 자(子)자로 자식이 늙은 어버이를 잘 섬기는 '효도'를 뜻한다.

孝者(효자) 효도하는 사람
孝心(효심) **孝女**(효녀) **孝道**(효도)

十　土　耂　耂　考　孝

中 7급

[두인 변(彳)부]
[3彳6 총9획]

뒤 **후**

뒤, 나중 반 前(앞 전) 영 back 중 后 hòu 일 コウ(あと)

회의 어린이가 조금씩 걸으며 뒤따라오므로 '뒤'의 뜻이다.

後繼(후계) 뒤를 이음
後年(후년) **後面**(후면) **後進**(후진)

丿　彳　彳　後　後　後

中 7급

休
[사람 인(人)부]
[2人4 총6획]

쉴 **휴**

쉬다, 아름답다 ㉴ 息(쉴 식) 영 rest 중 休 xiū 일 キュウ(やすまる)

회의 사람 인(亻)+나무 목(木)자로 사람은 대개 밭에서 일을 하다가 나무 그늘에서 '휴식'한다.

休校(휴교) 학교가 일정 기간 쉬는 것

休日(휴일) **休講**(휴강) **休學**(휴학)

丿 亻 仁 仆 伓 休

Part II

3-step

2단계

필수한자

3-step 2단계

中 5급

加
[힘 력(力)부]
[2力3 총5획]

더할 **가**

더하다, 뽐내다 반 減(덜 감) 영 add 중 加 jiā 일 カ(くわえる)

회의 힘 력(力)+입 구(口)자로 힘을 들여 말을 많이 하므로 '더하다'의 뜻이다.

加減(가감) 더함과 뺄
加工(가공) 加擔(가담) 加算(가산)

ㄱ 力 力 加 加

中 5급

價
[사람 인(人)부]
[2人13 총15획]

값 **가**

값, 시세 영 value 중 价 jià 일 価 カ(あたい)

형성 사람 인(亻)+앉은장사 고(賈)로 사람이 장사하는 데는 '물건 값'이 정해진다.

高價(고가) 높은 가격
低價(저가) 價格(가격) 價値(가치)

亻 亻' 価 価 僧 價

2단계

中 5급

可
[입 구(口)부]
[3口2 총5획]
옳을 **가**

옳다, 인정하다 (반) 否(아닐 부)   (영) right (중) 可 kě (일) カ(よい)

형성 입 구(口)+어여쁠 교(丁)자로 입에서 나온 소리는 '옳은' 소리다.

可憐(가련) 모양이 여여쁘고 아름다움
可望(가망) 可決(가결) 可恐(가공)

一 丆 亓 可 可

中 6급

各
[입 구(口)부]
[3口3 총6획]
각각 **각**

각각, 제각기   (영) each (중) 各 gè (일) カク(おのおの)

회의 뒤져올 치(夂)+입 구(口)자로 앞뒤에 한 말이 다르므로 '각각'의 뜻이다.

各樣(각양) 여러 가지의 모양
各項(각항) 各界(각계) 各國(각국)

丿 ク 夂 夂 各 各

中 6급

角
[뿔 각(角)부]
[7角0 총7획]
뿔 **각**

뿔, 모   (영) horn (중) 角 jiǎo (일) カク(つの)

상형 짐승뿔 모양을 본뜬 글자로 뿔이 뾰족하므로 '모나다'는 것이다.

角弓(각궁) 뿔로 만든 활
角門(각문) 角度(각도) 角膜(각막)

丿 ⺈ 角 角 角 角

中 6급

感
[마음 심(심방변) 心(忄/⺖)부]
[4心9 총13획]

느낄 **감**

느끼다, 깨닫다　　영 feel 중 感 gǎn 일 カン(かんずる)

형성 다 함(咸)+마음 심(心)자로 사람의 마음을 '느끼다'의 뜻이다.

感覺(감각) 느끼어 깨달음
感激(감격) 感謝(감사) 感懷(감회)

厂　厃　咸　咸　咸　感

中 6급

強
[활 궁(弓)부]
[3弓8 총11획]

굳셀 **강**

굳세다　반 弱(약할 약)　영 strong 중 强 qiáng 일 キョウ(しいる)

형성 클 홍(弘)+벌레 충(虫)자로 크고 단단한 껍질을 가진 벌레로 '강하다'는 뜻이다.

強健(강건) 굳세고 건강함
強國(강국) 強烈(강렬) 強要(강요)

弓　弘　弘　強　強　強

中 5급

改
[칠 복(등글월문)攵(攴)부]
[4攵3 총7획]

고칠 **개**

고치다, 바로잡다　영 improve 중 改 gǎi 일 カイ(あらためる)

형성 몸 기(己)+칠 복(攵)자로 자기의 잘못을 질책하여 '고치다'의 뜻이다.

改刊(개간) 고쳐서 간행함
改年(개년) 改良(개량) 改名(개명)

フ　コ　己　改　改　改

2단계

中 6급

開
[문 문(門)부]
[8門4 총12획]
열 **개**

열다, 벌임 （반）閉(닫을 폐) （영）open （중）开 kāi （일）カイ(ひらく)

형성 문 문(門)+빗장 견(幵)자로 문을 양손으로 '열다'의 뜻이다.

開封(개봉) 봉한 것을 엶
開店(개점) 開講(개강) 開校(개교)

丨 冂 冂 門 門 開

中 5급

客
[갓머리(宀)부]
[3宀6 총9획]
손 **객**

손, 손님 （반）主(주인 주) （영）guest （중）客 kè （일）キャク(まろうど)

회의·형성 집 면(宀)+각 각(各)자로 외부사람이 집으로 오는 것은 '손님'의 뜻이다.

客死(객사) 객지에서 죽음
客談(객담) 客苦(객고) 客觀(객관)

宀 宁 灾 宊 客 客

中 5급

去
[마늘 모(厶)부]
[2厶3 총5획]
갈 **거**

가다, 떠나다 （반）來(올 래) （영）leave （중）去 qù （일）キョ(さる)

회의·형성 뚜껑이 있는 오목한 그릇을 본뜬 글자로 오목하므로 '모습을 감추다'의 뜻이다.

去去年(거거년) 지지난해
去去日(거거일) 去殼(거각) 去毒(거독)

一 十 土 去 去

中 5급

擧
[손 수(재방변) 手(扌)부]
[4手14 총18획]

들 **거**

들다, 일으키다   영 lift 중 举 jǔ 일 挙 キョ(あげる)

회의 더불어 여(與)+손 수(手)자로 여럿이 마음을 합하여 손을 '들다'는 뜻이다.

擧家(거가) 온 집안

擧國(거국) **擧國**(거국) **擧動**(거동)

臼 臼 與 與 與 擧

高 5급

件
[사람 인(人)부]
[2人4 총6획]

건 **건**

일, 물건 (유 物(물건 물))   영 case 중 件 jiàn 일 ケン(くだん)

회의 사람 인(亻)+소 우(牛)자로 사람이 소를 끄는 것이 눈에 띄므로 '사건'의 뜻이다.

人件費(인건비) 노임

件數(건수) **件名**(건명) **與件**(여건)

丿 亻 亻 亻 件 件

高 5급

建
[민책받침(廴)부]
[3廴6 총9획]

세울 **건**

세우다, 길다   영 build 중 建 jiàn 일 ケン(たてる)

회의 붓 율(聿)+길게 걸을 인(廴)자로 붓으로 글을 써서 계획을 '세우다'의 뜻이다.

建功(건공) 공을 세움

建國(건국) **建軍**(건군) **建立**(건립)

 コ ヨ 聿 聿 津 建 建

2단계

高 5급

健
[사람 인(人)부]
[2人9 총11획]
튼튼할 건

튼튼하다 ㈜ 康(건강할 강) 영 strong 중 健 jiàn 일 ケン(すこやか)

형성 사람 인(亻)+세울 건(建)자로 자세를 바로 세우는 사람은 항상 몸이 '건강하다'는 뜻이다.

健忘症(건망증) 보고들은 것을 자꾸 잊어버림
健實(건실) 健康(건강) 健全(건전)

亻 亻⁻ 亻⁼ 律 健 健

高 5급

格
[나무 목(木)부]
[4木6 총10획]
바로잡을 격

이르다, 격식 영 class 중 格 gé 일 カク・キャク

형성 나무 목(木)+각 각(各)자로 나무를 돌계단같이 상하좌우로 '격식'의 뜻이다.

格式(격식) 격에 어울리는 법식
格調(격조) 格上(격상) 格言(격언)

十 才 才 杦 枚 格 格

中 5급

見
[볼 견(見)부]
[7見0 총7획]
볼/나타날, 뵐
견/현

보다, 보이다 영 see, watch 중 见 jiàn 일 ケン(みる)

회의·형성 눈 목(目)+어진사람 인(儿)자로 사람은 눈으로 '보다'의 뜻이다.

見習(견습) 남이 하는 것을 보고 익힘
見學(견학) 見本(견본) 謁見(알현)

丨 冂 冂 目 目 貝 見

中 5급

[물 수(삼수변) 水(氵)부]
[3氵4 총7획]

틀 **결**

결단하다, 나누다　영 break·decide　중 决 jué　일 ケツ(きめる)

형성 물 수(氵)+결단할 쾌(夬)자로 홍수의 범람을 막기 위해 둑을 '결단하다'의 뜻이다.

決勝(결승) 최후의 승부를 결정하는 일

決算(결산)　決斷(결단)　決裂(결렬)

丶　氵　氵　江　決　決

中 5급

[실 사(糸)부]
[6糸6 총12획]

맺을 **결**

맺다, 묶다　영 join·tie　중 结 jié　일 ケツ(むすぶ)

형성 실 사(糸)+길할 길(吉)자로 끊어진 실을 튼튼하고 좋게 '맺다'의 뜻이다.

結果(결과) 열매를 맺음

結局(결국)　結實(결실)　結末(결말)

幺　糸　糸　紂　紂　結

中 6급

[돼지해머리(亠)부]
[2亠6 총8획]

서울 **경**

서울, 수도(首都)　반 鄕(시골 향)　영 capital　중 京 jīng　일 キョウ

상형 높을 고(高)+작을 소(小)자로 높은 언덕에 임금이 사는 '서울'의 뜻이다.

京觀(경관) 적의 시체에 흙을 덮어 만든 무덤

京畿(경기)　京仁(경인)　京鄕(경향)

亠　亠　亠　亨　京　京

中 5급

景
[날 일(日)부]
[4日8 총12획]

볕 **경**

볕, 빛 　　　　　　영 scenery 중 景 jǐng 일 ケイ

형성 해 일(日)+서울 경(京)자로 높은 언덕에 세운 궁궐을 밝게 비추는 '볕'을 뜻하다.

景觀(경관) 경치

景慕(경모)　景氣(경기)　景品(경품)

日　昦　昗　景　景　景

中 5급

[칠 복(등글월문)攵(攴)부]
[4攵9 총13획]

공경 **경**

공경하다, 공경 　　영 respect 중 敬 jìng 일 ケイ(うやまう)

회의 진실할 구(苟)+칠 복(攵)자로 회초리를 들고 성심껏 가르치는 사람을 '공경한다'는 뜻이다.

敬拜(경배) 숭상함

敬老(경로)　敬虔(경건)　敬禮(경례)

丶　⺷　芍　苟　苟　敬

中 5급

[수레 거(車)부]
[7車7 총14획]

가벼울 **경**

가볍다 　반 重(무거울 중) 영 light 중 轻 qīng 일 軽 ケイ(かるい)

형성 수레 거(車)+물줄기 경(巠)자로 물줄기처럼 가볍게 달리는 수레로 '가볍다'의 뜻이다.

輕妄(경망) 말이나 행동이 방정맞음

輕犯(경범)　輕減(경감)　輕量(경량)

日　亘　車　車　輕　輕

中 5급

[설 립(立)부]
[5立15 총20획]

다툴 **경**

다투다 ㉤ 爭(다툴 쟁)　영 quarrel　중 竞 jìng　일 キョウ(きそう)

회의 둘이 마주 서서[효효] 서로가 형[兄]이라고 심하게 '겨룸'의 뜻이다.

競技(경기) 기술이나 능력을 겨룸

競馬(경마)　**競合**(경합)　**競賣**(경매)

音　竞　竞　竞　競　競

中 6급

[밭 전(田)부]
[5田4 총9획]

지경 **계**

범위 ㉤ 境(지경 경)　영 boundary　중 界 jiè　일 カイ(さかい)

형성 밭 전(田)+끼일 개(介)자로 밭과 밭을 나누는 '경계'란 뜻이다.

界內(계내) 국경안

花柳界(화류계)　**界標**(계표)　**界限**(계한)

丨　口　四　田　界　界

中 6급

[말씀 언(言)부]
[7言2 총9획]

셀 **계**

세다, 수 ㉤ 算(셈 산)　영 count　중 计 jì　일 ケイ(はからう)

회의 말씀 언(言)+열 십(十)자로 입으로 물건의 수를 '세다'를 뜻한다.

計量(계량) 분량이나 무게를 잼

計算(계산)　**計巧**(계교)　**計策**(계책)

丶　亠　言　言　計

中 6급

古
[입 구(口)부]
[3口2 총5획]

예 고

예, 예전　　　영 old　중 古 gǔ　일 コ(ふるい)

회의 열 십(十)+입 구(口)자로 열 사람의 입으로 말할 만큼 '옛'의 뜻이다.

古宮(고궁) 옛 궁궐

古來(고래)　**古家**(고가)　**古物**(고물)

一 十 十 古 古

中 5급

[큰입 구(口)부]
[3口5 총8획]

굳을 고

굳다, 완고함　⊕ 堅(굳을 견)　영 hard　중 固 gù　일 コ(かためる)

형성 에울 위(口)+옛 고(古)자로 오래된 나라는 기틀이 '굳다'는 뜻이다.

固守(고수) 굳게 지킴

固執(고집)　**固辭**(고사)　**固有**(고유)

冂 冂 冃 固 固 固

中 6급

[풀초(초두) 艸(艹)부]
[4++5 총9획]

쓸 고

쓰다　반 樂(즐길 락), 甘(달 감)　영 bitter　중 苦 kǔ　일 ク(くるしい)

형성 풀 초(艹)+옛 고(古)자로 풀이 오래 자라면 맛이 '쓰다'는 뜻이다.

苦杯(고배) 쓴 술잔

苦心(고심)　**苦難**(고난)　**苦惱**(고뇌)

艹 艹 苦 苦 苦 苦

中 5급

告
[입 구(口)부]
[3口4 총7획]

알릴 고
뵙고청할 곡

알리다, 찾다 유 報(알릴 보)   영 tell 중 告 gào 일 コウ(つげる)

회의 소 우(牛)+입 구(口)자로 소를 신에게 바치고 축사를 말하므로 '알리다'의 뜻이다.

告祀(고사) 몸이나 집안에 탈이 없기를 비는 제사

告白(고백) 告發(고발) 告寧(곡녕)

丿 丨 ㅗ 牛 牛 告 告

中 5급

考
[늙을 로(老/耂)부]
[4耂2 총6획]

상고할 고

상고하다, 생각 유 慮(생각할 려) 영 think 중 考 kǎo 일 キ(ふるう)

형성 늙을 로(耂)+교묘할 교(巧)자로 노인은 수완이 좋으므로 '생각하다'의 뜻이다.

考古(고고) 이것을 상고함

考究(고구) 考慮(고려) 考課(고과)

一 十 土 耂 耂 考

中 6급

[높을 고(高)부]
[10高0 총10획]

높을 고

높다, 위 반 低(낮을 저)   영 high 중 高 gāo 일 コウ(たかい)

상형 성 위에 높이 세워진 망루누각과 드나드는 문을 본뜬 글자이다.

高潔(고결) 고상하고 깨끗함

高額(고액) 高級(고급) 高空(고공)

丶 一 亠 吂 亠 高 高

中 5급

[가로 왈(日)부]
[4日2 총6획]

굽을 **곡**

굽다, 굽히다 반 直(곧을 직) 영 bent 중 曲 qǔ 일 キョク(まげる)

상형 대나무나 싸리로 만든 바구니 윗부분의 모양은 굴곡이 있어 '굽다'의 뜻이다.

曲禮(곡례) 자세한 예식

曲水(곡수) 曲目(곡목) 曲藝(곡예)

丨 冂 曲 曲 曲 曲

中 6급

[여덟 팔(八)부]
[2八4 총6획]

함께 **공**

함께, 모두 영 together 중 共 gòng 일 キョウ(ともに)

회의 스물 입(卄)+맞잡을 공(廾)자로 두 손을 써서 제물을 바친다는 데서 '함께'의 뜻이다.

共同(공동) 두 사람 이상이 함께 일을 함

共榮(공영) 共鳴(공명) 共犯(공범)

一 十 卄 丗 共 共

中 6급

[여덟 팔(八)부]
[2八2 총4획]

공변될 **공**

공변되다 반 私(사사 사) 영 public 중 公 gōng 일 コウ(おおやけ)

지사·회의 여덟 팔(八)+사 사(厶)자로 사사롭지 않게 '공평하다'의 뜻이다.

公告(공고) 널리 세상에 알림

公道(공도) 公金(공금) 公主(공주)

丿 八 公 公

中 6급

[힘 력(力)부]
[2力3 총5획]

공 **공**

공로, 일 반 過(허물 과) 영 merits 중 功 gōng 일 コウ(いさお)

형성 장인 공(工)+힘 력(力)자로 힘써 만들어 '공을 세우다'의 뜻이다.

功過(공과) 공로와 허물

功名(공명) **功德**(공덕) **功勞**(공로)

一 丁 工 功 功

中 6급

[나무 목(木)부]
[4木4 총8획]

실과 **과**

과실 유 實(열매 실) 영 fruit 중 果 guǒ 일 カ(はて)

상형 나무 목(木)의 위에 열매[田]가 달려 있으므로 '과실'을 뜻한다.

果敢(과감) 결단성이 있고 용감함

果報(과보) **果樹**(과수) **果然**(과연)

丨 冂 日 日 旦 早 果

中 5급

[말씀 언(言)부]
[7言8 총15획]

매길 **과**

과정, 과목 영 imposition 중 课 kè 일 カ

형성 말씀 언(言)+실과 과(果)자로 일의 결과를 물어보므로 '시험하다'의 뜻이다.

課目(과목) 과정을 세분한 항목

課程(과정) **課稅**(과세) **課業**(과업)

言 訂 訶 課 課 課

2단계

中 5급

過 [쉬엄쉬엄갈 책받침(辶)부]
[4辶_9 총13획]

지날 **과**

지나다, 거치다　㊨去(지날 거)　㊇excess　㊥过 guò　㊐カ(すぎる)

형성 입삐뚤어질 괘(咼)+쉬엄쉬엄갈 착(辶)자로 입삐뚤어진 말처럼 잘못 말하면 '지나다'의 뜻이다.

過去(과거) 지나간 일
過失(과실)　過多(과다)　過敏(과민)

冂　冎　冎　咼　過　過

中 6급

科 [벼 화(禾)부]
[5禾4 총9획]

과정 **과**

과목, 과정　㊇subject, course　㊥科 kē　㊐カ(しな)

회의 벼 화(禾)+말 두(斗)자로 벼나 곡식을 말로 되어 나누므로 '과목'을 뜻한다.

科擧(과거) 관리를 등용하기 위하여 치르던 시험
科目(과목)　科學(과학)　敎科書(교과서)

二　千　禾　禾　科　科

中 5급

觀 [볼 견(見)부]
[7見18 총25획]

볼 **관**

보다　㊨覽(볼 람)　㊇see　㊥观 guān　㊐觀 カン(みる)

형성 황새 관(雚)+볼 견(見)자로 황새가 먹이를 찾아 자세히 '관찰하다'의 뜻이다.

觀客(관객) 구경하는 사람
觀衆(관중)　觀念(관념)　觀戰(관전)

艹　吂　萑　雚　觀　觀

5-6급 필수한자 | 73

中 5급

關
[문 문(門)부]
[8門11 총19획]

빗장 관

빗장, 닫다　　영 bolt, connect　중 关 guān　일 関 カン(せき)

회의·형성　문[門]에 실[絲]을 꿰어 잠그므로 '빗장'의 뜻이다.

關門(관문) 국경이나 요새에 세운 문

關鍵(관건)　**關係**(관계)　**關心**(관심)　**關節**(관절)

丨　門　門　關　關　關

中 6급

光
[어진사람 인(儿)부]
[2儿4 총6획]

빛 광

빛, 재능　　영 light　중 光 guāng　일 コウ(ひかり)

회의　불 화(火)+어진 사람 인(儿)자로 사람이 횃불을 들고 있으므로 '빛'를 뜻한다.

光景(광경) 경치

光揚(광양)　**光度**(광도)　**光復**(광복)

中 5급

廣
[엄 호(广)부]
[3广12 총15획]

넓을 광

넓다, 퍼지다　　영 broad　중 广 guǎng　일 広 コウ(ひろい)

형성　집 엄(广)+누를 황(黃)자로 땅처럼 큰 집으로 '넓다'를 뜻한다.

廣農(광농) 농업을 발전시킴

廣野(광야)　**廣告**(광고)　**廣域**(광역)

2단계

中 6급

[돼지해머리(亠)부]
[2亠4 총6획]

사귈 **교**

사귀다, 섞이다   영 associate   중 交 jiāo   일 コウ(まじわる)

회의·형성 위의[六]은 사람이고 밑의[乂]는 종아리를 엇걸어 꼬는 모양으로 '교차함'을 뜻한다.

交分(교분) 친구 사이의 정의

交友(교우) 交感(교감) 交代(교대)

`丶 亠 亠 六 交 交`

中 5급

[나무 목(木)부]
[4木12 총16획]

다리 **교**

다리, 교량   영 bridge   중 桥 qiáo   일 キョウ(はし)

형성 나무 목(木)+높을 교(喬)자로 개울 위에 높고 구부러지게 걸쳐 놓은 '다리'를 뜻한다.

橋脚(교각) 다리를 받치는 기둥

橋梁(교량) 架橋(가교) 板橋(판교)

`木 杧 栝 桥 橋 橋`

高 5급

[여덟 팔(八)부]
[2八6 총8획]

갖출 **구**

갖추다, 차림   유 備(갖출 비)   영 equipped   중 具 jù   일 グ(そなえる)

회의 조개 패(貝→目)+받들 공(廾)의 변형자로 두 손에 돈을 쥐면 무엇이든 '갖추다'의 뜻이다.

具備(구비) 빠짐없이 갖춤

具色(구색) 具象(구상) 具現(구현)

`丨 冂 冃 目 具 具`

5-6급 필수한자 | **75**

高 6급

[감출 혜(匚)부]
[2匚9 총11획]

갈피 **구**

구역, 갈피   영 separately 중 区 qū 일 区 ク(まち)

회의 감출 혜(匚)+물건 품(品)자로 좁은 곳에 물건을 두기 위하여 '구역'의 뜻이다.

區間(구간) 일정한 지역

區別(구별) 區民(구민) 區分(구분)

一 フ 彡 彡 品 區

中 5급

[칠 복(등글월문)攵(攴)부]
[4攵7 총11획]

건질 **구**

구원하다, 돕다   유 濟(건널 제)   영 relieve 중 救 jiù 일 キュウ(すくう)

형성 구할 구(求)+칠 복(攵)자로 강자를 치고 약한 사람을 '구하다'의 뜻이다.

救世主(구세주) 인류를 구제하는 사람

救助(구조) 救難(구난) 救命(구명)

求 求 求 求 救 救

高 6급

[구슬 옥(玉/王)부]
[4王7 총11획]

구슬 **구**

공, 구슬   영 beads 중 球 qiú 일 キュウ(たま)

회의·형성 가죽[求]을 구슬[玉]같이 둥글게 만들어 '공'을 뜻한다

球速(구속) 투수가 던지는 공의 속도

球技(구기) 球場(구장) 球團(구단)

T 王 王 王 球 球

2단계

中 5급

[절구 구(臼)부]
[6臼12 총18획]

옛 **구**

옛, 옛날 만 新(새 신) 영 old 중 旧 jiù 일 旧 キュウ(ふるい)

회의·형성 오래된 옛집을 찾아가니 처마에 새[隹]가 둥지를 틀고, 마당에 풀[艹]이 우거지고 마당엔 군데 군데 웅덩이[臼]가 패어 있었다.

舊故(구고) 舊面(구면) 舊屋(구옥)

艹 艹 萑 蒦 舊 舊

高 5급

[주검 시(尸)부]
[3尸4 총7획]

판 **국**

판, 방   영 bureau 중 局 jú 일 局 キョク(つぼね)

회의 지붕 시(尸)+쌀 포(句)자로 지붕 밑의 큰 공간을 구획지어 각각 '방'으로 쓰다.

局量(국량) 도량이나 재간

局地(국지) 局外(국외) 局長(국장)

⁻ ㄱ 尸 月 局 局

中 6급

[고을 읍우부방) 邑(阝)부]
[3阝7 총10획]

고을 **군**

고을, 행정 구역의 하나 유 邑(고을 읍) 영 country 중 郡 jùn 일 郡 グン(こおり)

형성 임금 군(君)+고을 읍(邑)자로 임금의 명을 받아 다스리는 '고을'을 뜻한다.

郡民(군민) 군의 백성

郡守(군수) 郡界(군계) 郡內(군내)

ㄱ 尹 尹 君 君B 郡

5-6급 필수한자 | 77

中 5급

貴
[조개 패(貝)부]
[7畫5 총12획]

귀할 **귀**

귀하다, 비싸다   영noble 중贵 guì 일キ(とうとい)

형성 삼태기 궤(史)+조개 패(貝:재물)자로 귀한 것을 삼태기에 담아두므로 '귀하다'의 뜻이다.

貴骨(귀골) 귀하게 생긴 사람

貴宅(귀댁) **貴下**(귀하) **貴人**(귀인)

中 虫 虫 骨 骨 貴

高 5급

規
[볼 견(見)부]
[7見4 총11획]

법 **규**

법, 법칙 유律(법칙 률)   영rule 중规 guī 일キ(のり)

회의 사내 부(夫)+볼 견(見)자로 대장부가 보는 바에 합당해야 하므로 '법'을 뜻한다.

規格(규격) 표준

規定(규정) **規則**(규칙) **規律**(규율)

二 夫 刌 刧 担 規

中 6급

[쉬엄쉬엄갈 책받침(辶)부]
[4辶_4 총8획]

가까울 **근**

가깝다 반遠(멀 원)   영near 중近 jìn 일キン(ちかい)

회의·형성 도끼 근(斤)+쉬엄쉬엄갈 착(辶)자로 도끼로 끊은 것처럼 '가깝다'의 뜻이다.

近刊(근간) 가까운 시일 내에 간행함

近來(근래) **近代**(근대) **近方**(근방)

丆 斤 斤 斤 沂 近 近

2단계

中 6급

根
[나무 목(木)부]
[4木6 총10획]

뿌리 **근**

뿌리, 사물의 밑부분 ㉨本(근본 본) 　영root 　중根 gēn 　일コン(ね)

형성 나무 목(木)+그칠 간(艮)자로 나무의 뿌리와 밑부분은 '근본'을 뜻한다.

根莖(근경) 뿌리와 같이 생긴 줄기

根性(근성)　根幹(근간)　根據(근거)

札 札 札 枳 根 根

中 6급

今
[사람 인(人)부]
[2人2 총4획]

이제 **금**

이제, 지금 ㉰古(예 고) 　영now 　중今 jīn 　일キン·コン(いま)

회의 사람이 모이는 곳에 때맞춰가므로 '이제'의 뜻이다.

今生(금생) 살고 있는 지금

今昔(금석)　今年(금년)　今方(금방)

ノ 人 人 今

高 6급

[실 사(糸)부]
[6糸4 총10획]

등급 **급**

등급, 차례 　영grade 　중级 jí 　일キュウ(しな)

형성 실 사(糸)+미칠 급(及)자로 실이 차례차례로 이어져 있는 것으로 '등급'을 뜻한다.

級友(급우) 같은 학급의 친구

級數(급수)　級訓(급훈)　階級(계급)

幺 幺 糸 糸 紗 級

中 6급

[마음 심(심방변) 心(忄/㣺)부]
[4心5 총9획]

급할 **急**

급하다, 서두르다 　　영 hurried 중 急 jí 일 キュウ(いそぐ)

형성 미칠 급(及)+마음 심(心)자로 쫓기는 마음으로 '급하다'의 뜻이다.

急速(급속) 갑자기
急告(급고) **急減**(급감) **急冷**(급랭)

ㄅ ㅋ 刍 争 急 急

中 5급

[실 사(糸)부]
[6糸6 총12획]

줄 **給**

주다, 넉넉하다 유 與(줄 여) 영 give 중 给 gěi 일 キュウ(たまう)

형성 실 사(糸)+합할 합(合)자로 실이 길게 이어지듯이 물건을 계속 주므로 '주다'를 뜻한다.

給料(급료) 노력에 대한 보수
給仕(급사) **給水**(급수) **給食**(급식)

幺 糸 糸 紀 給 給

中 5급

[흙 토(土)부]
[3土8 총11획]

터 **基**

터, 근본 　　영 base 중 基 jī 일 キ(もとい)

형성 그 기(其)+흙 토(土)자로 삼태기나 키로 흙을 운반하여 땅을 굳히는 '터'를 뜻한다.

基幹(기간) 중심, 기초가 되는 부분
基因(기인) **基金**(기금) **基盤**(기반)

卄 甘 其 其 基 基

2단계

中 5급

期
[달 월(月)부]
[4월8 총12획]
만날 **기**

기약하다   영expect·meet 중期 qī 일ヒツ(かならず)

형성 그 기(其)+달 월(月)자로 그믐을 지나 상현달로 돌아오는 기간으로 '기약하다'를 뜻한다.

期日(기일) 특히 정한 날짜

期約(기약) 期待(기대) 期間(기간)

一 艹 苴 其 其 期 期

中 5급

技
[손 수(扌)(재방변) 手(扌)부]
[3扌4 총7획]
재주 **기**

재주, 재능   유藝(재주 예)   영skill 중技 jì 일ギ(わざ)

형성 손 수(扌)+지탱할 지(支)자로 손으로 다루는 '재주'의 뜻이다.

技能(기능) 기술상의 재능

技巧(기교) 技法(기법) 技術(기술)

丁 扌 扌 扩 技 技

中 5급

[몸 기(己)부]
[3己0 총3획]
몸 **기**

몸, 자기   영self 중己 jǐ 일コ·キ(おのれ)

상형 사람이 자기 몸을 굽히고 있는 모양을 본뜬 글자로 '자기'를 뜻한다.

己見(기견) 자기 자신의 생각

己巳(기사) 克己(극기) 利己(이기)

フ コ 己

中 5급

汽
[물 수(삼수변) 水(氵)부]
[3氵4 총7획]

물끓는김 **기**

김, 증기　　　　　　　　영 steam 중 qì 일 汽 キ(ゆげ)

형성 물 수(氵)+기운 기(气)자로 물이 끓으면 '김'이 생긴다는 뜻이다.

汽車間(기차간) 기차의 하나하나의 칸
汽船(기선) 汽笛(기적) 汽筒(기통)

丶 氵 氵 氵 汽 汽 汽

中 5급

吉
[입 구(口)부]
[3口3 총6획]

길할 **길**

길하다, 상서로움　반 凶(흉할 흉)　영 lucky 중 吉 jí 일 キツ·キチ(よい)

회의 선비 사(士)+입 구(口)자로 선비의 입에서 나오는 말은 '길하다'를 뜻한다.

吉期(길기) 혼인날
吉兆(길조) 吉夢(길몽) 吉祥(길상)

一 十 士 吉 吉 吉

中 5급

[마음 심(심방변) 心(忄)부]
[4心4 총8획]

생각 **념(염)**

생각, 생각하다　유 思(생각할 사)　영 think 중 念 niàn 일 ネン(おもう)

형성 이제 금(今)+마음 심(心)자로 지금도 잊지 않고 마음 속에 '생각하다'를 뜻한다.

念力(염력) 온 힘을 모아 수행하려는 마음
念佛(염불) 念頭(염두) 念慮(염려)

亽 今 今 念 念 念

中 5급

能

[고기 육(육달월) 肉(月)부]
[4월6 총10획]

능할 **능**

능하다, 잘하다   영 able   중 能 néng   일 ノウ(よく)

상형 곰의 재주가 여러 가지로 '능하다'를 뜻한다.

能力(능력) 어떤 일을 이룰 수 있는 힘
能文(능문)   **能動**(능동)   **能通**(능통)

厶 亅 亅 亅 亅 能 能

中 6급

[저녁 석(夕)부]
[3夕3 총6획]

많을 **다**

많다 반 少(적을 소)   영 many   중 多 duō   일 タ(おおい)

회의 저녁 석(夕) 둘을 겹쳐 놓은 자로 일수(日數)가 '많다'의 뜻이다.

多感(다감) 감수성이 많음
多年(다년)   **多角**(다각)   **多量**(다량)

丿 勹 夕 夕 多 多

高 5급

[큰입 구(口)부]
[3口11 총14획]

둥글 **단**

둥글다, 모이다   영 round   중 团 tuán   일 団 ダン(あつまり)

형성 에울 위(口)+오로지 전(專)자로 여러 사람이 한데 모여 '둥글다'를 뜻한다.

團結(단결) 여러 사람이 한데 뭉침
團欒(단란)   **團體**(단체)   **團合**(단합)

冂 同 同 團 團 團

5-6급 필수한자 | **83**

高 5급

壇
[흙 토(土)부]
[3土13 총16획]

단 **단**

제터, 제단　　　　　영altar 중坛 tán 일ダン(だん)

회의·형성 흙 토(土)+도타울 단(亶)자로 흙을 도탑게 쌓아 올린 '제단'를 뜻한다.

壇下(단하) 단의 아래
壇上(단상)　壇垣(단원)　壇所(단소)

圵　坮　埴　埴　壇　壇

中 6급

短
[화살 시(矢)부]
[5矢7 총12획]

짧을 **단**

짧다, 작다　반長(길 장)　영short 중短 duǎn 일タン(みじかい)

형성 화살 시(矢)+콩 두(豆)자로 화살과 콩으로 함께 짧은 거리를 재어서 '짧다'의 뜻이다.

短身(단신) 키가 작은 몸
短期(단기)　短劍(단검)　短歌(단가)

ノ　ケ　矢　知　短　短

中 5급

[말씀 언(言)부]
[7言8 총15획]

말씀 **담**

이야기하다　유話(말씀 화)　영speak 중谈 tán 일ダン(はなす)

형성 말씀 언(言)+불꽃 염(炎)자로 불가에 둘러앉아 '말'을 나누다.

談話(담화) 서로 이야기를 주고받음
談笑(담소)　談判(담판)　談論(담론)

言　言　言'　訟　談　談

中 6급

[흙 토(土)부]
[3土8 총11획]

집 **당**

집, 마루 영 house 중 堂 táng 일 ドウ(おもてざしき)

형성 높을 상(尚)+흙 토(土)자로 높은 언덕에 지은 '큰집'을 뜻한다.

堂内(당내) 팔촌 이내의 일가
堂堂(당당) 堂姪(당질) 堂山(당산)

丨 丷 ハ 兴 学 堂 堂

中 5급

[밭 전(田)부]
[5田8 총13획]

마땅할 **당**

마땅하다, 당하다 영 suitable 중 当 dāng 일 当 トウ(あたる)

형성 높을 상(尚)+밭 전(田)자로 밭값이 비슷하여 서로 맞바꾸기에 '마땅'하다.

當代(당대) 그 시대
當場(당장) 當國(당국) 當惑(당혹)

丷 ハ 兴 学 肖 常 當

中 6급

[사람 인(人)부]
[2人3 총5획]

대신 **대**

대신하다, 세대 영 substitute 중 代 dài 일 ダイ(かわる)

형성 사람 인(亻)+주살 익(弋)자로 사람이 말뚝을 세워 국경을 '대신'한다는 뜻이다.

代理(대리) 남을 대신하여 일을 처리함
代替(대체) 代金(대금) 代讀(대독)

丿 亻 亻 代 代

中 6급

[마디 촌(寸)부]
[3寸11 총14획]

대답할 **대**

대하다, 대답하다　영reply 중对 duì 일対 タイ(こたえる)

회의 많은 사람들이 앉아 양[羊]같이 온순하게 법도[寸]에 따라 서로 '마주보다'의 뜻이다.

對應(대응) 맞서서 서로 응함

對局(대국) 對答(대답) 對備(대비)

ㅣ ㅛ ㅛ ㅛ 业 丵 對

中 6급

[두인 변(彳)부]
[3彳6 총9획]

기다릴 **대**

기다리다, 대접하다　영wait 중待 dài 일タイ(まつ)

형성 자축거릴 척(彳)+절 사(寺)자로 관청에서 순서를 '기다린다'는 뜻이다.

待機(대기) 때가 오기를 기다림

待人(대인) 待望(대망) 待遇(대우)

彳 彳 彳 待 待 待

中 5급

[두인 변(彳)부]
[3彳12 총15획]

덕 **덕**

크다, 덕　영virtue 중德 dé 일徳 トク

형성 [彳+直+心]자로 바른 마음대로 행하는 것이 '덕'이다.

德談(덕담) 잘되기를 비는 말

德望(덕망) 德澤(덕택) 德分(덕분)

彳 彳 彳 德 德 德

2단계

中 5급

[칼 도(刀/刂)부]
[2刀6 총8획]

이를 도

이르다, 닿음 유 着(이를 착) 영 reach 중 到 dào 일 トウ(いたる)

형성 이를 지(至)+칼 도(刂)자로 옛날 먼길을 떠날 때 무기를 지녀야 무사히 '이르다'를 뜻한다.

到達(도달) 정한 곳에 이름

到底(도저) 到來(도래) 到處(도처)

一 Z 즈 조 至 到

中 6급

[큰입 구(口)부]
[3口11 총14획]

그림 도

그림, 지도 유 畫(그림 화) 영 picture 중 图 tú 일 図 ト(はかる)

회의 화선지[口] 위에 땅을 분할한 것을 '그림'으로 그리다.

圖示(도시) 그림으로 된 양식

圖解(도해) 圖錄(도록) 圖面(도면)

门 冈 周 周 圖 圖

中 5급

[뫼 산(山)부]
[3山7 총10획]

섬 도

섬 영 island 중 岛 dǎo 일 トウ(しま)

형성 새 조(鳥)+뫼 산(山)자로 바다에 새같이 떠 있는 산이 '섬'이다

島嶼(도서) 섬

島國根性(도국근성) 島民(도민) 島配(도배)

亻 亣 阜 皀 鳥 島

中 6급

度
[엄 호(广)부]
[3广6 총9획]

법도 도
헤아릴 탁

법도, 도수   영 law 중 度 dù 일 ド(のり)

형성 여러사람[庶]들이 손[又]으로 헤아린다는 뜻에서 비롯되어 '법도'의 뜻이다.

度數(도수) 거듭된 횟수

度量(도량) 態度(태도) 忖度(촌탁)

广 广 庐 庐 庐 度

中 5급

都
[고을 읍(우부방) 邑(阝)부]
[3阝9 총12획]

도읍 도

도읍, 서울   영 capital 중 都 dū 일 ト(みやこ)

형성 놈 자(者)+고을 읍(邑)자로 많은 사람들이 살고 있는 '도읍'을 뜻한다.

都心(도심) 도회의 중심

古都(고도) 都市(도시) 都邑(도읍)

 土 耂 耂 者 者³ 都

中 5급

獨
[개 견(犭)부]
[3犭13 총16획]

홀로 독

홀로, 혼자   유 孤(외로울 고)   영 alone 중 独 dú 일 独 ドク

형성 개와[犭] 닭[蜀]은 잘 싸우기 때문에 따로따로 '홀로' 두어야 한다.

獨立(독립) 혼자 섬

獨房(독방) 獨斷(독단) 獨島(독도)

犭 犭 犭 犭 獨 獨 獨

2단계

中 6급

[말씀 언(言)부]
[7言15 총22획]

읽을 **독**
구절 **두**

읽다, 설명함 　　영 read 중 读 dú 일 読 ドク(よむ)

형성 말씀 언(言)+팔 매(賣)자로 장사꾼들이 물건을 팔 때 소리내어 글을 '읽다'의 뜻이다.

讀者(독자) 책이나 신문 등을 읽는 사람
讀解(독해) **讀經**(독경) **句讀**(구두)

言　訂　誇　請　讀　讀

中 6급

[설 립(立)부]
[5立7 총12획]

아이 **동**

아이, 어리석다 유 兒(아이 아) 영 child 중 童 tóng 일 ドウ(わらべ)

회의 설 립(立)+마을 리(里)자로 동네어귀에 서서 잘 뛰노는 '아이'를 뜻한다.

童心(동심) 어린아이의 마음
童然(동연) **童詩**(동시) **童顔**(동안)

亠　立　音　音　童　童

中 6급

[머리 혈(頁)부]
[9頁7 총16획]

머리 **두**

머리, 우두머리 　　영 head 중 头 tóu 일 トウ(あたま)

형성 콩 두(豆)+머리 혈(頁)자로 사람의 '머리'는 콩같이 둥글게 생겼다.

頭角(두각) 머리끝, 뛰어난 재능
頭巾(두건) **頭痛**(두통) **頭緒**(두서)

豆　豆′　頭　頭　頭　頭

5-6급 필수한자 | **89**

中 6급

等
[대 죽(竹)부]
[6竹6 총12획]

등급 **등**

무리, 동아리　　　영 equals　중 等 děng　일 トウ(ひとし)

회의 대 죽(竹)+절 사(寺)자로 절주변에 대나무들이 '무리'를 지어 자생하고 있다.

等邊(등변) 길이가 같은 변

等外(등외)　等級(등급)　等分(등분)

中 5급

落
[풀초(초두) 艹(艹)부]
[4艹+9 총13획]

떨어질 **락(낙)**

떨어지다　반 及(미칠 급)　영 fall　중 落 luò　일 ラク(おとす)

회의 풀 초(艹)+낙수 락(洛)자로 초목의 잎이 '떨어지다'를 뜻한다.

落後(낙후) 뒤떨어짐

落水(낙수)　落葉(낙엽)　落第(낙제)

高 6급

樂
[나무 목(木)부]
[4木11 총15획]

즐길 **락**/풍류 **악**
좋아할 **요**

즐기다　반 苦(쓸 고)　영 pleasure　중 乐 lè　일 楽 ラク(たのしい)

상형 어린 아이들[幺幺]이 손뼉치고 [拍→白] 나무를 [木] 두드리며 '즐거워하고' 있다.

樂劇(악극) 악곡을 극의 구성에 맞도록 만든 음악극

苦樂(고락)　音樂(음악)　樂山樂水(요산요수)

白　白　鈎　鎴　樂　樂

90 | 3-Step 왕초보 1000한자 – 2단계

2단계

中 5급

朗
[달 월(月)부]
[4月7 총11획]

밝을 **랑(낭)**

밝다 ㉤ 明(밝을 명)　영 bright　중 朗 lǎng　일 ロウ(ほがらか)

형성 어질 량(良)+달 월(月)자로 좋은 달 혹은 달빛이 '밝다'의 뜻이다.

朗讀(낭독) 소리를 높여 읽음

朗誦(낭송)　**明朗**(명랑)　**朗朗**(낭랑)

亠　㇒　㇒　良　良　朗　朗

中 5급

冷
[이 수(冫)부]
[2冫5 총7획]

찰 **랭(냉)**

차다 ㉤ 寒(찰 한)　㉣ 溫(따뜻할 온)　영 cool　중 冷 lěng　일 レイ(ひや)

형성 얼음 빙(冫)+명령 령(令)자로 얼음처럼 '차다'를 뜻한다.

冷却(냉각) 식혀서 차게 함

冷茶(냉차)　**冷笑**(냉소)　**冷待**(냉대)

丶　㇒　冫　冷　冷　冷

中 5급

量
[마을 리(里)부]
[7里5 총12획]

헤아릴 **량(양)**

양, 분량　영 amount　중 量 liàng　일 リョウ(はかる)

형성 가로 왈(曰)+무거울 중(重)자로 무게를 '헤아리다'의 뜻이다.

水量(수량) 물의 량

物量(물량)　**量産**(양산)　**量決**(양결)

日　旦　昌　冒　量　量

5-6급 필수한자 | 91

中 5급

[그칠 간(艮)부]
[6艮1 총7획]

좋을 량(양)

어질다, 좋다   영 good 중 良 liáng 일 リョウ(かて)

상형 체나 키로 쳐서 가려낸 좋은 종자[丶]가 뿌리를 내려 '좋다'는 뜻이다.

良家(양가) 좋은 집안

良弓(양궁)   良民(양민)   良書(양서)

丶 ㄱ ㅋ 𠨐 良 良

中 5급

[모 방(方)부]
[4方6 총10획]

나그네 려(여)

나그네, 여행하다 (유) 客(손 객)   영 traveler 중 旅 lǚ 일 リョ(たび)

회의 깃발 아래 많은 사람[从]들이 모인 '군사'를 뜻한다.

旅客(여객) 나그네. 길손

旅情(여정)   旅館(여관)   旅行(여행)

方 方 ㅏ 扩 斾 旅 旅

中 5급

[가그칠 지(止)부]
[4止12 총16획]

지낼 력(역)

지내다, 겪다   영 through 중 历 lì 일 歴 レキ(へる)

형성 책력 력(曆)+그칠 지(止)자로 책력과 같이 차례를 따라 걸어가 '지내다'의 뜻이다.

歷年(역년) 여러 해를 지냄

歷代(역대)   歷任(역임)   歷史(역사)

厂 厂 厈 麻 歷 歷

2단계

中 5급

[실 사(糸)부]
[6糸9 총15획]

익힐 **련(연)**

익히다 ㉴習(익힐 습) ㉢practice ㉱练 liàn ㉰練 レン(ねる)

형성 실 사(糸)+분별할 간(柬)자로 실을 삶아 깨끗이 '가리다'를 뜻한다.

練磨(연마) 갈고 닦음
練達(연달) 未練(미련) 練習(연습)

糸 紆 紉 綆 綀 練

中 5급

令

[사람 인(人)부]
[2人3 총5획]

하여금 **령(영)**

명령하다, 법령 ㉴命(목숨 명) ㉢order ㉱令 lìng ㉰レイ

회의 모을 합(亼)+병부 절(卩)자로 무릎 꿇고 명령을 받는 것을 뜻한다.

令色(영색) 아름다운 얼굴빛
令狀(영장) 令息(영식) 令愛(영애)

丿 人 亼 今 令

中 5급

[머리 혈(頁)부]
[9頁5 총14획]

옷깃 **령(영)**

옷깃, 거느리다 ㉢collar ㉱领 lǐng ㉰リョウ(えり)

형성 명령 령(令)+머리 혈(頁)자로 명령을 내리는 우두머리로 '거느리다'의 뜻이다.

領內(영내) 영토 안
領導(영도) 領土(영토) 領域(영역)

亽 今 令 領 領 領

中 6급

例
[사람 인(人)부]
[2人6 총8획]

법식 례(예)

본보기, 법식   영 instance 중 例 lì 일 レイ

형성 사람 인(亻)+벌릴 렬(列)자로 사람을 차례로 줄세워 놓은 '본보기'을 뜻한다.

例法(예법) 용례로 드는 법

例外(예외) 例文(예문) 例年(예년)

亻 亻 仔 仔 例 例

中 6급

禮
[보일 시(示)부]
[5示13 총18획]

예도 례(예)

예도, 예절   영 courtesy 중 礼 lǐ 일 礼 レイ

회의 보일 시(示)+풍성할 풍(豊)자로 음식을 풍성하게 차려놓고 신에게 경의를 표하는 '예도'의 뜻이다.

禮拜(예배) 신이나 부처 앞에 경배함

禮度(예도) 禮物(예물) 禮訪(예방)

示 示 禮 禮 禮 禮

中 5급

勞
[힘 력(力)부]
[2力10 총12획]

일할 로(노)

애쓰다 유 使(하여금 사)   영 fatigues 중 劳 láo 일 労 ロウ(いたわる)

회의 밝을 형(熒)+힘 력(力)자로 밤에 불을 켜놓고 열심히 '수고롭다'의 뜻이다.

勞困(노곤) 일한 뒤끝의 피곤함

勞力(노력) 勞苦(노고) 勤勞(근로)

丶 丷 炏 炏 学 勞

2단계

中 6급

[발 족(足)부]
[7足6 총13획]

길 로(노)

길, 연줄 ㉔ 道(길 도)　　영 road　중 路 lù　일 ロ(じ)

형성 발 족(足)+각각 각(各)자로 사람이 각각 다니는 '길'을 뜻한다.

路面(노면) 길바닥

路邊(노변)　路幅(노폭)　路線(노선)

ㅁ　ㅁ　ㅁ　足　政　路

中 6급

[실 사(糸)부]
[6糸8 총14획]

초록빛 록(녹)

푸르다 ㉔ 靑(푸를 청)　영 green　중 绿 lǜ　일 緑 ロク(みどり)

형성 실 사(糸)+나무깎을 록(彔)자로 나무의 껍질을 깎으면 초록빛으로 '푸르다'를 뜻한다.

綠色(녹색) 초록빛

綠水(녹수)　綠色(녹색)　綠茶(녹차)

糸'　糸''　糸⊦　糸キ　絽　綠

中 5급

[말 두(斗)부]
[4斗6 총10획]

헤아릴 료(요)

헤아리다, 세다　　영 measure　중 料 liào　일 リョウ(はかる)

회의 쌀 미(米)+말 두(斗)자로 말로 쌀을 되듯이 '헤아리다'를 뜻한다.

料量(요량) 말로 됨

料率(요율)　料金(요금)　料理(요리)

丷　丬　米　米　米ㅏ　料

5-6급 필수한자 | 95

中 5급

流
[물 수(삼수변) 水(氵)부]
[3氵7 총10획]

흐를 류(유)

흐르다, 떠돌다　　영stream 중流 liú 일リュウ(ながす)

회의 깃발이 아래로 드리우듯이 물이 아래로 '흐르다'의 뜻이다.

流民(유민) 고향을 떠나 유랑하는 백성
流水(유수)　流麗(유려)　流通(유통)

氵　氵　汒　浐　浐　流

高 5급

類
[머리 혈(頁)부]
[9頁10 총19획]

무리 류(유)

무리, 종류　　영crowd 중类 lèi 일ルイ(たぐい)

회의 쌀 미(米)+개 견(犬)과 머리 혈(頁)의 합자로 쌀이나 개의 얼굴은 구별하기 어렵다는데서 '같은 무리'의 뜻이다.

類例(유례) 같거나 비슷한 예
類別(유별)　類推(유추)　人類(인류)

　类　类　类　類　類

中 5급

陸
[언덕 부(좌부방) 阜(阝)부]
[3阝8 총11획]

뭍 륙(육)

뭍, 육지 반海(바다 해)　영land 중陆 lù 일リク(おか)

형성 언덕 부(阝)+언덕 륙(坴)자로 바다에 대하여 흙이 높게 쌓인 '뭍'의 뜻이다.

陸軍(육군) 뭍에서 싸우는 군대
陸陸(육륙)　陸橋(육교)　陸地(육지)

　阝　阡　陟　陸　陸

2단계

中 6급

理
[구슬 옥(玉/王)부]
[4王7 총11획]

다스릴 리(이)

다스리다, 바루다   영 regulate   중 理lǐ   일 リ(おさめる)

형성 구슬 옥(玉)+마을 리(里)자로 옥은 주름에 따라 잘 '다스리다'의 뜻이다.

理念(이념) 이성의 판단으로 얻은 최고의 개념

理性(이성) 理想(이상) 理解(이해)

王 珇 珇 玾 理 理

中 6급

利
[칼 도(刀/刂)부]
[2刀5 총7획]

날카로울 리(이)

이롭다, 이익   반 害(해로울 해)   영 profit   중 利lì   일 ソ(えきする)

회의 벼 화(禾)+칼 도(刀)자로 날카로운 낫으로 벼를 베어 수확하니 '이롭다'를 뜻한다.

利劍(이검) 날카로운 칼

利得(이득) 利益(이익) 利子(이자)

一 二 千 禾 利 利

高 6급

李
[나무 목(木)부]
[4木3 총7획]

오얏나무 리(이)

오얏, 오얏나무   영 plum   중 李lǐ   일 リ(すもも)

형성 나무 목(木)+아들 자(子)자로 나무에 열매가 많이 맺히는 나무로 '자두(오얏)'를 뜻한다.

李花(이화) 오얏꽃

李成桂(이성계) 李朝(이조) 李白(이백)

一 十 木 本 李 李

中 5급

馬
[말 마(馬)부]
[10馬0 총10획]

말 마

말, 산가지　　　　　영horse 중马mǎ 일バ(うま)

상형 말의 머리와 갈기 그리고 네 다리와 꼬리 등 말의 모양을 본뜬 글자이다.

馬脚(마각) 말의 다리. 또는 거짓으로 숨긴 본성

馬賊(마적)　馬券(마권)　馬上(마상)

丨　厂　䒑　䒑　馬　馬

中 5급

末
[나무 목(木)부]
[4木1 총5획]

끝 말

끝 유 端(끝 단)　　　　영end 중末mò 일マツ(すえ)

지사 나무의 위쪽+한 일(一)의 부호를 그려서 그 나무의 위쪽가지 곧 '끝'을 뜻한다.

末期(말기) 끝나는 시기

末尾(말미)　末路(말로)　末世(말세)

一　二　丰　末　末

中 5급

[돼지해머리(亠)부]
[2亠1 총3획]

잃을 망
없을 무

망하다 유 滅(멸망할 멸)　영ruin 중亡wáng 일ボウ(ほろびる)

회의 사람 인(亻)+숨은 은(隱)자로 사람이 잘못을 저지르고 은폐된 곳에 들어간다.

亡國(망국) 나라를 멸망시킴

亡失(망실)　亡靈(망령)　亡身(망신)

丶　亠　亡

2단계

中 5급

[달 월(月)부]
[4월7 총11획]

바랄 망

바라다 ⊕ 希(바랄 희) 영 hope 중 望 wàng 일 ボウ(のぞむ)

회의 잃을 망(亡)+달 월(月)+우뚝설 임(壬)자로 없는 달이 뜨기를 '바란다'는 뜻이다.

望哭(망곡) 바라보며 통곡함

望九(망구) 望臺(망대) 望樓(망루)

亠 亡 切 胡 胡 望 望

中 5급

[조개 패(貝)부]
[7월5 총12획]

살 매

사다 ⊕ 賣(팔 매) 영 buy 중 买 mǎi 일 バイ(かう)

회의 그물 망(罒)+조개 패(貝)자로 조개로 바꾼 물건을 그물로 '사다'의 뜻이다.

買價(매가) 사는 값

買收(매수) 買氣(매기) 買入(매입)

丨 冂 罒 胃 買 買

中 5급

[조개 패(貝)부]
[7월8 총15획]

팔 매

팔다, 넓히다 ⊕ 買(살 매) 영 sell 중 卖 mài 일 売 バイ(うる)

회의·형성 선비 사(士)+살 매(買)자로 사들인 물건을 다시 내놓는 것으로 '팔다'의 뜻이다.

賣却(매각) 팔아버림

賣渡(매도) 賣店(매점) 賣物(매물)

士 吉 吉 吉 賣 賣 賣

5-6급 필수한자 | 99

中 6급

明
[날 일(日)부]
[4日4 총8획]

밝을 **명**

밝다 ⓐ 暗(어두울 암)　　ⓔ light ⓒ 明 míng ⓙ メイ(あかり)

회의 해 일(日)+달 월(月)자로 해는 낮, 달은 밤에 밝게 비춰주므로 '밝다'의 뜻이다.

明鑑(명감) 밝은 거울

明鏡止水(명경지수) **明堂**(명당) **明朗**(명랑)

丨 冂 日 日/ 明 明 明

中 6급

目
[눈 목(目)부]
[5目0 총5획]

눈 **목**

눈, 안구(眼球) ⓤ 眼(눈 안)　　ⓔ eye ⓒ 目 mù ⓙ モク(め)

회의·형성 사람의 눈 모양을 모양을 본뜬 글자이다.

目擊(목격) 자기 눈으로 직접 봄

目前(목전) **目錄**(목록) **目禮**(목례)

丨 冂 冂 目 目

中 5급

無
[불 화(火/灬)부]
[4灬8 총12획]

없을 **무**

없다, 아니다 ⓐ 有(있을 유) ⓔ nothing ⓒ 无 wú ⓙ ム(ない)

회의 나무가 무성한 숲이라도 불나면 '없어진다'는 뜻이다.

無故(무고) 까닭이 없음

無能(무능) **無禮**(무례) **無料**(무료)

丿 亻 仁 仁 無 無 無

2단계

中 6급

[귀 이(耳)부]
[6耳8 총14획]

들을 **문**

듣다, 냄새 맡다 유 聽(들을 청) 영 hear 중 闻 wén 일 ブン(きく)

형성 문 문(門)+귀 이(耳)자로 방문자가 문 앞에서 묻는 것을 문틈으로 '듣는다'는 뜻이다.

見聞(견문) 보고 들어서 깨닫고 얻은 지식

所聞(소문) 新聞(신문) 聞道(문도)

冂 門 門 門 聞 聞

中 6급

[쌀 미(米)부]
[6米0 총6획]

쌀 **미**

쌀, 열매 영 rice 중 米 mǐ 일 マイ(こめ)

상형 네 개의 점은 낟알을, '十'은 낟알이 따로따로 매달려 있는 모양을 뜻한다.

米價(미가) 쌀값

米穀(미곡) 米飮(미음) 玄米(현미)

丶 丷 ㅗ 半 米 米

中 6급

[양 양(羊)부]
[6羊3 총9획]

아름다울 **미**

아름답다 유 麗(고울 려) 영 beautiful 중 美 měi 일 ビ(うつくしい)

회의 양 양(羊)+큰 대(大)자로 양은 클수록 '아름답다'는 뜻이다.

美觀(미관) 훌륭한 정치

美德(미덕) 美女(미녀) 美談(미담)

丷 ㅛ ㅩ 羊 羊 美

5-6급 필수한자 | **101**

高 6급

朴
[나무 목(木)부]
[4木2 총6획]

순박할 **박**

순박하다, 나무껍질 영naive 중朴 pǔ 일ボク(ほお)

회의 나무 목(木)+점칠 복(卜)자로 나무하고 점치고 하며 사는 사람들은 '순박'하다.

朴鈍(박둔) 무기 등이 예리하지 못함

素朴(소박) 朴訥(박눌) 質朴(질박)

一 十 才 木 朴 朴

中 6급

半
[열 십(十)부]
[2+3 총5획]

반 **반**

반, 한가운데 영half 중半 bàn 일半 ハン(かば)

회의 여덟 팔(八)+소 우(牛)자로 소를 잡아 반씩 나눈다는 '반'의 뜻이다.

半徑(반경) 반지름

半島(반도) 半開(반개) 半音(반음)

中 6급

反
[또 우(又)부]
[2又2 총4획]

돌이킬 **반**
뒤집을 **번**

돌이키다, 되풀이 영return 중反 fǎn 일ハン(そる)

회의 민엄 호(厂)+또 우(又)자로 덮어가린 것을 손으로써 '돌이키다'의 뜻이다.

反感(반감) 다른 사람의 의견에 반대함

反對(반대) 反省(반성) 反田(번전)

2단계

高 6급

[구슬 옥(玉/王)부]
[4玉6 총10획]

나눌 **반**

나누다, 구역　반 常(떳떳할 상)　영 rank　중 班 bān　일 ハン

회의 쌍옥 각(玨)+칼 도(刀)자로 옥을 둘로 쪼개서 '나누다'를 뜻한다.

班列(반열) 양반의 서열

班常(반상)　班長(반장)　班常(반상)

一 = Ŧ 玎 玎 玎 班 班

中 6급

發
[걸을 발(癶)부]
[5癶7 총12획]

필 **발**

피다　반 着(붙을 착)　영 bloom　중 发 fā　일 発 ハツ(ひらく)

형성 짓밟을 발(癶)+활 궁(弓)자로 두 발로 풀밭을 힘있게 딛고 서서 활을 '쏘다'는 뜻이다.

發覺(발각) 숨겼던 일이 드러남

發見(발견)　發信(발신)　發掘(발굴)

癶 癶 癶 發 發 發

中 6급

[칠 복등글월문(攵/攴)부]
[4攵4 총8획]

놓을 **방**

놓다, 풀어주다　영 release　중 放 fàng　일 ホウ(はなし)

형성 방위 방(方)+칠 복(攵)자로 회초리를 들고 멀리 내쫓는다는 것으로 '놓다'를 뜻한다.

放遣(방견) 놓아서 돌려보냄

放光(방광)　放課(방과)　放浪(방랑)

丶 亠 方 方 方 放 放

5-6급 필수한자 | **103**

高 5급

倍
[사람 인(人)부]
[2人8 총10획]

곱 **배**

곱, 곱하다　　　　　　영 double　중 倍 bèi　일 バイ(ます)

형성 사람 인(亻)+가를 부(咅)자로 물건을 가르면 그 수가 '곱하다'를 뜻한다.

倍加(배가) 점점 더하여 감

倍額(배액)　**倍數**(배수)　**倍前**(배전)

亻 亻 倅 倅 倍 倍

中 6급

番
[밭 전(田)부]
[5田7 총12획]

갈마들 **번**

차례, 번　　　　　　영 order, follow　중 番 fān　일 バン(つかい)

상형 밭 전(田)+분별할 변(釆)자로 곡식 중 익은 것을 가려 '차례'로 거둬들이다.

番數(번수) 번들어 지킴

番地(번지)　**番外**(번외)　**番號**(번호)

冖 平 采 番 番 番

中 5급

法
[물 수(삼수변) 水(氵)부]
[3氵5 총8획]

법 **법**

법, 방법　㈜ 律(법칙 률)　　영 law　중 法 fǎ　일 ホウ(のり)

회의 물 수(氵)+갈 거(去)자로 물이 평평하게 흘러가듯 옳고 그름을 가리는 '법'을 뜻한다.

法則(법칙) 모든 현상들의 원인과 결과

法益(법익)　**法鼓**(법고)　**法規**(법규)

氵 氵 汁 法 法 法

2단계

中 5급

[말씀 언(言)부]
[7言16 총23획]

변할 변

변하다 ⊕ 化(될 화) 영 change 중 变 biàn 일 変 ヘン(かわる)

회의 말로 달래고 회초리로 가르치면 나쁜 버릇도 '변한다'의 뜻이다.

變貌(변모) 모양이 달라짐

變色(변색) 變更(변경) 變動(변동)

言 綍 綌 綌 綣 變

中 6급

[칼 도(刀/刂)부]
[2刀5 총7획]

나눌 별

다르다 ㊊ 選(가릴 선) 영 different 중 别 bié 일 ベツ(わかれる)

회의 뼈 골(骨)+칼 도(刀)자로 칼로써 뼈와 살을 갈라놓는 것으로 '다르다'의 뜻이다.

別居(별거) 따로 떨어져 삶

別淚(별루) 別個(별개) 別曲(별곡)

口 口 号 另 別 別

中 6급

[병질 엄(疒)부]
[5疒5 총10획]

병 병

병들다, 질병 영 illness 중 病 bìng 일 ビョウ(やむ)

형성 병 녁(疒)+밝을 병(丙)자로 병이 점점 심해지므로 '병들다'의 뜻이다.

病苦(병고) 병으로 인한 고통

病床(병상) 病暇(병가) 病菌(병균)

广 疒 疒 病 病 病

中 5급

兵
[여덟 팔(八)부]
[2八5 총7획]

병사 **병**

군사, 병사 ⓟ 將(장수 장) ⓔ soldier ⓒ 兵 bīng ⓙ ヘイ(つわもの)

회의 도끼 근(斤)+맞잡을 공(廾)자로 두 손에 무기를 가진 사람으로 '군사'의 뜻이다.

兵戈(병과) 싸움에 쓰는 창이란 뜻으로 무기를 뜻함.

兵亂(병란) 兵力(병력) 兵法(병법)

丿 ㄧ ㄏ ㄈ 丘 兵

中 6급

服
[달 월(月)부]
[4月4 총8획]

옷 **복**

옷, 의복 ⓟ 衣(옷 의)　ⓔ clothes ⓒ 服 fú ⓙ フク(きもの)

형성 둥근달처럼 포근하게 몸을 보호하는 '옷'의 뜻이다.

服務(복무) 직무에 힘씀

服色(복색) 服用(복용) 服裝(복장)

丿 月 朋 朋 服 服

高 5급

福
[보일 시(示)부]
[5示9 총14획]

복 **복**

행복 ⓟ 幸(행복 행)　ⓔ fortune ⓒ 福 fú ⓙ フク(さいわい)

형성 볼 시(示)+찰 복(畐)자로 신에게 정성스럽게 빌면 우리에게 '복'을 준다

福券(복권) 경품권

福音(복음) 福金(복금) 福祿(복록)

礻 礻 秆 秬 福 福

2단계

中 6급

本

[나무 목(木)부]
[4木1 총5획]

밑 **본**

근본, 근원 　㊥根(뿌리 근)　 ㊟origin　 ㊥本 běn　 ㊐ホン(もと)

지사　나무[木]의 밑뿌리[一]로 모든 일에 '근본' 뿌리이다.

本家(본가) 본집
本夫(본부)　本能(본능)　本來(본래)

一　十　才　木　本

中 5급

奉

[큰 대(大)부]
[3大5 총8획]

받들 **봉**

받들다, 바치다　　㊟honor　 ㊥奉 fèng　 ㊐ホウ(たてまつる)

회의　무성할 봉(丰)+들 공(廾)+손 수(手)자로 두 손으로 물건을 '받들다'를 뜻한다.

奉仕(봉사) 공손히 시중을 듦
奉事(봉사)　奉養(봉양)　奉祝(봉축)

一　三　声　夫　奏　奉

中 6급

部

[고을 읍(우부방) 阝(邑)부]
[3阝8 총11획]

나눌 **부**

떼, 무리　　㊟department　 ㊥部 bù　 ㊐ブ(ベ)

형성　가를 부(咅)+고을 읍(邑)자로 여러 고을을 나누어 다스리는 것으로 '나누다'를 뜻한다.

部分(부분) 전체(全體)를 몇으로 나눈 것의 하나하나
部落(부락)　部隊(부대)　一部(일부)

亠　咅　立　音　咅阝　部

5-6급 필수한자 **107**

中 6급

分
[칼 도(刀/刂)부]
[2刀2 총4획]

나눌 분
단위 푼

나누다　　　영 divide 중 分 fēn 일 フン(わける)

회의 나눌 팔(八)+칼 도(刀)자로 칼로 '나누다'를 뜻한다.

分立(분립) 갈라서 나누어 섬
分擔(분담)　分家(분가)　分錢(푼전)

ノ 八 分 分

中 5급

比
[견줄 비(比)부]
[4比0 총4획]

견줄 비

견주다, 비교하다　　영 compare 중 比 bǐ 일 ヒ(くらべる)

회의 사람이 나란히 앉아 있는 모양으로 '견주어보다'의 뜻이다.

比肩(비견) 어깨를 나란히 함
比較(비교)　比肩(비견)　比率(비율)

一 ト 比 比

高 5급

費
[조개 패(貝)부]
[7貝5 총12획]

쓸

쓰다, 소비하다　유 用(쓸 용) 영 spend 중 费 fèi 일 ヒ(ついやす)

형성 아닐 불(弗)+조개 패(貝)자로 재물을 마구 '쓰다'는 뜻이다.

費用(비용) 쓰는 돈
費目(비목)　消費(소비)　經費(경비)

一 コ 弓 弗 費 費

中 5급

[코 비(鼻)부]
[14鼻0 총14획]

코 비

코, 처음   영 nose 중 鼻 bí 일 ゼ(はな)

형성 스스로 자(自)+줄 비(畀)자로 남에게 자기를 가리킬 때 주로 '코'를 가리킨다.

鼻孔(비공) 콧구멍

鼻笑(비소) 鼻炎(비염) 鼻音(비음)

自 鼻 鼻 畠 鼻 鼻

中 5급

[물 수(삼수변) 水(氵)부]
[3氵2 총5획]

얼음 빙

얼음, 얼다 반 炭(숯 탄)   영 ice 중 氷冰 일 ヒョウ(こおり)

회의 얼음 빙(冫)+물 수(水)자로 물이 '얼음'을 뜻한다.

氷菓(빙과) 얼음 과자

氷山(빙산) 氷水(빙수) 氷板(빙판)

亅 기 氵 氷 氷

中 5급

[선비 사(士)부]
[3士0 총3획]

선비 사

선비, 사내 유 兵(병졸 병)   영 scholar 중 士 shì 일 シ

회의 열 십(十)+한 일(一)자로 하나를 듣고 배우면 열을 깨우치는 사람이 '선비'의 뜻이다.

士林(사림) 훌륭한 선비들의 세계

士族(사족) 士氣(사기) 士兵(사병)

一 十 士

中 5급

仕
[사람 인(人)부]
[2人3 총5획]

벼슬 **사**

벼슬, 벼슬살이　　　영 serve　중 仕 shì　일 シ(つかえる)

형성 사람 인(亻)+선비 사(士)자로 학문을 익힌 사람은 선비가 되어 '벼슬하다'의 뜻이다.

出仕(출사) 벼슬길에 나감

給仕(급사) **仕官**(사관) **仕版**(사판)

丿 亻 仁 什 仕

中 6급

使
[사람 인(人)부]
[2人6 총8획]

부릴 **사**

부리다, 사신　반 勞(수고로울 로)　영 employ　중 使 shǐ　일 シ(つかう)

회의 사람 인(亻)+아전 리(吏)자로 윗사람이 아전에게 일을 '부리다'의 뜻이다.

使命(사명) 해야할 일

使人(사인) **使臣**(사신) **勞使**(노사)

亻 亻 亻 佴 佴 使 使

中 5급

史
[입 구(口)부]
[3口2 총5획]

역사 **사**

역사, 사기　　　영 history　중 史 shǐ　일 シ(ふみ)

회의 가운데 중(中)+또 우(又)자로 손으로 올바른 사실을 기록하는 '사기'의 뜻이다.

史記(사기) 역사(歷史)를 기록한 책

史蹟(사적) **史料**(사료) **女史**(여사)

丶 口 口 史 史

2단계

高 5급

寫
[갓머리(宀)부]
[3宀12 총15획]

베낄 **사**

베끼다, 그리다 영sketch, copy 중写 xiě 일写 シャ(うつす)

형성 집 면(宀)+신 석(舃)자로 사당에서 신을 신고 옮겨 가듯 집에서 그림 글을 '베끼다'의 뜻이다.

寫本(사본) 책이나 문서를 베낌

寫生(사생) 寫實(사실) 描寫(묘사)

宀　宀　㝯　寫　寫　寫

高 6급

社
[보일 시(示)부]
[5示3 총8획]

토지신 **사**

토지의 신 유會(모일 회) 영society 중社 shè 일社 シャ(やしろ)

회의 보일 시(示)+흙 토(土)자로 흙을 쌓아 제단을 만들고 신을 모시는 '사당'에 사람들이 모이다.

社交(사교) 사교 생활의 교제

社日(사일) 社員(사원) 社宅(사택)

一　亍　示　示　社　社

中 5급

思
[마음 심(심방변) (忄/㣺)부]
[4心5 총9획]

생각할 **사**

생각하다, 바라다 유慮(생각할 려) 영think 중思 sī 일シ(おもう)

회의 밭 전(田)+마음 심(心)자로 농부의 마음은 항상 밭의 곡식을 '생각한다'는 뜻이다.

思考(사고) 생각하고 이것저것 궁리함

思想(사상) 思料(사료) 思慕(사모)

丨　冂　田　田　思　思

5-6급 필수한자 | 111

高 5급

[나무 목(木)부]
[4木5 총9획]

조사할 사

조사하다, 사실하다 영 seek out 중 查 chá 일 サ(しらべる)

형성 나무 목(木)+또 차(且)자로 나무를 겹치고 또 겹쳐 방책을 만들어 통행인을 '조사'하다.

查問(사문) 조사하여 따져 물음

查夫人(사부인) 查察(사찰) 查閱(사열)

一 十 木 杳 香 查

中 6급

[죽을 사(歹)부]
[4歹2 총6획]

죽을 사

죽다 반 活(살 활), 生(날 생)   영 die 중 死 sǐ 일 シ(しぬ)

회의 목숨이 다해 살이 빠지고 앙상한 뼈로 변한다 하여 '죽다'는 뜻이다.

死亡(사망) 죽음

死文(사문) 死力(사력) 死守(사수)

一 ア 歹 歹 死 死

中 5급

[날 생(生)부]
[5生6 총11획]

낳을 산

낳다, 나다 유 生(날 생) 영 bear 중 产 chǎn 일 サン(うむ)

형성 선비 언(彦)+날 생(生)자로 훗날 선비가 될 잘 생긴 아이를 '낳다'의 뜻이다.

産出(산출) 만들어 냄

産室(산실) 産卵(산란) 産物(산물)

亠 立 产 产 産 産

112 | 3-Step 왕초보 1000한자 - 2단계

中 5급

[조개 패(貝)부]
[7貝8 총15획]

상줄 **상**

상 반 罰(벌할 벌) 영 reward 중 赏 shǎng 일 ショウ(ほめる)

형성 숭상할 상(尚)+조개 패(貝)로 공을 세운 사람에게 '상주다'의 뜻이다.

賞罰(상벌) 상과 벌

賞讚(상찬) 賞金(상금) 賞狀(상장)

䒑 䒑 𫩏 𫩏 賞 賞

中 5급

[입 구(口)부]
[3口8 총11획]

헤아릴 **상**

장사하다, 장사 영 trade 중 商 shāng 일 ショウ(あきない)

회의 밝힐 장(효=章)+빛날 경(冏)자로 물품의 가격을 상의해 밝히고 결정해 파는 '장사'의 뜻이다.

商歌(상가) 비통한 가락의 노래

商術(상술) 商談(상담) 商標(상표)

亠 亠 ᅕ 产 商 商

中 5급

[눈 목(目)부]
[5目4 총9획]

서로 **상**

서로, 바탕 영 mutually 중 相 xiàng 일 ショウ(あい)

회의 나무 목(木)+눈 목(目)자로 눈으로 나무의 성장을 '서로'의 뜻이다.

相見(상견) 서로 봄

相公(상공) 相關(상관) 相談(상담)

一 十 木 机 机 相

中 5급

序
[엄 호(广)부]
[3广4 총7획]

차례 서

차례, 차례를 매기다 영 order 중 序 xù 일 ジョ(ついで)

형성 집 엄(广)+줄 여(予)자로 앞에 있는 방으로부터 들어가므로 '처음'의 뜻이다.

序曲(서곡) 가곡 등의 개막 전에 연주하는 음악

序文(서문) 序頭(서두) 序列(서열)

亠 广 广 庐 庐 序

中 6급

書
[가로 왈(曰)부]
[4曰6 총10획]

글 서

글, 책 유 冊(책 책) 영 writing 중 书 shū 일 ショ(かく)

형성 붓 율(聿)+가로 왈(曰)자로 성현의 말씀 이야기를 붓으로 적는 '책'의 뜻이다.

書簡(서간) 편지

書庫(서고) 書架(서가) 書堂(서당)

⁊ 圭 聿 書 書 書

中 6급

席
[수건 건(巾)부]
[3巾7 총10획]

자리 석

자리 유 座(자리 좌) 영 seat 중 席 xí 일 セキ(むしろ·せき)

형성 무리 서(庶) 밑에 수건 건(巾)자로 여러 사람이 앉을 수 있는 '자리'의 뜻이다.

席藁(석고) 자리를 깔고 엎드림

席捲(석권) 席次(석차) 首席(수석)

广 广 庐 庐 席 席

中 6급

石
[돌 석(石)부]
[5石0 총5획]

돌 석

돌 ⑲ 玉(구슬 옥)　　　　영 stone 중 石 shí 일 セキ(いし)

회의·형성 '口'는 언덕 아래 굴러 있는 돌멩이 곧 '돌'을 나타낸다.

石間水(석간수) 바위틈에서 솟는 샘물
石工(석공)　石磬(석경)　石燈(석등)

一 ア 不 石 石

中 5급

[사람 인(人)부]
[2人3 총5획]

신선 선

신선, 선교(仙敎)　　　영 hermit 중 仙 xiān 일 セン

형성 사람 인(亻)+뫼 산(山)자로 사람이 산속에 들어가 불로장생의 도를 닦은 '신선'의 뜻이다.

仙境(선경) 신선이 사는 곳
仙遊(선유)　仙女(선녀)　仙風(선풍)

ノ 亻 仁 仙 仙

中 5급

[입 구(口)부]
[3口9 총12획]

착할 선

착하다, 좋다 ⑲ 惡(악할 악)　영 good 중 善 shàn 일 ゼン(よい)

회의 양[羊]같이 온순한 사람이 하는 말[言]은 '착하다'의 뜻이다.

善良(선량) 착하고 어짊
善人(선인)　善導(선도)　善行(선행)

丷 䒑 䒑 羊 羊 善

中 5급

[쉬엄쉬엄갈 책받침침 辵(辶)부]
[4辶_12 총16획]

가릴 선

가리다, 보내다 ㉨擇(가릴 택) 영select 중选 xuǎn 일セン(えらぶ)

형성 쉬엄쉬엄갈 착(辶)+유순할 손(巽)자로 신께 제사지낼 유순한 사람을 '가려뽑는다'는 뜻이다.

選擧(선거) 많은 사람 가운데 적당한 사람을 뽑음
選定(선정) **選曲**(선곡) **選拔**(선발)

巳 　巴 　罪 　巽 　巽 　選

中 6급

[실 사(糸)부]
[6糸9 총15획]

줄 선

줄, 금 영line 중线 xiàn 일セン(すじ)

형성 실 사(糸)+샘 천(泉)자로 샘물이 실같이 길게 흐르므로 '선'의 뜻이다.

線路(선로) 좁은 길
線上(선상) **混線**(혼선) **戰線**(전선)

糸'　糸'1　糸白　糸白　線　線

中 5급

[배 주(舟)부]
[6舟5 총11획]

배 선

배 영ship 중船 chuán 일セン(ふね)

형성 짐을 싣고 늪이나 강을 건너다니는 '배'의 뜻이다.

船價(선가) 배 삯
船客(선객) **船內**(선내) **船上**(선상)

月　月　舟　舟　船　船

· 2단계 ·

中 5급

[물고기 어(魚)부]
[11魚6 총17획]

고을 **선**

곱다, 선명하다 　　영 fine 　중 鲜 xiān 　일 セン(あざやか)

형성 고기 어(魚)+양 양(羊)자로 제사지낼 때 바치는 생선과 양은 '신선하다'의 뜻이다.

鮮度(선도) 고기나 채소 등의 신선함 정도를 가리킴.

鮮明(선명)　鮮血(선혈)　朝鮮(조선)

⺈　鱼　魚　鮮　鮮　鮮

中 5급

[말씀 언(言)부]
[7言7 총14획]

말씀 **설** / 달랠 **세**
기뻐할 **열**

말씀 ㉠ 話(말씀 화)　　영 speak 　중 说 shuō 　일 セツ(とく)

회의 말씀 언(言)+기쁠 태(兌)자로 자기의 뜻을 '말하다'의 뜻이다.

說破(설파) 상대방의 이론을 뒤집어 깨뜨림

說敎(설교)　遊說(유세)　說喜(열희)

言　言　訁　訟　說　說

中 6급

[비 우(雨)부]
[8雨3 총11획]

눈 **설**

눈, 눈이 오다 　　영 snow 　중 雪 xuě 　일 セツ(ゆき)

형성 비 우(雨)+쓸 혜(彗)자로 비가 얼어서 내리면 빗자루로 쓰는 것은 '눈'이라는 뜻이다.

雪景(설경) 눈이 내리거나 눈이 쌓인 경치

雪膚(설부)　雪嶺(설령)　雪害(설해)

⼀　⻗　雪　雪　雪　雪

5-6급 필수한자 | 117

中 6급

成
[창 과(戈)부]
[4戈3 총7획]

이룰 **성**

이루다 반 敗(패할 패) 영 accomplish 중 成 chéng 일 セイ(なる)

회의·형성: 무성할 무(戊)+장정 정(丁)자로 혈기왕성한 장정이 되면 무엇이든 '이루다'의 뜻이다.

成家(성가) 집을 지음
成功(성공) 成句(성구) 成長(성장)

厂 厂 厂 成 成 成

中 5급

性
[마음 심심방변) 心(忄/㣺)부]
[3忄5 총8획]

성품 **성**

성품, 천성 영 nature 중 性 xìng 일 セイ(さが)

형성: 마음 심(心)+날 생(生)자로 사람이 태어날 때부터 가지고 있는 '성품'이란 뜻이다.

性格(성격) 각 사람이 가진 성질
性急(성급) 性能(성능) 性質(성질)

忄 忄 忄 忄 忄 性

中 6급

省
[눈 목(目)부]
[5目4 총9획]

살필 **성**
덜 **생**

살피다 영 abbreviate 중 省 shěng 일 セイ (かえりみる)

회의: 적을 소(少)+눈 목(目)자로 아주 작은 것까지 자세히 보는 것으로 '살피다'의 뜻이다.

省察(성찰) 깊이 생각함
省墓(성묘) 反省(반성) 省略(생략)

丿 小 少 尐 省 省

中 5급

洗
[물 수(삼수변) 水(氵)부]
[3氵6 총9획]

씻을 세

씻다, 깨끗이 씻다 영 wash 중 洗 xǐ 일 セン(あらう)

형성 물 수(水)+먼저 선(先)자로 물로 손발을 '씻다'는 뜻이다.

洗盞(세잔) 잔을 씻음

洗手(세수) 洗面(세면) 洗車(세차)

氵 氵 氵 泸 泮 洗 洗

中 5급

歲
[그칠 지(止)부]
[4止9 총13획]

해 세

해, 새해 유 年(해 년) 영 age, year 중 岁 suì 일 サイ(とし)

형성 걸음 보(步)+개 술(戌)자로 걸음을 멈추고 곡식을 거둬들이니 '해'가 바뀐다.

歲暮(세모) 세밑

歲時(세시) 歲拜(세배) 歲月(세월)

止 产 产 芦 歳 歲

中 6급

消
[물 수(삼수변) 水(氵)부]
[3氵7 총10획]

사라질 소

사라지다 영 extinguish 중 消 xiāo 일 ショウ(きえる)

형성 물 수(氵)+작을 소(肖)자로 물의 흐름이 점점 '사라지다'의 뜻이다.

消滅(소멸) 모두 사라져 없어져 버림

消失(소실) 消毒(소독) 消燈(소등)

氵 氵 氵 氵 消 消

高 5급

[나무 목(木)부]
[4木3 총7획]

묶을 속

묶다, 묶음   영bind, tie 중束 shù 일ソク(たば)

회의 나무 목(木)의 가운데에 입 구(口)자로 나무를 다발로 '묶다'는 뜻이다.

束帶(속대) 옷을 여미는 띠
束裝(속장) 束縛(속박) 約束(약속)

一 厂 戸 百 申 束 束

中 6급

[쉬엄쉬엄갈 착(辶)부]
[4辶_7 총11획]

빠를 속

빠르다, 빨리   영fast 중速 sù 일ソク(はやい)

형성 묶을 속(束)+쉬엄쉬엄갈 착(辶)자로 물건을 한데 묶어가면 '빠르다'의 뜻이다.

速記(속기) 빠른 속도로 기록함
速達(속달) 速決(속결) 速攻(속공)

一 戸 申 束 涑 速

中 6급

[아들 자(子)부]
[3子7 총10획]

손자 손

손자, 자손   반祖(할아비 조) 영grandson 중孙 sūn 일ソン(まご)

회의 아들 자(子)+이을 계(系)자로 아들에서 아들로 이어지는 '손자'의 뜻이다.

孫子(손자) 아들의 자식
孫婦(손부) 孫女(손녀) 子孫(자손)

孑 孑 孖 孫 孫 孫

2단계

中 6급

樹
[나무 목(木)부]
[4木12 총16획]

나무 수

나무, 초목　윤 木(나무 목)　영 tree　중 树 shù　일 ジュ(き)

형성 나무 목(木)+세울 주(尌)로 나무를 심을 때는 반드시 '세우다'의 뜻이다.

樹木(수목) 나무를 심음
樹人(수인)　樹齡(수령)　樹立(수립)

村　桂　桂　桂　樹　樹

中 5급

首
[머리수(首)부]
[9首0 총9획]

머리 수

머리, 첫머리　　영 head　중 首 shǒu　일 シュ(くび)

상형 머리털이 나 있는 머리모양을 본뜬 자로 '머리, 우두머리'의 뜻이다.

首功(수공) 첫째 가는 공
首肯(수긍)　首都(수도)　首班(수반)

丶　䒑　䒑　岁　首　首

中 5급

宿
[갓머리(宀)부]
[3宀8 총11획]

잘 숙
별 수

자다, 묵다　윤 星(별 성)　영 sleep　중 宿 xiǔ　일 シュク(やどる)

형성 집 면(宀)+백사람 백(佰)자로 여러 사람이 머물러서 '자다'의 뜻이다.

宿老(숙노) 경험이 풍부한 노인
宿命(숙명)　宿泊(숙박)　宿曜(수요)

宀　宀　宁　疒　宿　宿

中 5급

順
[머리 혈(頁)부]
[9頁3 총12획]

순할 순

순하다   영 obey   중 順 shùn   일 ジュン(したがう)

형성 내 천(川)+머리 혈(頁)자로 물이 흐르듯이 '순하다'의 뜻이다.

順産(순산) 별다른 어려움 없이 순조롭게 아이를 낳음
順行(순행) 順理(순리) 順序(순서)

川 川´ 順 順 順 順

高 6급

術
[다닐 행(行)부]
[6行5 총11획]

꾀 술

재주, 기술 ㉮ 技(재주 기)   영 means   중 术 shù   일 ジュツ

형성 다닐 행(行)+차조 출(朮)자로 여럿이 있는데 살아가는 방법은 각자의 '재주'이다.

術家(술가) 풍수사
術數(술수) 術策(술책) 技術(기술)

彳 彳一 彳十 術 術 術

中 6급

習
[깃 우(羽)부]
[6羽5 총11획]

익힐

익히다 ㉮ 練(익힐 련)   영 study   중 习 xí   일 シユウ(ならう)

회의 깃 우(羽)+흰 백(白)자로 흰새가 날갯짓을 하며 나는 연습을 '익히다'의 뜻이다.

習慣(습관) 버릇
習字(습자) 習得(습득) 習作(습작)

⁊ ⁊ ⁊ ⁊⁊ ⁊⁊ 習

2단계

中 6급

勝
[힘 력(力)부]
[2力10 총12획]

이길 **승**

이기다　(반) 敗(패할 패)　영 win　중 胜 shèng　일 ショウ(かつ)

형성 나 짐(朕)+힘 력(力)자로 스스로 참고 힘쓰면 '이기다'의 뜻이다.

勝算(승산) 적게 이길 가능성
勝勢(승세) 勝利(승리) 勝負(승부)

丿　月　月¨　月㐅　朕　勝

中 6급

始
[계집 녀(女)부]
[3女5 총8획]

처음 **시**

비로소　(유) 初(처음 초)　영 begin　중 始 shǐ　일 シ(はじめ)

회의 계집 녀(女)+기를 이(台)자로 여자의 뱃속에서 자라는 아이는 생명의 '처음'를 뜻한다.

始終(시종) 시작과 끝
始發(시발) 始動(시동) 始作(시작)

女　女′　女ㄥ　女ㄥ　始　始

中 5급

示
[보일 시(示)부]
[5示0 총5획]

보일 **시**

보이다, 가르치다　영 exhibit　중 示 shì　일 ジ·シ(しめす)

지사 제사 상에 물건을 차려놓고 신에게 보이다.

示現(시현) 나타내 보임
示唆(시사) 示達(시달) 示範(시범)

一　二　宁　示　示

中 6급

式
[주살 익(弋)부]
[3弋3 총6획]

법 **식**

법, 제도 ㉔ 法(법 법)   ㉰ rule, mode   ㉲ 式 shì   ㉱ シキ(のり)

회의·형성 주살 익(弋)+장인 공(工)자로 장인이 도구로 일할 때는 일정한 '법식'을 따른다.

式車(식거) 수레의 가로지른 나무에 손을 얹고 있음

式穀(식곡) **式順**(식순) **式典**(식전)

一 二 丁 三 式 式

中 5급

識
[말씀 언(言)부]
[7言12 총19획]

알 **식**
기록할 **지**

알다, 기록하다 ㉔ 知(알 지) ㉰ recognize ㉲ 识 shí ㉱ チ(しる)

형성 말씀 언(言)+찰흙 시(戠)자로 말과 소리를 흙벽이나 토기 등에 '기록하다'의 뜻이다.

識別(식별) 분별함

識字(식자) **識見**(식견) **標識**(표지)

中 6급

神
[보일 시(示)부]
[5示5 총10획]

귀신 **신**

귀신, 신   ㉰ god, soul ㉲ 神 shén ㉱ ジン(かみ)

형성 보일 시(示)+펼 신(申)자로 번개가 치는 것은 귀신이 우는 것으로 '귀신'을 뜻한다.

神經(신경) 동물의 몸 속에 퍼져있는 지각운동

神靈(신령) **神技**(신기) **神童**(신동)

2단계

中 6급

[사람 인(人)부]
[2人7 총9획]

믿을 신

믿다, 믿음   영 believe, trust   중 信 xìn   일 シン(まこと)

회의 사람 인(亻)+말씀 언(言)자로 사람이 하는 말에는 '믿음'의 뜻이다.

信念(신념) 옳다고 굳게 믿고 있는 마음

信心(신심) 信徒(신도) 信用(신용)

丿 亻 亻 亻 信 信 信

中 6급

[도끼 근(斤)부]
[4斤9 총13획]

새 신

새롭다   반 舊(예 구)   영 new   중 绅 xīn   일 シン(あたらしい)

회의 설 립(立)+나무 목(木)+도끼 근(斤)자로 나무를 도끼로 베어내면 '새롭다'의 뜻이다.

新舊(신구) 새것과 묵은 것

新紀元(신기원) 新刊(신간) 新曲(신곡)

亠 亲 亲 新 新 新

中 5급

[신하 신(臣)부]
[6臣0 총6획]

신하 신

신하, 섬기다   반 君(임금 군)   영 minister   중 臣 shén   일 シン(たみ)

상형 임금 앞에 몸을 구부리고 있는 신하의 모양을 본뜬 글자다.

臣僕(신복) 신하가 되어 복종함

臣民(신민) 臣下(신하) 家臣(가신)

一 丆 ㄶ 丣 臣 臣

5~6급 필수한자 | 125

中 6급

[몸 신(身)부]
[7身0 총7획]

몸 신

몸 ㉮ 體(몸 체)　　　영 body 중 身 shēn 일 シン(み)

상형 사람이 애를 밴 모양을 본뜬 글자로 임신하다를 뜻하여 '몸'을 뜻한다.

身病(신병) 몸의 병

身上(신상)　**身分**(신분)　**身世**(신세)

′ ⺈ ⼧ 自 自 身 身

中 6급

[큰 대(大)부]
[3大2 총5획]

잃을 실

잃다, 잘못 ㉯ 得(얻을 득)　영 lose 중 失 shī 일 シツ(うしなう)

회의·형성 손 수(手)+새 을(乙)자로 화살이 손에서 도망가니 '잃는다'의 뜻이다.

失脚(실각) 발을 헛디딤. 지위를 잃음

失機(실기)　**失格**(실격)　**失望**(실망)

′ ⺈ ⺈ 失 失

中 5급

[갓머리(宀)부]
[3宀11 총14획]

열매 실

열매 ㉮ 果(실과 과)　영 fruit 중 实 shí 일 実 ジツ(みのる)

회의 집 면(宀)+꿸 관(貫)자로 집안에 꿴 재물이 가득 찼으므로 '열매'의 뜻이다.

實果(실과) 먹을 수 있는 초목의 열매

實習(실습)　**實感**(실감)　**實力**(실력)

宀 宀 宙 宙 實 實

2단계

中 5급

[어진사람 인(儿)부]
[2儿6 총8획]

아이 **아**

아이, 유아 ⊕ 童(아이 동)　영 child　중 儿 ér　일 児 ジ·ニ(こ)

상형 정수리의 숫가마[白]가 아직 굳지 않은 어린아이 [儿]가 걸어다니는 모양을 본뜬 글자이다.

兒名(아명) 어릴 때의 이름

孤兒(고아)　兒童(아동)　健兒(건아)

丿 丫 白 白 臼 兒

中 5급

[마음 심(심방변) 心(忄/㣺)부]
[4心8 총12획]

악할 **악**
미워할 **오**

악하다, 모질다 ⊕ 好(좋을 호)　영 bad　중 恶 è　일 悪 アク(わるい)

형성 버금 아(亞)+마음 심(心)자로 등이 굽은 것처럼 마음이 '악하다'의 뜻이다.

惡感(악감) 악한 감정, 또는 나쁜 느낌

惡鬼(악귀)　惡魔(악마)　憎惡(증오)

一 丌 兀 亞 亞 惡

中 5급

[나무 목(木)부]
[4木6 총10획]

책상 **안**

책상, 방석　영 table, desk　중 案 àn　일 アン

형성 편안 안(安)+나무 목(木)자로 편안히 앉아서 책을 볼 수 있도록 나무로 '책상'을 만들다.

案山(안산) 집터나 묏자리의 맞은편 산

案机(안궤)　案件(안건)　案内(안내)

宀 宀 安 安 宰 案

中 6급

[마음 심(심방변) 心(忄/㣺)부]
[4心9 총13획]

사랑 애

사랑 땐 惡(미워할 오)　　영 love 중 愛 ài 일 アイ(あいする)

회의 받을 수(受)+마음 심(心)자로 마음을 주고 받는 '사랑'을 뜻한다.

愛犬(애견) 개를 사랑함

愛讀(애독)　愛馬(애마)　愛好(애호)

龸 龹 恶 愛 愛 愛

中 6급

[저녁 석(夕)부]
[3夕5 총8획]

밤 야

밤, 새벽 땐 晝(낮 주)　　영 night 중 夜 yè 일 ヤ(よる)

형성 또 역(亦)+저녁 석(夕)자로 해지면 밤이 오고 모든 생물이 '밤'에는 잠을 잔다.

夜間(야간) 밤

夜勤(야근)　夜景(야경)　夜光(야광)

亠 广 疒 夜 夜 夜 夜

中 6급

[마을 리(里)부]
[7里4 총11획]

들 야

들, 교외 땐 與(더불 여)　　영 field 중 野 yě 일 ヤ(の)

형성 마을 리(里)+줄 여(予)자로 마을의 논밭에서 농사를 지어들이는 '들'을 뜻한다.

野蠻(야만) 문화가 미개함

野行(야행)　野球(야구)　野談(야담)

日 甲 里 野 野 野

中 6급

[활 궁(弓)부]
[3弓7 총10획]

약할 **약**

약하다 반 強(강할 강)　영 weak 중 弱 ruò 일 ジャク(よわい)

상형 새끼새의 두 날개가 나란히 펼쳐진 모양을 본뜬 글자로 '약하다'를 뜻한다.

弱骨(약골) 골격이 약함

弱勢(약세)　弱冠(약관)　弱點(약점)

フ ユ 弓 引 弱 弱

中 5급

[실 사(糸)부]
[6糸3 총9획]

묶을 **약**

맺다, 묶다　영 bind 중 约 yuē 일 ヤク(おおむれ)

형성 실 사(糸)+작을 작(勺)자로 실로 작은 매듭을 '맺다'의 뜻이다.

約略(약략) 대강. 또는 대개

約束(약속)　約款(약관)　公約(공약)

幺 纟 糸 糸' 約 約

中 6급

[풀초(초두) 艸(艹)부]
[4艹15 총19획]

약 **약**

약, 화약　영 medicine 중 药 yào 일 薬 ヤク(くすり)

형성 풀 초(艹)+즐거울 락(樂)자로 풀뿌리나 잎으로 만든 것이 병을 낫게 하므로 '약'의 뜻이다.

藥局(약국) 약을 파는 가게

藥石(약석)　藥果(약과)　藥草(약초)

苎 茹 蕐 藥 藥 藥

5-6급 필수한자 | **129**

中 6급

[물 수(삼수변) 水(氵)부]
[3水6 총9획]

바다 양

바다 ㈜ 海(바다 해). ㈎ ocean ㈜ 洋 yáng ㈑ ヨウ(おおうみ)

㈢ 물 수(氵)+양 양(羊)자로 수많은 양의 무리가 움직이듯이 '큰바다'를 뜻한다.

洋弓(양궁) 서양식 활

洋女(양녀)　洋襪(양말)　洋酒(양주)

氵　氵　氵　氵　洋　洋　洋

中 5급

[밥 식(食)부]
[9食6 총15획]

기를 양

기르다 ㈜ 育(기를 육). ㈎ breed ㈜ 养 yǎng ㈑ ヨウ(やしなう)

㈢ 양 양(羊)+먹을 식(食)자로 양에게 먹이를 주어 '기르다'의 뜻이다.

養鷄(양계) 닭을 기름

養蜂(양봉)　養女(양녀)　養豚(양돈)

羊　养　养　养　養　養

中 6급

[언덕 부(좌부방) 阜(阝)부]
[3阝9 총12획]

볕 양

볕, 해 ㈘ 陰(그늘 음). ㈎ sunshine ㈜ 阳 yáng ㈑ ヨウ(ひ)

㈢ 언덕 부(阝)+볕 양(昜)자로 언덕은 가리는 곳이 없으니 '볕'이 잘 든다.

陽光(양광) 태양의 빛

陽朔(양삭)　陽刻(양각)　陽氣(양기)

阝　阝　阝　阝　陽　陽　陽

2단계

中 5급

[물고기 어(魚)부]
[11魚0 총11획]

고기 **어**

물고기, 고기 　　　영 fish 중 鱼 yú 일 ギョ(さかな)

회의·형성 물고기의 모양을 본뜬 글자이다.

魚物(어물) 물고기의 총칭
魚貝(어패) 魚卵(어란) 魚雷(어뢰)

氵 氵 氵 沩 渔 渔

中 5급

[물 쉬(삼수변) 水(氵)부]
[3氵11 총14획]

고기 **어**

고기 잡다, 고기잡이 　영 fishing 중 渔 yú 일 ギョ(あさる)

형성 물 수(氵)+고기 어(魚)자로 물고기가 있는 물에서 '물고기를 잡는다'는 뜻이다.

漁場(어장) 고기잡이 터
漁撈(어로) 漁具(어구) 漁民(어민)

′ ″ 夕 角 魚 魚

中 5급

[사람 인(人)부]
[2人13 총15획]

억 **억**

억, 수의 단위 　　영 hundred million 중 亿 yì 일 オク(おく)

형성 사람 인(亻)+뜻 의(意)자로 사람의 마음속에서만 생각할 수 있는 큰 수인 '억'을 뜻한다.

億丈(억장) 썩 높음
百億(백억) 億劫(억겁) 億萬(억만)

5-6급 필수한자 | **131**

中 6급

言
[말씀 언(言)부]
[7言0 총7획]

말씀 **언**

말씀, 언어 유 語(말씀 어)   영 talk 중 言 yán 일 ゲン(こと)

형성 생각한 것을 찌를 듯이 입으로 나타내는 '말씀'의 뜻이다.

言論(언론) 말이나 글로써 자기의 주장을 밝히는 일

言動(언동) **言語**(언어) **言爭**(언쟁)

丶 亠 言 言 言 言

中 6급

業
[나무 목(木)부]
[4木9 총13획]

업 **업**

업, 일 유 事(일 사)   영 business 중 业 yè 일 ギョウ(わざ)

상형 악기를 매단 받침틀의 모양을 본뜬 자로 음악을 배우려면 이 장치를 하는 '업'의 뜻이다.

業界(업계) 같은 산업, 사업의 종사자들의 사회

業主(업주) **業務**(업무) **業體**(업체)

业 业 业 丵 業 業

中 5급

[불 화(火/灬)부]
[4灬11 총15획]

더울 **열**

덥다, 더위   영 hot 중 热 rè 일 ネツ(あつい)

회의 형세 세(勢)+불 화(灬)자로 불의 형세는 '뜨겁다'의 뜻이다.

熱狂(열광) 미친 듯이 열중함

熱心(열심) **熱氣**(열기) **熱帶**(열대)

土 去 坴 執 執 熱

中 5급

[풀초(초두) 艸(++)부]
[4++9 총13획]

잎 **엽**

잎, 뽕   영leaf 중叶 yè 일ョウ(は)

형성 초목에 달려 있는 무성한 '잎사귀'를 뜻한다.

葉書(엽서) 우편엽서
葉菜(엽채) 葉茶(엽차) 葉錢(엽전)

艹 芌 芏 荁 華 葉

中 6급

[물 쉬(삼수변) 水(氵)부]
[4水1 총5획]

길 **영**

길다, 오래다 유遠(멀 원) 영eternal 중永 yǒng 일エイ(ながい)

상형 강물이 여러 갈래로 갈라지면서 흘러가는 모양을 본뜬 글자이다.

永訣(영결) 영원한 이별
永眠(영면) 永世(영세) 永遠(영원)

丶 亅 亓 永 永

中 6급

[풀초(초두) 艸(++)부]
[4++5 총9획]

꽃부리 **영**

꽃부리 유特(특별할 특) 영elite 중英 yīng 일エイ(はなぶさ)

형성 풀 초(艹)+가운데 앙(央)자로 풀꽃의 아름다운 가운데를 나타내어 '꽃부리'의 뜻이다.

英佛(영불) 영국과 프랑스
英傑(영걸) 英國(영국) 英語(영어)

艹 艹 节 苎 苹 英

中 5급

[주검 시(尸)부]
[3尸6 총9획]

집 **옥**

집, 지붕 ㈜家(집 가)　　㈎house 图屋 wū 图屋 オク(や)

회의 주검 시(尸)+이를 지(至)자로 사람이 이르러 머무를 수 있는 '집'이란 뜻이다.

屋漏(옥루) 집이 샘

屋內(옥내) 屋上(옥상) 家屋(가옥)

尸 尸 尸 居 居 屋 屋

中 6급

[물 수(삼수변) 水(氵)부]
[3氵10 총13획]

따뜻할 **온**

따뜻하다 ㈜冷(찰 랭)　㈎warm 图温 wēn 图温 オン(あたたか)

회의·형성 수증기가 방 안에 가득하므로 '따뜻하다'는 뜻이다.

溫帶(온대) 열대와 한대 사이의 지대

溫情(온정) 溫氣(온기) 溫度(온도)

氵 氵 氵 氵 溫 溫

中 5급

[갓머리(宀)부]
[3宀4 총7획]

완전할 **완**

완전하다 ㈜全(온전 전)　㈎perfect 图完 wán 图完 カン(まっとうする)

형성 집 면(宀)+으뜸 원(元)자로 근본이 잘 되어 있는 집을 뜻해 '완전하다'는 뜻이다.

完璧(완벽) 흠을 잡을 곳이 없음

完遂(완수) 完工(완공) 完決(완결)

宀 宀 宀 宀 完 完

中 5급

曜
[날 일(日)부]
[4日14 총18획]

비칠 요

비치다, 빛나다 　영shine, flash　중yào　일ヨウ(かがやく)

형성 해 일(日)+꿩깃 적(翟)자로 꿩의 깃털이 햇살을 받아 '빛나다'의 뜻이다.

曜日(요일) 일주일의 각 날을 나타내는 말

日曜日(일요일)　日曜(일요)　九曜(구요)

⺍ ⺍ ⺍ ⺍ ⺍ 料

中 5급

要
[덮을 아(襾)부]
[6襾3 총9획]

구할 요

요긴하다, 종요롭다　영important　중外Yào　일ヨウ(かなめ)

상형 여자가 두 손으로 허리를 잡고 있는 모양을 본뜬 글자로 '중요한'의 뜻이다.

要件(요건) 긴요한 용건

要求(요구)　要綱(요강)　要請(요청)

一 一 西 西 要 要

中 5급

浴
[물 수(삼수변) 水(氵)부]
[3氵7 총10획]

목욕할 욕

목욕하다, 목욕　영bathe　중浴yù　일ヨク(あびる)

형성 물 수(氵)+골짜기 곡(谷)자로 골짜기에 흐르는 깨끗한 물로 '목욕을 한다'는 뜻이다.

浴室(욕실) 목욕을 하는 시설이 되어 있는 방

浴湯(욕탕)　浴槽(욕조)　沐浴(목욕)

氵 氵 氵 氵 氵 浴

5-6급 필수한자 | **135**

中 6급

勇
[힘 력(力)부]
[2力7 총9획]

날랠 **용**

날래다, 날쌔다 영brave, quick 중勇 yǒng 일コウ(いさましい)

회의 물솟아오를 용(甬)+힘 력(力)자로 물이 솟아오르듯 '용감하다'의 뜻이다.

勇斷(용단) 용기 있게 결단함
勇力(용력) **勇敢**(용감) **勇氣**(용기)

マ 丙 甬 甬 勇 勇

中 6급

用
[쓸 용(用)부]
[5用0 총5획]

쓸 **용**

쓰다, 쓰이다 ㈜費쓸비 영use, employ 중用 yòng 일ヨウ(もちいる)

형성 점 복(卜)+가운데 중(中)자로 옛날 점을 쳐서 맞으면 반드시 '시행하다'의 뜻이다.

用件(용건) 볼일
用處(용처) **用器**(용기) **用品**(용품)

丿 冂 月 月 用

中 5급

友
[또 우(又)부]
[2又2 총4획]

벗 **우**

벗, 동무 영friend 중友 yǒu 일コウ(とも)

회의 왼 좌(左)+또 우(又)자로 왼손과 오른손을 맞잡은 친한 사이로 '벗'을 뜻한다.

友愛(우애) 친구간의 애정
友邦(우방) **友情**(우정) **友好**(우호)

一 ナ 方 友

•2단계

中 5급

[소 우(牛)부]
[4牛0 총4획]

소 우

소, 무릎쓰다　　　영 ox·cow　중 牛 niú　일 ギュウ(うし)

상형 머리와 두 뿔이 솟고 꼬리를 늘어뜨리고 있는 소의 모양을 본뜬 글자이다.

牛角(우각) 소뿔

牛步(우보) 牛乳(우유) 牛黃(우황)

` ㅗ 느 牛

中 5급

[비 우(雨)부]
[8雨0 총8획]

비 우

비, 비가 오다　　　영 rain　중 雨 yǔ　일 ウ(あめ)

상형 하늘[一]을 덮은 구름[冂] 사이로 물방울이 떨어짐을 본뜬 글자로 '비'를 뜻한다

雨期(우기) 비가 많이 내리는 시기

雨天(우천) 雨量(우량) 雨傘(우산)

一 ㄏ 冂 币 雨 雨

中 6급

[쉬엄쉬엄갈 책받침(辶)부]
[4辶9 총13획]

돌 운

돌다, 움직이다　　　영 transport　중 运 yùn　일 ウン(はこぶ)

형성 쉬엄쉬엄갈 착(辶)+군사 군(軍)자로 군사들이 전차를 몰고 병기를 '옮기다'의 뜻이다.

運命(운명) 운수

運筆(운필) 運柩(운구) 運動(운동)

冖 亘 軍 軍 渾 運

5-6급 필수한자 | 137

中 5급

[비 우(雨)부]
[8雨4 총12획]

구름 **운**

구름, 습기　　　영 cloud 중 云 yún 일 ウン(くも)

상형 비 우(雨)+이를 운(云)자로 뭉게구름이 일어나는 모양을 본뜬 글자이다.

雲開(운개) 구름이 사라짐

雲山(운산)　雲霧(운무)　雲峰(운봉)

一 二 雨 雩 雲 雲

中 5급

[새 추(隹)부]
[8隹4 총12획]

수컷 **웅**

수컷, 수　　　영 male 중 雄 xióng 일 ユウ(おす)

형성 팔꿈치 굉(厷)+새 추(隹)자로 새 중에서 팔꿈치 날개살의 힘이 센 것은 '수컷'이란 뜻이다.

雄大(웅대) 웅장하고 큼

雄圖(웅도)　雄據(웅거)　雄壯(웅장)

ナ 厷 赱 雄 雄 雄

中 5급

[어진사람 인(儿)부]
[2儿2 총4획]

으뜸 **원**

으뜸, 우두머리　　영 principal 중 元 yuán 일 ゲン(もと)

회의 사람 몸[兀]의 위에 머리[·]를 그리는 '으뜸'을 뜻한다.

元氣(원기) 만물의 근원이 되는 기운

元旦(원단)　元金(원금)　元年(원년)

一 二 テ 元

2단계

高 5급

[언덕 부(阝좌부방) 휘(阝)부]
[3阝7 총10획]

원집 **원**

집, 담   영 garden 중 院 yuàn 일 イン

형성 언덕 부(阝)+완전할 완(完)자로 담장으로 튼튼하게 둘러싸인 '집'을 뜻한다.

院長(원장) 원자가 붙은 기관의 장

院生(원생) **院兒**(원아) **病院**(병원)

氵 阝 阝ᅳ 阮 陌 陀 院

中 5급

[민엄 호(厂)부]
[2厂8 총10획]

언덕 **원**

근원, 근본   영 origin 중 原 yuán 일 グン(はら·もと)

회의·형성 집 엄(厂)+샘 천(泉)자로 언덕밑에서 솟는 샘의 '근원'을 뜻한다.

原價(원가) 사들인 값

原案(원안) **原稿**(원고) **原因**(원인)

一 厂 厂 厏 原 原

中 5급

[머리 혈(頁)부]
[9頁10 총19획]

원할 **원**

원하다   유 希(바랄 희) 영 want, hope 중 愿 yuàn 일 ガン(ねがう)

형성 근원 원(原)+머리 혈(頁)자로 머리는 생각하는 근원이며 생각이 잘되기를 '원하다'는 뜻이다.

願望(원망) 원하고 바람

願書(원서) **祈願**(기원) **發願**(발원)

厈 厏 原 原 願 願

5-6급 필수한자 | **139**

中 6급

[큰입 구(口)부]
[3口10 총13획]

동산 **원**

동산, 정원　　　　영 garden 중 园 yuán 일 エン(その)

형성 에울 위(口)+옷치렁거릴 원(袁)자로 과일이 치렁치렁 열린 과수로 에워싼 '동산'이란 뜻이다.

園頭幕(원두막) 밭에서 수확하는 참외, 수박, 호박 등
園所(원소)　**園兒**(원아)　**公園**(공원)

円　周　周　園　園　園

中 6급

[쉬엄쉬엄갈 책받침(辶)(辵)부]
[4辶10 총14획]

멀 **원**

멀다 반 近(가까울 근)　　영 far 중 远 yuǎn 일 エン(とおい)

회의·형성 쉬엄쉬엄갈 착(辶)+옷치렁거릴 원(袁)자로 긴 옷을 입고 '먼'길을 쉬엄쉬엄간다.

遠近(원근) 멀고 가까움
遠景(원경)　**遠隔**(원격)　**遠大**(원대)

十　土　吉　幸　袁　遠

中 5급

[사람 인(人)부]
[2人5 총7획]

자리 **위**

자리, 위치　　　　영 position 중 位 wèi 일 イ(くらい)

회의 사람 인(亻)+설 립(立)자로 사람이 일정한 자리에 서있다는 '자리'의 뜻이다.

位置(위치) 사람이나 물건의 장소
位牌(위패)　**位階**(위계)　**順位**(순위)

丿　亻　亻　亻　位　位

中 5급

偉
[사람 인(人)부]
[2人9 총11획]

거룩할 **위**

위대하다, 훌륭하다 유 大(큰 대) 영 great 중 伟 wěi 일 イ(えらい)

형성 사람 인(亻)+가죽 위(韋)자로 보통사람보다 뛰어난 '크다'는 뜻이다.

偉大(위대) 뛰어나고 훌륭함

偉力(위력) **偉業**(위업) **偉容**(위용)

亻 亻' 亻' 俨 俨 偉 偉

中 6급

[물 수(삼수변) 水(氵)부]
[3氵5 총8획]

기름 **유**

기름, 유지 영 oil 중 油 yóu 일 ユ(あぶら)

형성 물 수(氵)+말미암을 유(由)자로 액체로 말미암아 불타는 것이 '기름'이라는 뜻이다.

油然(유연) 구름이 피어오르는 모양

油印物(유인물) **油性**(유성) **油田**(유전)

氵 氵 氵 汀 油 油 油

中 6급

[밭 전(田)부]
[5田0 총5획]

말미암을 **유**

말미암다, 인연하다 영 cause 중 由 yóu 일 コウ(よし)

상형 술이나 즙 따위를 뽑아 내는 항아리를 본뜬 글자이다.

由來(유래) 사물의 내력

由緖(유서) **自由**(자유) **理由**(이유)

丨 冂 由 由 由

中 6급

銀
[쇠 금(金)부]
[8金6 총14획]

은 은

은, 은빛　　　영 silver 중 银 yín 일 ギン(しろがね)

형성 쇠 금(金)+그칠 간(艮)자로 황금 다음가는 백금이 '은'이라는 뜻이다.

銀幕(은막) 영화계

銀河(은하)　銀塊(은괴)　銀河(은하)

金　釗　釗　鉅　鉅　銀

中 6급

音
[소리 음(音)부]
[9音0 총9획]

소리 음

소리, 음악 ㉌ 聲(소리 성)　영 sound 중 音 yīn 일 オン(おと)

지사 땅[一]에 서서[立] 말하는 입[日]의 모양에서 모든 소리를 뜻한다.

音律(음률) 소리·음악의 가락

音聲(음성)　雜音(잡음)　騷音(소음)

丶　亠　立　产　音　音

中 6급

飮
[밥 식(食)부]
[9食4 총13획]

마실 음

마시다, 마실 것　　영 drink 중 饮 yǐn 일 イン(のむ)

형성 밥 식(食)+하품할 흠(欠)자로 하품할 때처럼 입을 벌리고 물이나 술따위를 '마시다'는 뜻이다.

飮毒(음독) 독약을 먹음

飮馬(음마)　飮酒(음주)　米飮(미음)

ㄅ　今　乍　쉳　鈊　飮

2단계

中 6급

[옷 의(衤/衣)부]
[6衣0 총6획]

옷 의

옷, 의복 ㉨ 服(옷 복)　영 clothing　중 衣 yī　일 イ(ころも)

상형 사람이 옷저고리를 입고 깃을 여민 모양을 본뜬 글자이다.

衣冠(의관) 의복과 갓
衣服(의복)　衣類(의류)　衣服(의복)

、 一 ナ ㄛ 衣 衣

中 6급

[마음 심(心/忄/㣺)부]
[4心9 총13획]

뜻 의

뜻, 생각 ㉨ 志(뜻 지)　영 intention, will　중 意 yì　일 イ

회의 소리 음(音)+마음 심(心)자로 말로 나타내고자 하는 마음속의 '생각'의 뜻이다.

意見(의견) 마음속에 느낀 생각
意味(의미)　意慾(의욕)　意志(의지)

立 音 音 音 意 意

中 6급

[닭 유(酉)부]
[7酉11 총18획]

의원 의

의원, 의사　영 doctor　중 医 yī　일 医 イ(いやす)

회의 소리모주칠 예(殹)+닭 유(酉)자로 다쳐서 신음하는 환자를 고치는 '의원'이라는 뜻이다.

獸醫(수의) 짐승을 치료하는 의사
洋醫(양의)　醫療(의료)　醫師(의사)

医 医ㄣ 殹 臀 醫 醫

5-6급 필수한자 | **143**

中 5급

[사람 인(人)부]
[2人3 총5획]

써 **이**

써(~로써), 이(是)　　　영 by, with 중 已 yǐ 일 イ(もって)

상형 사람이 쟁기를 써야 만밭을 갈 수 있다는데서 '~로써 까닭'의 뜻이다.

以前(이전) 오래 전

以內(이내) **以南**(이남) **以北**(이북)

丨　レ　レ　以　以

中 5급

[귀 이(耳)부]
[6耳0 총6획]

귀 **이**

귀　　　영 ear 중 耳 ěr 일 ジ(みみ)

상형 사람의 귀모양을 본뜬 글자이다.

耳順(이순) 귀가 부드러워짐

耳明酒(이명주) **耳目**(이목) **耳鳴**(이명)

一　T　F　F　耳　耳

中 5급

[큰입 구(口)부]
[3口3 총6획]

인할 **인**

인하다　반 果(실과 과)　　　영 cause 중 因 yīn 일 イン(よる)

회의 에울 위(口)+큰 대(大)자로 사람이 요위에 편히 누워있음은 그럴만한 '큰 까닭'이 있다.

因緣(인연) 어떤 사물들 사이에 맺어지는 관계

因習(인습) **原因**(원인) **要因**(요인)

丨　冂　冂　冃　因　因

2단계

高 5급

任
[사람 인(人)부]
[2人4 총6획]

맡길 **임**

맡기다 ㉠委(맡길 위) ㉢entrust ㉣任 rèn ㉤ニン(まかせる)

형성 사람 인(亻)+아홉째천간 임(壬)자로 사람이 짐을 짊어지듯 책임을 '맡기다'의 뜻이다.

任期(임기) 어떤 직책을 맡은 기간

任官(임관) **任命**(임명) **任務**(임무)

丿 亻 仁 仁 仟 任

中 6급

者
[늙을 로(耂/老)부]
[4耂5 총9획]

놈 **자**

놈, 사람 ㉢person, man ㉣者 zhě ㉤シャ(もの)

회의 노인[老]으로부터 갓난아이 모두가 '사람'이다.

近者(근자) 요사이

記者(기자) **強者**(강자) **結者解之**(결자해지)

中 6급

作
[사람 인(人)부]
[2人5 총7획]

지을 **작**

짓다, 만들다 ㉠製(지을 제) ㉢make ㉣作 zuò ㉤サク(つくる)

형성 사람 인(亻)+잠간 사(乍)자로 사람이 잠간의 쉴사이도 없이 무엇을 '짓다'는 뜻이다.

作家(작가) 작품을 만드는 사람

作別(작별) **作故**(작고) **作黨**(작당)

丿 亻 亻 亻 仁 作 作

高 6급

[날 일(日)부]
[4日5 총9획]

어제 **작**

어제, 앞서　　　　　영 yesterday 중 昨 zuó 일 サク(きのう)

형성 날 일(日)+잠깐 사(乍)자로 하루가 잠깐 사이에 지나가니 '어제'라는 뜻이다.

昨今(작금) 어제와 오늘

昨夜(작야)　昨年(작년)　昨日(작일)

日　日'　旷　旷　昨　昨

中 6급

[설 립(立)부]
[5立6 총11획]

문체 **장**

글, 문체 ⓤ 文(글월 문) 영 sentence 중 章 zhāng 일 ショウ(あや)

회의 소리 음(音)+열 십(十)자로 소리가 일단락지어진 '악장'의 뜻이다.

章牘(장독) 편지

章理(장리)　肩章(견장)　旗章(기장)

立　产　音　音　章　章

中 5급

[멀 경(冂)부]
[2冂4 총6획]

두 **재**

두, 둘　　　　　　　영 twice 중 再 zài 일 サイ(ふたたび)

회의 쌓아놓은 재목 위에 거듭 쌓으므로 '다시'의 뜻이다.

再建(재건) 다시 세움

再顧(재고)　再生(재생)　再會(재회)

一　厂　厂　再　再　再

2단계

中 6급

在
[흙 토(土)부]
[3土3 총6획]
있을 **재**

있다, 찾다 ㈜ 存(있을 존) 영 exiet 중 在 zài 일 ザイ(ある)

형성 재주 재(才)+흙 토(土)자로 새로 나온 싹은 작지만 확실히 땅 위에 있다.

在室(재실) 방안에 있음
在京(재경) 在野(재야) 在外(재외)

一 ナ オ 大 存 在

中 6급

才
[손 수(재방변) 扌(才)부]
[3才0 총3획]
재주 **재**

재주, 지혜   영 talent 중 才 cái 일 サイ(もちまえ・わざ)

상형 손 수(扌)자로 손에는 타고나는 '재주'가 있다.

才氣(재기) 재주 있는 기질
才能(재능) 才幹(재간) 才致(재치)

一 十 才

中 5급

材
[나무 목(木)부]
[4木3 총7획]
재목 **재**

재목, 원료   영 timber 중 材 cái 일 ザイ

형성 나무 목(木)+재주 재(才)자로 집을 짓는 바탕이 되는 나무로 '재목'을 뜻한다.

才幹(재간) 솜씨
才料(재료) 材木(재목) 材質(재질)

一 十 才 木 村 材

中 5급

財
[조개 패(貝)부]
[7貝3 총10획]

재물 **재**

재물, 재화　㊌貨(재물 화)　㊃wealth　㊥财 cái　㊐ザイ(たから)

형성　조개 패(貝)+재주 재(才)자로 생활하는 데 바탕이 되는 '재물'의 뜻이다.

財務(재무) 재정에 관한 사무

財界(재계) **財力**(재력) **財閥**(재벌)

冂　目　貝　貝⁻　財　財

高 5급

災
[불 화(火/灬)부]
[4火3 총7획]

재앙 **재**

재앙, 천재　　㊃calamity　㊥灾 zāi　㊐サイ(わざわい)

회의　내 천(巛)+불 화(火)자로 물이나 불로 인하여 입는 '재앙'이란 뜻이다.

災難(재난) 재앙

災殃(재앙) **災厄**(재액) **災害**(재해)

丶　巜　巛　災　災　災

中 5급

[손톱 조爪(爫)부]
[4爫4 총8획]

다툴 **쟁**

다투다　㊌競(다툴 경)　㊃quarrel　㊥争 zhēng　㊐ソウ(あらそう)

회의　손톱 조(爪)+바라조(⺕)+갈고리 궐(亅)자로 손으로 물건을 서로 잡아당기며 '다투다'.

爭論(쟁론) 말로 다툼

爭議(쟁의) **爭點**(쟁점) **爭取**(쟁취)

ノ　′′　⺈　爭　爭　爭

2단계

中 5급

貯
[조개 패(貝)부]
[7貝5 총12획]

쌓을 **저**

쌓다 　유 蓄(쌓을 축)　　영 save　중 贮 zhù　일 チク(たくわえる)

형성 조개 패(貝)+멈출 저(宁)자로 재물이 나가지 않도록 간직하는 것으로 '쌓다'의 뜻이다.

貯金(저금) 돈을 모아둠

貯水(저수)　貯藏(저장)　貯蓄(저축)

目　貝　貝ˋ　貯　貯　貯

中 5급

的
[흰 백(白)부]
[5白3 총8획]

과녁 **적**

적실하다, 과녁　　영 target　중 的 de　일 テキ(まと)

형성 흰 백(白)+조금 작(勺)자로 흰판에 목표 점을 향해 활을 쏘므로 '과녁'의 뜻이다.

的中(적중) 맞아떨어짐

的實(적실)　目的(목적)　的當(적당)

亻　白　白　白ˊ　的　的

中 5급

赤
[붉을 적(赤)부]
[7赤0 총7획]

붉을 **적**

붉다, 붉은빛　　영 red　중 赤 chì　일 セキ(あか)

회의 큰 대(大)+불 화(火)자로 크게 타는 불은 그 빛이 '붉다'는 뜻이다.

赤裸裸(적나라) 있는 그대로 드러냄

赤貧(적빈)　赤旗(적기)　赤色(적색)

一　十　土　尹　赤　赤

中 5급

傳
[사람 인(人)부]
[2人11 총13획]

전할 **전**

전하다, 전하여지다 영convey 중传 chuán 일伝 デン(つたえる)

형성 사람 인(亻)+오로지 전(專)자로 문서나 소식이 오직 사람에 의해서만 '전달'되었다.

傳達(전달) 전하여 이르게 함
傳令(전령) **傳單**(전단) **傳說**(전설)

亻 亻 伸 伸 傳 傳

中 5급

典
[여덟 팔(八)부]
[2八6 총8획]

법 **전**

법, 규정 유法(법 법) 영law 중典 diǎn 일テン

회의 책 책(冊)+성씨 기(丌)자로 모든 이에게 소중하고 규범이 될 만한 것인 '책'의 뜻이다.

典據(전거) 바른 증거
典當(전당) **古典**(고전) **法典**(법전)

中 5급

展
[주검 시(尸)부]
[3尸7 총10획]

펼 **전**

펴다, 열다 영spread 중展 zhǎn 일テン(のびる)

형성 비단 옷을 벗고 누워 팔다리를 '펴다'의 뜻이다.

展開(전개) 펴서 벌림
展覽(전람) **展示**(전시) **發展**(발전)

2단계

中 6급

戰
[창 과(戈)부]
[4戈12 총16획]

싸움 **전**

싸움, 전쟁　㊌鬪(싸울 투)　영war　중战 zhàn　일戰 セン(たたかう)

형성 일대일[單]로 맞붙어 창[戈]을 들고 '싸우다'의 뜻이다.

戰功(전공) 전쟁에서 세운 공훈
戰國(전국)　戰略(전략)　戰爭(전쟁)

᠊ᡛ　ᡜ　單　戦　戰　戰

高 5급

切
[칼 도(刀/刂)부]
[2刀2 총4획]

끊을 **절**
모두 **체**

끊다, 자름　　　영cut, all　중切 qiē　일セツ(きる)

형성 일곱 칠(七)+칼 도(刀)자로 칼로 잘라 여러 개로 나눈다는데서 '끊다'의 뜻이다.

切感(절감) 절실하게 느낌
切迫(절박)　切親(절친)　一切(일체)

一　七　七刀　切

中 5급

節
[대 죽(竹)부]
[6竹9 총15획]

마디 **절**

마디, 절개　　　영joint　중节 jié　일セツ(ふし)

형성 대 죽(竹)+곧 즉(卽)자로 대나무에 생기는 '마디'를 뜻한다.

節約(절약) 쓸데없는 비용을 아끼는 것
節減(절감)　節槪(절개)　節水(절수)

ᅶᅶ　ᅶᅶ㝵　ᅶᅶ㝵　ᅶᅶ㝵　ᅶᅶ㝵　節

5-6급 필수한자 | **151**

中 5급

[엄 호(广)부]
[3广5 총8획]

가게 점

가게, 점방　　　　　　　영 shop 중 店 diàn 일 テン(みせ)

형성 집 엄(广)+차지할 점(占)자로 집안을 차지할 만큼 가득 차려놓고 파는 '가게'의 뜻이다.

店頭(점두) 가게 앞

店員(점원) 店主(점주) 店鋪(점포)

广 广 广 庁 店 店

中 5급

[사람 인(人)부]
[2人9 총11획]

머무를 정

머무르다, 멈추다　유 留(머무를 류)　영 stay 중 停 tíng 일 テイ

형성 사람 인(亻)+정자 정(亭)자로 사람이 정자에 올라가 잠시 '머무르다'의 뜻이다.

停刊(정간) 신문·잡지 등의 정기적 발행을 중지함

停會(정회) 停年(정년) 停電(정전)

亻 广 佇 佇 停 停

中 6급

[갓머리(宀)부]
[3宀5 총8획]

정할 정

정하다, 바로잡다　영 settle 중 定 dìng 일 テイ(さだめる)

형성 집 면(宀)+바를 정(正)자로 사람이 집안의 제자리에 물건을 '정하다'의 뜻이다.

定式(정식)

定價(정가) 定量(정량) 定量(정량)

宀 宀 宀 宇 宇 定 定

2단계

中 6급

庭
[엄 호(广)부]
[3广7 총10획]

뜰 정

뜰, 마당　　　영 garden　중 庭 tíng　일 テイ(にわ)

형성 집 엄(广)+조정 정(廷)자로 지붕을 덮은 조정의 뜰을 뜻하였으나 뒤에 백성의 '뜰'을 뜻한다.

庭球(정구) 테니스

庭園(정원)　**家庭**(가정)　**法庭**(법정)

广 广 庄 庄 庭 庭

中 5급

情
[마음 심(심방변) 心(忄/㣺)부]
[3忄8 총11획]

뜻 정

뜻 ⊕ 心(마음 심)　영 affection　중 情 qíng　일 ジョウ(なさけ)

형성 마음 심(忄)+푸를 청(青)자로 푸른 하늘처럼 맑고 깨끗한 마음으로 '정'을 뜻한다.

情談(정담) 다정한 이야기

情勢(정세)　**情感**(정감)　**情景**(정경)

忄 忄 忄 情 情 情

中 6급

題
[머리 혈(頁)부]
[9頁9 총18획]

이마 제

제목, 글제　　　영 title, subject　중 題 tí　일 ダイ

형성 옳을 시(是)에 머리 혈(頁)자로 머리를 바르게 잡아주는 '제목'의 뜻이다.

題目(제목) 책의 표제

題言(제언)　**題詩**(제시)　**題材**(제재)

吊 是 是 題 題 題

中 6급

第
[대 죽(竹)부]
[6竹5 총11획]

차례 **제**

차례, 계급　영order, turn　중第 dì　일ダイ(ついで·やしき)

회의 대 죽(竹)에 아우 제(弟)자로 죽간을 순서대로 놓아서 '차례'의 뜻이다.

第五列(제오열) 적과 내통하는 사람
第三者(제삼자)　**第一**(제일)　**及第**(급제)

竺　竺　笃　笃　第　第

中 5급

調
[말씀 언(言)부]
[7言8 총15획]

고를 **조**

고르다　영harmonize　중调 diào　일チョウ(ととのう)

형성 말씀 언(言)+두루 주(周)자로 쌍방의 말을 두루 듣고 잘 어울리게 '고르다'.

調査(조사) 실정을 알기 위하여 자세히 살펴봄
調節(조절)　**調和**(조화)　**調整**(조정)

言　訂　訂　詷　詷　調

高 5급

[손 수(재방변) 手(扌)부]
[3扌13 총16획]

잡을 **조**

잡다, 부리다　영manage　중操 cāo　일ソウ(あやつる)

형성 손 수(扌)+나무 목(木)+물건 품(品)자로 지저귀는 새떼를 전력을 다하여 '잡는다'.

操練(조련) 군대를 훈련함
操弄(조롱)　**操業**(조업)　**操作**(조작)

扌　扩　护　挕　撡　操

2단계

中 6급

[달 월(月)부]
[4月8 총12획]

아침 조

아침, 처음 반 夕(저녁 석) 영 morning 중 朝 zhāo 일 チョウ(あさ)

형성 태양이 지평선에서 솟아오르므로 '아침'이란 뜻이다.

朝刊(조간) 아침에 발행되는 신문

朝飯(조반) 朝貢(조공) 朝鮮(조선)

十 古 克 卓 朝 朝

中 6급

[모 방(方)부]
[4方7 총11획]

겨레 족

겨레, 인척 영 tribe, nation 중 族 zú 일 ゾク(やから)

회의 깃발 아래 화살이 쌓여 있듯이 한덩어리로 무리지어 있는 '겨레'의 뜻이다.

族姓(족성) 씨족의 성씨

族子(족자) 族閥(족벌) 族譜(족보)

亠 方 方 方 族 族

中 5급

[열 십(十)부]
[2十6 총8획]

군사 졸

군사, 마치다 유 兵(병사 병) 영 finish 중 卒 zú 일 ソツ(おわ)

회의 우두머리[亠] 밑에 여러 사람씩[十, 人人] 편대로 되어 있는 '병사, 하인'을 뜻한다.

卒年(졸년) 죽은 해

卒倒(졸도) 卒兵(졸병) 卒業(졸업)

丶 亠 亠 亠 太 卒 卒

中 5급

[벼 화(禾)부]
[5禾9 총14획]

씨 **종**

씨, 근본　　　영 seed 중 种 zhǒng 일 シュ(たね)

형성 벼 화(禾)+무거울 중(重)자로 좋은 종자를 가리기 위해 물에서 고른 '씨앗'의 뜻이다.

種牛(종우) 종자를 퍼뜨리기 위하여 기르는 소

種類(종류)　**種豚**(종돈)　**種目**(종목)

禾　秆　秆　秆　秆　種

中 5급

[실 사(糸)부]
[6糸5 총11획]

끝날 **종**

마치다(유) 末(끝 말)　영 finish 중 终 zhōng 일 シュウ(おえる)

형성 실 사(糸)+겨울 동(冬)자로 겨울은 사계절의 끝으로 '마치다'의 뜻이다.

終結(종결) 끝마침

終乃(종내)　**終局**(종국)　**終日**(종일)

糸　纟　纟　终　終　終

中 5급

[그물 망(网/罒/罓)부]
[5罒8 총13획]

허물 **죄**

허물, 죄　　　영 sin, crime 중 罪 zuì 일 ザイ(つみ)

상형·형성 그물 망(罒)+아닐 비(非)자로 법망에 걸려들 그릇된 행동은 '죄'라는 뜻이다.

罪過(죄과) 죄와 과실

罪名(죄명)　**罪名**(죄명)　**罪目**(죄목)

罒　罒　罒　罪　罪　罪

中 6급

注
[물 수(삼수변) 水(氵)부]
[3氵5 총8획]

물댈 **주**

물을 대다, 흐르다　영 pour, infuse　중 注 zhù　일 チュウ(そそぐ)

형성 물 수(氵)+주인 주(主)자로 흐르는 물을 한쪽으로 '물대다'의 뜻이다.

注射(주사) 몸에 약을 바늘로 찔러 넣음
注書(주서)　注目(주목)　注文(주문)

氵　氵　氵　汁　注　注

中 5급

[쉬엄쉬엄갈 책받침(辶)부]
[4辶_8 총12획]

돌 **주**

돌다, 회전하다　영 week　중 (週) zhōu　일 シュウ(めぐる)

형성 두루두루[周] 돌아가[辶]는 한 바퀴를 나타내는 '1주일'의 뜻이다.

週末(주말) 한 주일의 끝
週期(주기)　週番(주번)　每週(매주)

冂　月　周　周　调　週

高 5급

[개미허리(내천) 巛(川)부]
[3川3 총6획]

고을 **주**

고을　유 郡(고을 군)　영 country　중 州 zhōu　일 シュ(す・しま)

상형 강 가운데 모래가 쌓여 만들어진 섬의 모습으로 '고을'의 뜻이다.

州縣(주현) 주와 현
州郡(주군)　州閭(주려)　坡州(파주)

丶　丿　丬　州　州　州

中 6급

晝
[날 일(日)부]
[4日7 총11획]

낮 **주**

낮 ⊕ 夜(밤 야)　영 day time　중 昼 zhòu　일 昼 チュウ(ひる)

회의 글 서(書)+한 일(一)자로 붓으로 해가 뜨고 지는 선을 그어 놓고 밤과 '낮'을 뜻한다.

晝間(주간) 낮동안

晝食(주식)　**晝夜**(주야)　**白晝**(백주)

フ ヲ ヰ 圭 書 晝 晝

中 5급

止
[그칠 지(止)부]
[4止0 총4획]

그칠 **지**

그치다, 거동 ⊕ 停(머무를 정)　영 stop　중 止 zhǐ　일 シ(とめる)

상형 사람이 서있는 발의 모양을 본뜬 글자로 '멈추다'의 뜻이다.

止水(지수) 흐르지 않고 고여 있는 물

止揚(지양)　**防止**(방지)　**抑止**(억지)

丨 ㅏ 止 止

中 5급

知
[화살 시(矢)부]
[5矢3 총8획]

알

알다, 깨닫다 ⊕ 識(알 식)　영 know　중 知 zhī　일 シキ(しる)

회의 화살 시(矢)+입 구(口)자로 사람이 하는 말을 화살처럼 빠르게 '알다'의 뜻이다.

知覺(지각) 깨달음

知能(지능)　**知己**(지기)　**知慧**(지혜)

ノ ㄴ 矢 矢 知 知

2단계

中 5급

質
[조개 패(貝)부]
[7貝8 총15획]

바탕 질

바탕, 진실 ㉭ 素(바탕 소) ㉱ disposition ㉲ 质 zhì ㉰ シツ(ただす)

형성 모탕 은(斦)+조개 패(貝)자로 재물은 사람이 살아가는 데 기본이 되므로 '바탕'의 뜻이다.

質朴(질박) 꾸밈없고 순박함
質正(질정) **質量**(질량) **質問**(질문)

斤　斦　斦　臂　質　質

中 6급

[새 추(隹)부]
[8隹4 총12획]

모일 집

모이다 ㉫ 散(흩을 산) ㉱ assemble ㉲ 集 jí ㉰ シユウ(あつまる)

회의 새 추(隹)+나무 목(木)자로 나무 위에 새가 떼지어 앉아 있으므로 '모이다'의 뜻이다.

集計(집계) 계산함
集團(집단) **集結**(집결) **集會**(집회)

亻　亻　什　隹　隼　集

中 5급

[눈 목(目)부]
[5目7 총12획]

붙을 착

붙다 ㉭ 到(이를 도) ㉱ attach ㉲ 着 zháo ㉰ チャク(きる)

형성 양 양(羊)+눈 목(目)자로 양들은 서로 눈을 보며 '붙다'의 뜻이다.

着工(착공) 공사를 시작함
着服(착복) **着劍**(착검) **着用**(착용)

丷　並　兰　羊　羊　着

5-6급 필수한자 | **159**

中 5급

参
[마늘 모(厶)부]
[2厶9 총11획]

참여할 **참**
석 **삼**

참여하다, 석(삼) 유 興(참여할 예) 영 participate 중 参 cān 일 参 サン(みつ)

형성 맑을 정(晶)+머리검을 진(㐱)자로 머리 위에서 삼태성이므로 '셋'의 뜻이다.

參加(참가) 어떤 모임이나 일에 관여함
參觀(참관) **參見**(참견) **參席**(참석)

    ㄥ   厽   厽   叅   参   參

中 5급

唱
[입 구(口)부]
[3口8 총11획]

부를 **창**

노래 유 歌(노래 가) 영 sing 중 唱 chàng 일 ショウ(となえる)

형성 입 구(口)+창성할 창(昌)자로 입으로 소리를 우렁차게 '노래하다'의 뜻이다.

唱導(창도) 앞장을 서서 주장함
唱歌(창가) **唱法**(창법) **唱劇**(창극)

口 叩 吅 唱 唱 唱

中 6급

窓
[구멍 혈(穴)부]
[5穴6 총11획]

창 **창**

창, 창문   영 window 중 窗 chuāng 일 ソウ(まど)

형성 구멍 혈(穴)+밝을 총(悤)자로 벽에 구멍내어 빛을 받아들이게 한 것이 '창문'의 뜻이다.

窓門(창문) 빛이 들어오도록 벽에 만들어 놓은 문
窓口(창구) **同窓**(동창) **鷄窓**(계창)

宀 穴 空 窊 窓 窓

2단계

中 5급

責
[조개 패(貝)부]
[7貝4 총11획]
꾸짖을 **책**

꾸짖다, 요구하다　㊨ 任(맡길 임)　㊆ scold　㊥ 责 zé　㊀ セキ(せめる)

형성 가시랭이 자(主)+조개 패(貝)자로 꾼 돈을 갚으라고 가시로 찌르듯 '꾸짖다'의 뜻이다.

責望(책망) 허물을 들어 꾸짖음
責務(책무)　責任(책임)　叱責(질책)

一　十　主　青　青　責

中 5급

鐵
[쇠 금(金)부]
[8金13 총21획]
쇠 **철**

쇠, 검다　㊆ iron, metal　㊥ 铁 tiě　㊀ 鉄 テツ(くろがね)

형성 예리한 무기를 만들 수 있는 것은 '쇠'라는 뜻이다.

鐵甲(철갑) 쇠로 만든 갑옷
鐵材(철재)　鐵拳(철권)　鐵筋(철근)

鉒　鋳　鐣　鐵　鐵　鐵

中 6급

清
[물 수(삼수변) 水(氵)부]
[3氵8 총11획]
맑을 **청**

맑다　㊨ 潔(깨끗할 결)　㊆ clear　㊥ 清 qīng　㊀ セイ(きよい)

형성 물 수(氵)+푸를 청(青)자로 푸르게 보이는 물은 '맑다'의 뜻이다.

清歌(청가) 맑고 청아한 목소리로 노래함
清潔(청결)　清溪(청계)　清淨(청정)

氵　氵　汁　淬　清　清

中 6급

體
[뼈 골(骨)부]
[10骨13 총23획]

몸 **체**

몸, 신체 ㉠ 身(몸 신)　㉢ body　㉣ 体 tǐ　㉤ 体 タイ(からだ)

형성 뼈 골(骨)+풍성할 풍(豊)자로 몸은 뼈와 풍부한 살로 이루어졌다는 뜻이다.

體軀(체구) 몸뚱이

體罰(체벌)　體感(체감)　體格(체격)

骨　骨ㄱ　骨豊　豊豊　體豊　體

中 5급

初
[칼 도(刀/刂)부]
[2刀5 총7획]

처음 **초**

처음, 시작 ㉠ 始(처음 시)　㉢ beginning　㉣ 初 chū　㉤ シヨ(はつ)

회의 옷 의(衣)+칼 도(刀)자로 옷을 만들 때 칼로써 마름질하는 데서 '처음'의 뜻이다.

初期(초기) 어떤 기간의 처음이 되는 시기

初面(초면)　初段(초단)　初行(초행)

ㄱ　ㄱ　ネ　ネ　初　初

中 5급

[가로 왈(曰)부]
[4曰8 총12획]

가장 **최**

가장, 제일　㉢ most, best　㉣ 最 zuì　㉤ サイ(もつとも)

회의 무릅쓸 모(曰:冒)와 취할 취(取)자로 위험을 무릅쓰고 적의 귀를 베는 것이 '가장'이란 뜻이다.

最古(최고) 가장 오래됨

最惡(최악)　最强(최강)　最善(최선)

日　旦　旦　旱　最　最

中 5급

[보일 시(示)부]
[5示5 총10획]

빌 **축**

빌다, 축하하다   영 pray 중 祝 zhù 일 シユク(いわう)

회의 보일 시(示)+입 구(口)와 어진사람 인(儿)자로 사람이 입으로 신에게 '빌다'의 뜻이다.

祝禱(축도) 축복하고 기도함

祝儀(축의) 祝歌(축가) 祝辭(축사)

千 斤 禾 利 祀 祝

中 5급

[어진사람 인(儿)부]
[2儿4 총6획]

찰 **충**

채우다   유 滿(찰 만)   영 full 중 充 chōng 일 ジユウ(あてる)

회의·형성 기를 육(育)+어진사람 인(儿)자로 아이가 자라 어진 사람이 되므로 '채우다'의 뜻이다.

充當(충당) 모자람을 채움

充耳(충이) 充滿(충만) 充分(충분)

丶 一 亠 云 庆 充

中 5급

[이를 지(至)부]
[6至4 총10획]

이룰 **치**

이르다, 부르다   영 arrive, reach 중 致 zhì 일 チ(いたす)

회의 이를 지(至)+뒤져올 치(夂)자로 발로 천천히 걸어서 목적지에 '이르다'의 뜻이다.

致命(치명) 목숨을 버림

致富(치부) 致死(치사) 致賀(치하)

一 工 조 至 致 致

中 5급

[조개 패(貝)부]
[2刀7 총9획]

법 **칙**
곧 즉

법칙, 규칙 ㉨ 法(법 법)　㉠ rule, law　㊥ 则 zé　㊐ ソク(のり)

회의 조개 패(貝)+칼 도(刂)자로 공평하게 나눌 때는 일정한 '법칙'이 있다.

原則(원칙) 정해놓은 기준

則效(칙효)　校則(교칙)　然則(연즉)

丨 冂 冂 目 貝 貝 則 則

中 6급

[볼 견(見)부]
[7見9 총16획]

친할 **친**

친하다　㊀ friendly　㊥ 亲 qīn　㊐ シン(おや・したしい)

형성 설 립(立)+나무 목(木)+볼 견(見)자로 나무처럼 자식을 보살피므로 '어버이'의 뜻이다.

親近(친근) 정의가 아주 가깝고 두터움

親家(친가)　親舊(친구)　親戚(친척)

立　辛　亲　新　親　親

中 5급

[사람 인(人)부]
[2人3 총5획]

다를 **타**

다르다, 딴　㊦ 自(스스로 자)　㊀ different　㊥ 他 tā　㊐ タ(ほか)

형성 사람 인(亻)+어조사 야(也)자로 뱀이 머리를 든 모양으로 사람과 완전히 '다른' 동물이다.

他界(타계) 다른 세계

他關(타관)　他國(타국)　他人(타인)

丿 亻 亻 仂 他 他

2단계

中 5급

[손 수(재방변) 扌(才)부]
[3扌2 총5획]

칠 **타**

치다, 공격하다 ㈜ 擊(칠 격) 영 strike, hit 중 打 dǎ 일 ダ(うつ)

형성 손 수(扌)+장정 정(丁)자로 손에 망치를 들고 못을 '치다'의 뜻이다.

打擊(타격) 치는 것. 손실

打算(타산) 打開(타개) 打倒(타도)

一 十 扌 扩 打

高 5급

[열 십(十)부]
[2十6 총8획]

탁자 **탁**

높다, 뛰어나다 영 high 중 卓 zhuó 일 タク

회의 윗 상(上)+일찍 조(早)자로 아침 일찍 일어나는 사람이 뜻을 '높이' 세운다.

卓立(탁립) 우뚝하게 서 있음

卓說(탁설) 卓見(탁견) 卓球(탁구)

⺊ 占 占 卢 卓 卓

高 5급

[불 화(火/灬)부]
[4火5 총9획]

숯 **탄**

숯, 목탄 반 氷(얼음 빙) 영 charcoal 중 炭 tàn 일 タン(すみ)

회의 언덕 안(岸)+불 화(火)자로 산에서 구워낸 '석탄'을 뜻한다.

炭坑(탄갱) 석탄을 캐는 굴

炭鑛(탄광) 炭層(탄층) 炭脈(탄맥)

山 屵 屵 岸 炭 炭

5-6급 필수한자 | **165**

中 6급

[큰 대(大)부]
[3大1 총4획]

클 태

크다, 심하다 　　　영 great　중 太 tài　일 タ(ふとい)

지사 점[丶]같이 작은 씨앗이 자라서 '크다'의 뜻이다.

太古(태고) 아주 오랜 옛날
太初(태초)　太極(태극)　太祖(태조)

一　ナ　大　太

中 5급

[갓머리(宀)부]
[3宀3 총6획]

집 택
댁 댁

집, 대지(垈地) 　　　영 house　중 宅 zhái　일 タク(すまい)

형성 집 면(宀)+맡길 탁(託)자로 집에 의지하고 사는 '집'을 뜻한다.

宅內(댁내) 남의 집을 높여서 일컫는 말
住宅(주택)　宅地(택지)　宅內(댁내)

丶　宀　宀　宁　宅　宅

中 6급

[쉬엄쉬엄갈 책받침(辶)부]
[4辶7 총11획]

통할 통

통하다, 오가다 　　　영 go through　중 通 tōng　일 ツ(とおす)

형성 쉬엄쉬엄갈 착(辶)+골목길 용(甬)자로 골목길을 나와 큰길로 가니 사방으로 '통한다'의 뜻이다.

通過(통과) 들르지 않고 지나감
通達(통달)　通告(통고)　通禁(통금)

マ　甬　甬　涌　通

2단계

中 6급

特
[소 우(牛)부]
[4牛6 총10획]

유다를 **특**

유다르다, 뛰어난 사람　영 special　중 特 tè　일 トク(ことに)

회의·형성 소 우(牛)+절 사(寺)자로 관청에 희생으로 쓰는 황소는 반드시 '특별하다'의 뜻이다.

特急(특급) 특별 급행열차

特講(특강)　特級(특급)　特命(특명)

牛　牛　牜　特　特　特

高 5급

板
[나무 목(木)부]
[4木4 총8획]

널빤지 **판**

널빤지, 널조각　영 board　중 板 bǎn　일 ハン(いた)

형성 나무 목(木)+돌이킬 반(反)자로 나무를 켜고 뒤집어서 편 '널빤지'를 뜻한다.

板刻(판각) 글씨나 그림 같은 것을 나무에 새기는 것

板橋(판교)　板紙(판지)　板本(판본)

十　木　木　朽　板　板

中 5급

敗
[칠 복(동글월문)攵(攴)부]
[4攵7 총11획]

패할 **패**

패하다　반 勝(이길 승)　영 defeated　중 败 bài　일 ハイ(やぶれる)

형성 조개 패(貝)+칠 복(攵)자로 조개껍질을 쳐서 '패하다'의 뜻이다.

敗滅(패멸) 멸망함

敗訴(패소)　敗亡(패망)　敗色(패색)

目　貝　貝　貝ㆍ　敗　敗

中 6급

[옷 의(衤/衣)부]
[6衣2 총8획]

겉 **표**

겉, 바깥　　　　영surface　중表 biǎo　일ヒョウ(おもて)

회의 털 모(毛)+옷 의(衣)자로 털옷은 그 털이 겉으로 나오므로 '겉'의 뜻이다.

表裏(표리) 겉과 속

表面(표면)　**表決**(표결)　**表現**(표현)

十　主　丯　丯　表　表

中 5급

[입 구(口)부]
[3口6 총9획]

물건 **품**

물건 ㉠ 物(물건 물)　　영goods　중品 pǐn　일ヒン(しな)

회의 입 구(口) 셋을 합한 글자로 여러 사람이 모여 의견을 내놓으므로 '품평하다'의 뜻이다.

品質(품질) 물건의 성질과 바탕

品評(품평)　**品格**(품격)　**品名**(품명)

丨　口　口　모　品　品

中 6급

[바람 풍(風)부]
[9風0 총9획]

바람 **풍**

풍성하다, 풍년　　　영wind　중风 fēng　일フウ(かぜ)

형성 무릇 범(凡)+벌레 충(虫)자로 무릇 '바람'의 움직임에 따라 벌레가 생겨난다.

風角(풍각) 각적(角笛)으로 부는 소리

風景(풍경)　**風琴**(풍금)　**風車**(풍차)

几　凡　凨　風　風　風

2단계

中 5급

[마음 심/심방변) 心(忄/㣺)부]
[4心1 총5획]

반드시 필

반드시, 오로지   영 surely   중 必 bì   일 ヒ·ゴ(あう·ちぎる)

회의 주살 익(弋)+여덟 팔(八)자로 땅을 경계지을 때 '반드시' 표말을 세운다.

必死(필사) 죽을 각오로 일함

必勝(필승)   **必讀**(필독)   **必修**(필수)

丶 丿 必 必 必

中 5급

[대 죽(竹)부]
[6竹6 총12획]

붓 필

붓, 쓰다   영 pen·writing brush   중 笔 bǐ   일 ヒツ(ふで)

회의 대 죽(竹)+붓 율(聿)자로 대나무로 붓대를 만들어 글씨를 '쓰다'.

筆談(필담) 글로 써서 의사를 통일함

筆墨(필묵)   **筆耕**(필경)   **筆記**(필기)

竺 竻 竽 箅 筀 筆

中 5급

[물 수(삼수변) 水(氵)부]
[3氵5 총8획]

강 하

물, 황하(黃河)   유 川(내 천)   영 river   중 河 hé   일 カ(かわ)

형성 물 수(氵)+옳을 가(可)자로 굽이쳐 흐르는 '큰물'을 뜻한다.

河畔(하반) 물가

河床(하상)   **河口**(하구)   **河馬**(하마)

氵 氵 氵 河 河 河

中 5급

[갓머리(宀)부]
[3–9 총12획]

찰 **한**

차다 ⊕ 暖(따뜻할 난)　　영 cold 중 寒 hán 일 カン(さむい)

회의 틈 하(𡶵)+얼음 빙(冫)자로 얼음이 얼면 움집에서 생활하므로 '춥다'의 뜻이다.

寒露(한로) 찬이슬

寒微(한미)　寒氣(한기)　寒波(한파)

宀　宀　宊　宲　寒　寒

中 6급

[입 구(口)부]
[3口3 총6획]

합할 **합**

합하다, 들어맞다 ⊕ 離(떠날 리)　영 unite 중 合 hé 일 ゴウ(あう)

회의 모을 집(集)+입 구(口)자로 여러사람의 입에서 나오는 말을 '합하다'의 뜻이다.

合格(합격) 규격이나 격식의 기준에 맞음

合設(합설)　合計(합계)　合唱(합창)

ノ　人　𠆢　合　合　合

中 5급

[갓머리(宀)부]
[3–7 총10획]

해칠 **해**

해치다 ⊕ 利(이할 리)　영 harm 중 害 hài 일 ガイ(そこなう)

회의 집에 앉아 남을 '해치다'의 뜻이다.

害毒(해독) 해와 독

害惡(해악)　害蟲(해충)　被害(피해)

宀　宀　宐　宔　害　害

2단계

中 6급

[방패 간(干)부]
[3干5 총8획]

다행할 **행**

다행 (유) 福(복 복)   (영) fortunate   (중) 幸 xìng   (일) コウ(さいわい)

회의 일찍 죽지 않고 장수해 '다행'이란 뜻이다.

幸民(행민) 요행만을 바라고 일을 하지 않은 백성
幸福(행복) **幸運**(행운) **不幸**(불행)

`+ 土 キ キ 去 놀 幸 幸`

中 6급

[다닐 행(行)부]
[6行0 총6획]

갈 **행**
줄 **항**

다니다, 걷다 (반) 言(말씀 언)   (영) go   (중) 行 xíng   (일) コウ(いく)

상형 사방으로 통하는 사거리의 모양을 본뜬 글자이다.

行客(행객) 나그네
行進(행진) **行動**(행동) **行列**(항렬)

`ノ ク イ 厂 行 行`

中 6급

[입 구(口)부]
[3口3 총6획]

향할 **향**

향하다, 나아감   (영) face   (중) 向 xiàng   (일) コウ(むく)

상형 집 면(宀)+입 구(口)자로 옛날집의 북쪽에 환기를
     위해 낸 창의 모양을 본뜬 글자.

向日葵(향일규) 해바라기
向日(향일) **向方**(향방) **向發**(향발)

`ノ 亻 冂 向 向 向`

5~6급 필수한자 | **171**

中 5급

[말씀 언(言)부]
[7言4 총11획]

허락할 **허**

허락하다, 나아가다 영permit 중許 xǔ 일キョ(ゆるす)

형성 떡을 칠 때 내려쳐도 좋다고 '허락하다'의 뜻이다.

許諾(허락) 청원을 들어줌
許多(허다) **許可**(허가) **許容**(허용)

一 亠 言 言 許 許 許

中 6급

[구슬 옥(玉/王)부]
[4王7 총11획]

나타날 **현**

나타나다 ㈜顯나타날 현 영appear 중現 xiàn 일ゲン(あらわれる)

형성 구슬 옥(玉)+볼 견(見)자로 옥돌을 갈고 닦으면 당장 아름다운 빛이 '나타난다'는 뜻이다.

現金(현금) 현재 가지고 있는 돈
現象(현상) **現代**(현대) **現存**(현존)

一 T 王 玎 珇 現

中 6급

[터럭 삼(彡)부]
[3彡4 총7획]

형상 **형**

형상, 모양 ㈜狀(모양 상) 영form 중形 xíng 일ケイ(かたち)

회의 평평할 견(开)+터럭 삼(彡)자로 붓으로 평평한 종이나 돌에 쓰는 '모양'의 뜻이다.

形狀(형상) 물체의 생긴 모양
形局(형국) **形成**(형성) **形便**(형편)

一 二 于 开 形 形

2단계

中 5급

[물 쉬삼수변) 水(氵)부]
[3氵9 총12획]

호수 호

호수, 큰 못 영lake 중湖 hú 일コ(みずうみ)

형성 옛 고(古)+달 월(月)+물 수(氵)자로 오랜 세월을 두고 물이 모인 곳이 '호수'이다.

湖岸(호안) 호숫가

湖沼(호소) 湖南(호남) 湖畔(호반)

氵 氵 氵 氵 湖 湖

中 6급

號

[범호 엄(虍)부]
[6虍7 총13획]

부를 호

부르짖다, 울부짖다 영shout 중号 hào 일号コウ(さけぶ)

형성 이름 호(号)+범 호(虎)자로 범의 울음소리같이 우렁차게 '부르짖는다'의 뜻이다.

號角(호각) 호루라기

號哭(호곡) 號令(호령) 號數(호수)

口 号 号 号 號 號

中 5급

[비수 비(匕)부]
[2匕2 총4획]

화할 화

되다 유 變(변할 변) 영change 중化 huà 일カ(ばかす)

회의 바로 선 사람[亻]과 거꾸로 선 사람[匕]모양을 합쳐 사물이 '변하다'의 뜻이다.

化膿(화농) 상처 따위가 곪음

化成(화성) 化石(화석) 强化(강화)

丿 亻 亻 化

中 6급

和
[입 구(口)부]
[3口5 총8획]

고를 **화**

고르다, 조화됨 ㊨ 調(고를 조) ㊈ even ㊥ 和 hé ㊐ ワ(あえる)

형성 벼 화(禾)+입 구(口)자로 곡식을 풍족하게 먹으니 가족이 '화목하다'는 뜻이다.

和睦(화목) 서로 뜻이 맞고 정다움

和顔(화안) **和色**(화색) **和解**(화해)

一 二 千 禾 和 和

中 6급

畫
[밭 전(田)부]
[5田7 총12획]

그림 **화**
고를 **획**

그림, 그리다 ㊨ 圖(그림 도) ㊈ picture, draw ㊥ (画) huà ㊐ 画 ガ(えがく)

회의 붓 율(聿)+밭 전(田)+한 일(一)자로 붓으로 그림을 그리거나 밭의 경계를 '긋다'는 뜻이다.

時事漫畫(시사만화) 사회적인 일을 해학적 만화

繪畫(회화) **漫畫鳥**(만획조) **畫彩**(화채)

フ ヨ 聿 書 書 畫

中 5급

患
[마음 심(心방변) 忄(忄/㣺)부]
[4心7 총11획]

근심 **환**

근심, 고통 ㊈ anxiety ㊥ 患 huàn ㊐ カン(うれえる)

형성 꼬챙이 곶(串)+마음 심(心)자로 꼬챙이로 찌르는 것같이 마음이 '근심스럽다'의 뜻이다.

患亂(환란) 재난

患者(환자) **患部**(환부) **疾患**(질환)

ㅁ 吕 串 串 患 患

2단계

中 6급

黃
[누를 황(黃)부]
[12黃0 총12획]

누를 황

누르다, 누른빛　영 yellow　중 黄 huáng　일 黄 コウ(き)

회의 빛 광(光)+밭 전(田)자로 밭의 빛깔이 황토색으로 '누렇다'는 뜻이다.

黃口(황구) 참새 새끼의 입을 본뜬 어린이

黃金(황금)　黃狗(황구)　黃昏(황혼)

中 6급

會
[가로 왈(曰)부]
[4曰9 총13획]

모일 회

모이다　유 社(모일 사)　영 meet　중 会 huì　일 会 カイ(あう)

회의 모을 집(集)+거듭 증(曾)자로 더하여 '모으다'의 뜻이다.

會見(회견) 서로 만나 봄

會堂(회당)　會同(회동)　會議(회의)

中 5급

效
[칠 복(등글월문)攵(攴)부]
[4攵6 총10획]

본받을 효

본받다, 힘쓰다　영 effect　중 效 xiào　일 効 コウ(きく)

형성 사귈 교(交)+칠 복(攵)자로 어질고 학식있는 사람과 사귀면 좋은 점을 '본받는다'는 뜻이다.

效用(효용) 보람

效能(효능)　效果(효과)　效力(효력)

5-6급 필수한자 | **175**

中 6급

訓

[말씀 언(言)부]
[7言3 총10획]

가르칠 **훈**

가르치다 유 敎(가르칠 교) 영 teach 중 训 xùn 일 クン(おしえる)

형성 말씀 언(言)+내 천(川)자로 냇물이 흐름에 좇듯 도리를 좇도록 말로 '가르친다'는 뜻이다.

訓戒(훈계) 타일러 경계함

訓誥(훈고)　訓讀(훈독)　訓示(훈시)

亠　言　言　言　訓　訓

中 5급

[위터진입 구(凵)부]
[2凵2 총4획]

흉할 **흉**

흉하다 반 吉(길할 길) 영 wicked 중 凶 xiōng 일 キョウ(わるい)

지사 사람이 함정에 빠져 운수가 '흉하다'의 뜻이다.

凶器(흉기) 사람을 살상하는 데 쓰는 도구

凶夢(흉몽)　凶年(흉년)　凶測(흉측)

ノ　メ　凶　凶

中 5급

[검을 흑(黑)부]
[12黑0 총12획]

검을 **흑**

검다 반 白(흰 백)　영 black 중 黑 hēi 일 黑 コク(くろ)

회의·형성 불을 지피면 흙벽과 창문에 검게 그을리므로 '검다'는 뜻이다.

黑幕(흑막) 겉으로 드러나지 않은 내막

黑字(흑자)　黑白(흑백)　黑人(흑인)

口　四　四　甲　黑　黑

Part III

3-step
3단계

핵심한자

中 4Ⅱ급

街
[다닐 행(行)부]
[6行6 총12획]

거리 가

거리, 시가 ㊠ 道(길 도)　　㊟ street ㊥ 街 jiē ㊝ カイ(まち)

형성 다닐 행(行)+홀 규(圭)로 길이 교차되었으므로 '거리'를 뜻한다.

街路樹(가로수) 길거리에 심은 나무

十字路(십자로)　街道(가도)　街頭(가두)

彳 彳 彳 彳 街 街

中 4Ⅱ급

假
[사람 인(人)부]
[2人9 총11획]

거짓 가

거짓 ㊧ 眞(참 진)　　㊟ false ㊥ 假 jiǎ ㊝ 仮 カ·ケ(かり)

형성 사람 인(亻)+빌릴 가(叚)로 허물이 있고 바르지 못한 사람은 일을 '거짓되게 함'을 뜻한다.

假令(가령) 가정하여 말할 때 쓰는 말

假想(가상)　假橋(가교)　假髮(가발)

亻 亻 亻 亻 亻 假

3단계

高 4급

暇
[날 일(日)부]
[4日9 총13획]

겨를 **가**

겨를, 한가하다   영 leisure 중 暇 xiá 일 カ(ひま)

형성 날 일(日)+빌릴 가(叚)자로 할 일 없는 하루이므로 '한가하다'의 뜻이다.

休暇(휴가) 정상 업무 날 이외에 쉴 수 있는 날

暇日(가일) 病暇(병가) 餘暇(여가)

高 4급

刻
[칼 도(刀/刂)부]
[2刀6 총8획]

새길 **각**

새기다, 깎다   영 carve 중 刻 kè 일 コク(ざむ)

회의·형성 핵(亥)+칼 칼[刂]자로 딱딱한 씨에 글을 써넣는 것으로 '새기다'의 뜻이다.

刻苦(각고) 고생을 이겨내면서 애를 씀

刻字(각자) 刻印(각인) 刻薄(각박)

一 亠 亥 亥 亥 刻

高 4급

覺
[볼 견(見)부]
[7見13 총20획]

깨달을 **각**

깨닫다, 깨우치다   영 conscious 중 觉 jué 일 覚 カク(おぼえる)

형성 배울 학(學)+볼 견(見)자로 보고 배워서 사물의 이치를 '깨닫다'는 뜻이다.

覺書(각서) 약속을 지키겠다는 내용을 적은 문서

覺知(각지) 覺悟(각오) 覺性(각성)

中 4급

干
[방패 간(干)부]
[3干0 총3획]

방패, 막다　🔄 戈(창 과)　🇬🇧 shield　🇨🇳 幹 gān　🇯🇵 カン(ほす)

상형 나뭇가지로 만든 두 갈래진 창을 본뜬 글자로 무기로 적을 '찌르다'의 뜻이다.

干戈(간과) 창과 방패

방패 **간**　干求(간구) 干滿(간만) 干與(간여)

一 二 干

中 4급

[눈 목(目)부]
[5目4 총9획]

보다, 바라봄　🇬🇧 see　🇨🇳 看 kàn　🇯🇵 カン(みる)

회의 손 수(手)+눈 목(目)자로 눈 위에 손을 얹고 '보다'는 뜻이다.

看守(간수) 지킴

볼 **간**　看做(간주) 看過(간과) 看病(간병)

一 二 手 手 看 看 看

高 4급

[대 죽(竹)부]
[6竹12 총18획]

편지　🔄 略(간략할 략)　🇬🇧 letter　🇨🇳 简 jiǎn　🇯🇵 カン(てがみ)

형성 대 죽(竹)+사이 간(間)자로 대쪽에 글을 쓰도록 엮은 '편지'를 뜻한다.

簡潔(간결) 간단하고 요령이 있음

대쪽 **간**　簡牘(간독) 簡單(간단) 簡略(간략)

竹 竹 筲 筲 簡 簡

3단계

中 4Ⅱ급

[물 수(삼수변) 水(氵)부]
[3氵9 총12획]

덜 감

덜다, 다하다 반 加(더할 가) 영 subtract 중 减 jiǎn 일 フツ(はらう)

형성 물 수(水)+다 함(咸)자로 물이 태양열에 증발하고 땅속으로 스며들어서 '덜다'의 뜻이다.

減速(감속) 속도를 줄임

減壽(감수) 減軍(감군) 減量(감량)

氵　氵　沪　減　減　減

中 4급

[달 감(甘)부]
[5甘0 총5획]

달 감

달다, 맛 좋다 반 苦(쓸 고) 영 sweet 중 甘 gān 일 カン(あまい)

지사 입 구(口)+음식물을 머금고 있는 '-'를 더하므로 맛이 '달다'는 뜻이다.

甘露(감로) 단 이슬

甘味(감미) 甘瓜(감과) 甘草(감초)

一　十　卄　廿　甘

中 4급

[칠 복(등글월문)攵(攴)부]
[4攵8 총12획]

감히 감

감히, 함부로 영 venture 중 敢 gǎn 일 カン(あえて)

형성 적을 치[攻]고 그 증표로 귀[耳]를 잘라오므로 '용감하다'의 뜻이다.

敢當(감당) 과감히 떠맡음

敢死(감사) 敢戰(감전) 敢鬪(감투)

丆　乛　千　百　耳　敢

4–4Ⅱ급 핵심한자 | **181**

高 4Ⅱ급

監
[그릇 명(皿)부]
[5皿9 총14획]

볼 감

보다, 경계하다 유 視(볼 시) 영 oversee 중 监 jiān 일 カン(がみる)

회의 신하 신(臣)+사람 인(亻)+그릇 명(皿)+한 일(一)자로 눈뜨고 물에 비친 그림자를 '본다'는 뜻이다.

監督(감독) 감시하여 단속함
監戒(감계) **監獄**(감옥) **監視**(감시)

厂　臣　臣　胵　監　監

中 4급

甲
[밭 전(田)부]
[5田0 총5획]

갑옷 갑

갑옷, 첫째 천간 영 armor 중 甲 jiǎ 일 コウ(よろい)

상형 거북의 등딱지 모양을 본뜬 글자이다.

甲板(갑판) 큰 배에 철판·나무를 깐 평평한 바닥
甲富(갑부) **甲紗**(갑사) **甲蟲**(갑충)

丨　冂　曰　日　甲

高 4Ⅱ급

康
[엄 호(广)부]
[3广8 총11획]

편안할 강

편안하다 유 健(건강할 건) 영 healthy 중 康 kāng 일 コウ

회의·형성 집[广]도 고치고[庚] 쌀[米→氺]도 풍족하니 '편안하다'는 뜻이다.

康衢煙月(강구연월) 태평성대
康衢(강구) **康建**(강건) **康寧**(강녕)

广　庐　庐　庚　康　康

3단계

中 4급

降
[언덕 부(阝부병) 阜(阝)부]
[3阝6 총9획]

내릴 **강**
항복할 **항**

항복하다, 내리다   영 fall, yield   중 降 jiàng   일 コウ(おりる)

회의 언덕 부(阝)+내릴 강(夅)자로 언덕에서 내려와 '항복한다'는 뜻이다.

降等(강등) 등급이나 계급이 내림
降水(강수) 降臨(강림) 降伏(항복)

阝 阝 阾 阾 降 降

中 4Ⅱ급

講
[말씀 언(言)부]
[7言10 총17획]

강론할 **강**

익히다 유 習(익힐 습) 영 expound 중 讲 jiǎng 일 コウ(ならう)

형성 말씀 언(言)+쌓을 구(冓)자로 나무토막을 쌓듯이 여러 각도에서 '강론하다'의 뜻이다.

講讀(강독) 글을 설명해가며 읽음
講師(강의) 講究(강구) 講堂(강당)

言 計 誹 講 講 講

中 4Ⅱ급

[사람 인(人)부]
[2人8 총10획]

낱 **개**

낱, 하나하나   영 piece   중 个 gè   일 カ·コ(ひとつ)

형성 사람 인(亻)+굳을 고(固)자로 사람이 홀로 독립한다는 '낱개'의 뜻이다.

個個(개개) 하나 하나
個別(개별) 個當(개당) 個性(개성)

亻 们 们 俩 個 個

4-4Ⅱ급 핵심한자 | **183**

中 4급

[가로 왈(曰)부]
[4曰3 총7획]

다시 **갱**
고칠 **경**

고치다, 바꾸다   영 again 중 更 gēng 일 コウ(さら)

형성 밝을 병(丙)+칠 복(攵)자로 밝은 길로 나아가도록 '고쳐준다'는 뜻이다.

更生(갱생) 거의 죽을 지경에서 다시 살아남

更新(갱신) 갱지(更紙) 更質(경질)

一 ㄇ ㄇ 百 甬 更 更

中 4급

[주검 시(尸)부]
[3尸5 총8획]

있을 **거**

살다, 있다 유 住(살 주)   영 live 중 居 jū 일 キョ(いる·おる)

형성 주검 시(尸)+옛 고(古)로 몸을 일정한 곳에 고정시키므로 '살다'의 뜻이다.

居留(거류) 남의 나라 영토에 머물러 삶

居敬(거경) 居間(거간) 居士(거사)

尸 尸 戸 居 居 居

中 4급

[장인 공(工)부]
[3工2 총5획]

클 **거**

크다 유 大(큰 대)   영 great 중 巨 jù 일 キョ(おおきい)

상형 대목들이 쓰는 자[工]를 손에 들고 있는 모양을 본뜬 글자이다.

巨富(거부) 큰 부자

巨星(거성) 巨軀(거구) 巨金(거금)

一 厂 F 巨 巨

3단계

高 4급

拒
[손 수(재방변) 手(扌)부]
[3扌5 총8획]

막을 거

막다, 맞서다 　　영 defend 　중 拒jù 　일 キョ(こばむ)

형성 손 수(扌)+클 거(巨)자로 가까이 오는 자를 손으로 '막다'의 뜻이다.

拒否(거부) 승낙을 하지 않고 물리침

拒逆(거역) 拒納(거납) 拒切(거절)

扌　扌-　扩　折　拒　拒

高 4급

據
[손 수(재방변) 手(扌)부]
[3扌13 총16획]

의거할 거

의거하다, 의지하다 　영 dependent 　중 据jù 　일 拠キョ(よる)

형성 손 수(扌)+원숭이 거(豦)자로 원숭이는 나무에 오를 때 손에 '의지하다'의 뜻이다.

據守(거수) 성안에 웅크린 채 지킴

據點(거점) 據執(거집) 據有(거유)

扩　扩　护　摅　據　據

高 4급

傑
[사람 인(人)부]
[2人10 총12획]

뛰어날 걸

뛰어나다 　　영 eminent 　중 杰jié 　일 ケツ(すぐれる)

회의·형성 사람 인(亻)+빼어날 걸(桀)자로 사람들 중에 인품이 빼어난 사람은 '호걸'이란 뜻이다.

傑作(걸작) 훌륭하게 잘된 작품

英雄豪傑(영웅호걸) 傑出(걸출) 傑物(걸물)

亻　亻⁄　亻=　傑　傑　傑

高 4급

[사람 인(人)부]
[2人13 총15획]

검소할 **검**

검소하다   영thrifty 중倹 jiǎn 일ケン(つづしやか)

회의·형성 사람 인(亻)+첨(僉)자로 많은 물건을 한 곳에 모아놓으므로 '검소하다'의 뜻이다.

儉素(검소) 사치하지 아니함

勤儉(근검) **儉約**(검약) **儉朴**(검박)

亻 亻 佮 佮 儉 儉

高 4Ⅱ급

[나무 목(木)부]
[4木13 총17획]

조사할 **검**

조사하다, 헤아리다   영inspect 중检 jiǎn 일ケン(しらべる)

형성 나무 목(木)+첨(僉)자로 여러 사람이 모여 좋은 의견을 내놓으므로 '검사하다'는 뜻이다.

檢查(검사) 실상을 조사하여 시비나 우열을 가림

檢討(검토) **檢問**(검문) **檢擧**(검거)

木 朴 朴 检 檢 檢

高 4급

[물 수(삼수변) 水(氵)부]
[3氵13 총16획]

부딪쳐 **격**

과격하다   영separate 중激 jī 일カク(へだる)

형성 물 수(氵)+노래할 교(敫)자로 물결이 돌에 부딪치므로 '과격하다'의 뜻이다.

激突(격돌) 심하게 부딪침

激烈(격렬) **激鬪**(격투) **激減**(격감)

氵 泊 潭 滂 激 激

3단계

中 4급

[손 쉬(재빤변) 手(扌)부]
[4手13 총17획]

칠 **격**

치다, 두드리다 @ 攻(칠 공) 영 hit 중 击 jī 일 ゲキ(うつ)

형성 손 수(手)+몽둥이(殳)를 서로 '치다'의 뜻이다.

擊滅(격멸) 쳐서 멸망시킴

擊蒙(격몽) 擊破(격파) 擊墜(격추)

亘　車　車　啟　毃　擊

中 4급

[흙 토(土)부]
[3土8 총11획]

굳을 **견**

굳다, 단단함 @ 固(굳을 고) 영 hard, firm 중 坚 jiān 일 ケン(かたい)

형성 신하[臣]가 죽기를 각오하고 거듭[又] 땅[土]에 엎드려 상소드리니 '굳다'의 뜻이다.

堅靭(견인) 단단하고 질김

堅果(견과) 堅固(견고) 堅實(견실)

｜　厂　尸　臣　臤　堅

中 4급

[개 견(犬/犭)부]
[4犬0 총4획]

개 **견**

개, 하찮은 것의 비유 영 dog 중 犬 quǎn 일 ケン(いぬ)

상형 개가 옆으로 보고 있는 모양을 본뜬 글자이다.

犬戎(견융) 옛날 협서성에 있던 나라 이름

鬪犬(투견) 犬公(견공) 狂犬(광견)

一　ナ　大　犬

高 4Ⅱ급

[장군 부(缶)부]
[6缶4 총10획]

이지러질 결

이지러지다, 깨지다 영deficient 중缺 quē 일ケツ(かける)

회의 장군 부(缶)+결단할 쾌(夬)자로 그릇이 흠이 나므로 '이지러지다'의 뜻이다.

缺格(결격) 필요한 자격을 갖추지 못함
缺席(결석) 缺禮(결례) 缺航(결항)

￠ 缶 缶 缶 缺 缺

中 4Ⅱ급

[물 수(삼수변) 水(氵)부]
[3氵12 총15획]

깨끗할 결

깨끗하다 유純(순수할 순) 영clean 중洁 jié 일ケツ(いさぎよし)

형성 물 수(氵)+조촐할 결(絜)자로 물에 깨끗하게 씻은 실이므로 '깨끗하다'의 뜻이다.

潔白(결백) 마음이 깨끗함
潔素(결소) 潔癖(결벽) 簡潔(간결)

氵 氵 氵 浐 潔 潔

高 4급

[사람 인(人)부]
[2人11 총13획]

기울 경

기울다, 위태롭게 하다 영incline 중倾 qīng 일ケイ(かたむく)

회의·형성 사람 인(亻)+기울 경(頃)자로 사람의 몸이 '기울다'의 뜻이다.

傾聽(경청) 주의를 기울여 열심히 들음
傾斜(경사) 傾度(경도) 傾注(경주)

亻 亻 化 化 傾 傾

高 4Ⅱ급

[말씀 언(言)부]
[7언13 총20획]

경계할 **경**

경계하다 _유戒(경계할 계) _영warn _중警 jǐng _일ケイ(いましめる)

_{형성} 공경할 경(敬)+말씀 언(言)자로 언행을 주의하여 삼가하므로 '경계하다'의 뜻이다.

警覺(경각) 경계하여 깨닫게 하는 것
警世(경세) 警備(경비) 警告(경고)

艿　苟　苟攵　敬　警　警

中 4급

[말 마(馬)부]
[10마10 총20획]

놀랄 **경**

놀라다, 놀래다 _영surprise _중惊 jīng _일キョウ(おどろかす)

_{형성} 공경할 경(敬)+말 마(馬)자로 말이 '놀라다'의 뜻이다.

驚愕(경악) 크게 놀람
驚歎(경탄) 驚異(경이) 驚嘆(경탄)

苟　苟攵　敬　敬攵　驚　驚

高 4Ⅱ급

[흙 토(土)부]
[3토11 총14획]

지경 **경**

경계 _유界(지경 계) _영boundary _중境 jìng _일キョウ(さかい)

_{형성} 흙 토(土)+마칠 경(竟)자로 자기의 땅이 끝나므로 '경계'를 뜻하다.

境內(경내) 지경의 안
境外(경외) 境遇(경우) 境界(경계)

土　土′　圫　垃　培　境

4-4Ⅱ급 핵심한자 | **189**

高 4급

鏡
[쇠 금(金)부]
[8金11 총19획]

거울 경

거울, 안경   영 mirror 중 镜 jìng 일 キョウ(かがみ)

형성 쇠 금(金)+마칠 경(竟)자로 형상이 비치므로 '거울'의 뜻이다.

鏡中(경중) 거울 속

銅鏡(동경) 眼鏡(안경) 顯微鏡(현미경)

스 수 金 鈩 鐀 鏡 鏡

中 4Ⅱ급

經
[실 사(糸)부]
[6糸7 총13획]

날 경

날 유 過(지날 과) 영 pass by 중 经 jīng 일 經 ケイ(たていと)

형성 실 사(糸)+물줄기 경(巠)자로 실이 물줄기처럼 이어지므로 '날줄'의 뜻이다.

經國(경국) 나라를 경륜함

經年(경년) 經過(경과) 經歷(경력)

幺 糸 糸 糽 經 經

中 4Ⅱ급

[마음 심심방변(心/忄/㣺)부]
[4心11 총15획]

경사 경

경사   영 happy event 중 庆 qìng 일 ケイ(よろこぶ)

회의 남의 경사에 사슴 가죽을 바쳤다는 데서 비롯되어 '경사'의 뜻이다.

慶事(경사) 기쁜 일

慶祝(경축) 慶宴(경연) 慶賀(경하)

戶 序 庐 鹿 廌 慶

• 3단계

高 4급

[실 사(糸)부]
[6糸1 총7획]

이을 **계**

잇다, 맺다   영 connect 중 系 xì 일 ケイ(つなぐ)

회의·형성 삐칠 별(丿)+실 사(糸)자로 실을 잇는 '혈통'의 뜻이다.

系圖(계도) 대대의 계통을 한눈에 볼 수 있는 도표

系連(계련) 系統(계통) 體系(체계)

丿 亠 乙 幺 亥 系 系

高 4Ⅱ급

[사람 인(人)부]
[2人7 총9획]

맬 **계**

매다, 묶다   영 tie 중 系 xì 일 ケイ(かかり)

형성 사람 인(亻)+이을 계(系)자로 사람과 사람을 '연계 하다'의 뜻이다.

係着(계착) 늘 마음에 두고 잊지 아니함

係戀(계련) 係長(계장) 關係(관계)

亻 亻 仁 仨 伢 係 係

中 4급

[아들 자(子)부]
[3子5 총8획]

끝 **계**

계절, 끝   영 season 중 季 jì 일 キ(すえ)

회의 벼(禾)의 끝물(子)을 뜻하므로 '끝'의 뜻이다.

季氏(계씨) 남을 높여 그 아우를 이르는 말

季嫂(계수) 季刊(계간) 季節(계절)

二 千 禾 禾 季 季

4-4Ⅱ급 핵심한자 | **191**

中 4급

鷄
[새 조(鳥)부]
[11鳥10 총21획]

닭 계

닭   영 cock 중 鸡 jī 일 鶏 ケイ(にわとり)

형성 어찌 해(奚)+새 조(鳥)자로 새벽을 알리는 '닭'을 뜻한다

鷄冠(계관) 닭의 볏

鷄卵(계란) 鷄肋(계륵) 鷄鳴(계명)

奚 奚 剝 鷄 鷄 鷄

高 4급

階
[언덕 부(좌부변) 阜(阝)부]
[3阝9 총12획]

섬돌 계

섬돌, 층계 유 段(층계 단) 영 stairs, steps 중 阶 jiē 일 カイ

형성 언덕 부(阝)+다 개(皆)자로 언덕을 오르려면 '층계' 따라 올라야 한다는 뜻이다.

階段(계단) 층계

階梯(계제) 階級(계급) 階層(계층)

阝 阝 阝 阼 阼 階

高 4급

戒
[창 과(戈)부]
[4戈3 총7획]

경계할 계

경계하다 유 警(경계할 경) 영 warning 중 戒 jiè 일 カイ(いましめ)

회의·형성 들 공(廾)+창 과(戈)자로 두 손에 창을 들고 비상사태를 '경계하다'의 뜻이다.

戒告(계고) 훈계와 충고

戒名(계명) 戒律(계율) 戒命(계명)

一 二 于 戎 戒 戒

高 4급

[실 사(糸)부]
[6糸14 총20획]

이을 **계**

잇다, 계승하다 ㉤續(이을 속) 영 connect 중 继 jì 일 継 ケイ(つぐ)

형성 실 사(糸)+이을 계(㡭)자로 잘게 끊어진 실을 '잇다'를 뜻한다.

繼起(계기) 뒤를 이어 번성함

繼母(계모) 繼譜(계보) 繼續(계속)

糸 糸 糸 繼 繼 繼

中 4Ⅱ급

故

[칠 복(등글월문)攴(攵)부]
[4攵5 총9획]

연고 **고**

연고, 예 영 ancient 중 故 gù 일 コ(ふるい·ゆえに)

형성 옛 고(古)+칠 복(攵)자로 옛날 일을 들추어 그 까닭을 물으므로 '연고'의 뜻이다.

故友(고우) 옛친구

故居(고거) 故國(고국) 故事(고사)

十 古 古 古 故 故

高 4급

[아들 자(子)부]
[3子5 총8획]

외로울 **고**

외롭다, 고아 ㉤獨(홀로 독) 영 lonely 중 孤 gū 일 コ(みなしご)

회의 아들 자(子)+오이 과(瓜)자로 오이덩굴이 시들어 열매만 달려있으므로 '외롭다'는 뜻이다.

孤獨(고독) 외톨박이

孤立(고립) 孤兒(고아) 孤寂(고적)

子 子 孑 孤 孤 孤

高 4급

[엄 호(广)부]
[3广7 총10획]

곳집 고

곳집, 곳간　　　　영warehouse 중库 kù 일コ·ク(くら)

회의 집 엄(广)+수레 거(車)자로 옛날 수레를 넣어 두던 '곳집'을 뜻하다.

庫房(고방) 창고

倉庫(창고) 庫房(고방) 庫直(고직)

广 广 庐 庐 盾 庫

中 4급

[벼 화(禾)부]
[5禾10 총15획]

곡식 곡

곡식, 곡물　　　　영corn, grain 중谷 gǔ 일コク(たなつもの)

형성 벼 화(禾)+껍질 각(殼)자로 벼는 껍질로 덮여 있으므로 '곡물'을 뜻한다.

穀日(곡일) 좋은 날. 길일과 같은 뜻

穀類(곡류) 穀氣(곡기) 穀物(곡물)

士 吉 幸 睾 穀 穀

中 4급

[큰입 구(口)부]
[3口4 총7획]

곤할 곤

곤하다, 괴로움　　　영distress 중困 kùn 일コン(こまる)

회의 에울 위(囗)+나무 목(木)자로 갇힌 나무는 자라기 '곤란하다'는 뜻이다.

困境(곤경) 곤란한 처지

困窮(곤궁) 困辱(곤욕) 困惑(곤혹)

丨 冂 冂 冃 円 困 困

中 4급

[뼈 골(骨)부]
[10획0 총10획]

뼈 **골**

뼈, 뼈대　　　　　　　영bone 중骨 gǔ 일コツ(ほね)

회의 살발라낼 과(冎)+육달 월(肉:月)자로 살이 붙어 있는 '뼈'를 뜻한다.

骨格(골격) 뼈의 조직

骨相(골상)　**骨幹**(골간)　**骨折**(골절)

冂　冃　罒　骨　骨　骨

高 4급

[칠 복(등글월문)攵/攴)부]
[4획3 총7획]

칠 **공**

치다, 공격하다　㊅擊(칠 격)　영attack　중攻 gōng　일コウ(せめる)

형성 장인 공(工)+칠 복(攵)자로 무기를 만들어 적군을 '공격하다'의 뜻이다.

攻擊(공격) 적을 침

攻玉(공옥)　**攻防**(공방)　**攻勢**(공세)

丅　工　攻　攻　攻

高 4급

[아들 자(子)부]
[3획1 총4획]

구멍 **공**

구멍, 매우　　　　　　영hole 중孔 kǒng 일コウ(あな)

상형 아들 자(子)+제비 을(乙)자로 아이의 정수리에 있는 '숨구멍'을 뜻한다.

孔孟(공맹) 공자와 맹자

孔夫子(공부자)　**孔性**(공성)　**孔雀**(공작)

㇇　了　子　孔

4-4Ⅱ급 핵심한자 | **195**

中 4Ⅱ급

[갓머리(宀)부]
[3宀5 총8획]

벼슬 관

벼슬 ⟨반⟩ 民(백성 민) ⟨영⟩ official rank ⟨중⟩ 官 guān ⟨일⟩ カン(つかさ)

⟨회의⟩ 집 면(宀)+언덕 부(阜)의 줄임자로 많은 사람들이 모인 집이므로 '벼슬'을 뜻한다.

官公署(관공서) 관청과 공청

官給(관급) 官家(관가) 官吏(관리)

宀 宀 宀 宀 官 官

高 4급

[대 죽(竹)부]
[6竹8 총14획]

대롱 관

대롱, 피리 ⟨영⟩ pipe, manage ⟨중⟩ 管 guǎn ⟨일⟩ カン(くだ)

⟨형성⟩ 대 죽(竹)+벼슬 관(官)자로 대나무로 만든 피리는 속이 비어 있으므로 '대롱'의 뜻이다.

管內(관내) 맡아서 다스리는 구역

管下(관하) 管轄(관할) 管理(관리)

ᄼ 竺 竺 竿 管 管

高 4급

[쇠 금(金)부]
[8金15 총23획]

쇳돌 광

쇳돌, 광석(鑛石) ⟨영⟩ mineral ⟨중⟩ 矿 kuàng ⟨일⟩ コウ(あらがね)

⟨형성⟩ 쇠 금(金)+넓을 광(廣)자로 땅 속에 넓게 묻혀 있는 '쇳돌'이란 뜻이다.

鑛脈(광맥) 광물의 맥

鑛山(광산) 鑛物(광물) 鑛夫(광부)

鈩 鈩 鑛 鑛 鑛 鑛

3단계

中 4Ⅱ급

究
[구멍 혈(穴)부]
[5穴2 총7획]

궁구할 **구**

연구하다 유 研(갈 연) 영 study 중 究 jiū 일 キュウ(きわめる)

형성 구멍 혈(穴)과 아홉 구(九)자로 굴속의 깊이까지 살펴들어가므로 '연구하다'는 뜻이다.

究竟(구경) 마침내. 필경
究極(구극) 究考(구고) 究竟願(구경원)

中 4Ⅱ급

句
[입 구(口)부]
[3口2 총5획]

글귀 **구**

글귀, 구절 영 phrase 중 句 jù 일 ク

회의 쌀 포(勹)+입 구(口)자로 즉 단숨에 읽을 수 있는 '글귀'를 뜻한다.

句句節節(구구절절) 모든 구절
句讀(구두) 句節(구절) 文句(문구)

丿 勹 勹 句 句

中 4Ⅱ급

求
[물 수(삼수변) 水(氵)부]
[4水3 총7획]

구할 **구**

구하다, 찾다 영 obtain, get 중 求 qiú 일 キュウ(もとめる)

상형 옷이 귀했던 시절은 누구나 가죽옷을 구하고자 하므로 '구하다'의 뜻이다.

求乞(구걸) 남에게 곡식·물건을 얻기 위해 청함
求賢(구현) 求明(구명) 求愛(구애)

4-4Ⅱ급 핵심한자 | **197**

高 4급

構
[나무 목(木)부]
[4木10 총14획]

얽을 **구**

얽다, 맺다　　　영 frame 중 构 gòu 일 コウ(かまえる)

형성 나무[木]를 가로 세로로 쌓아올린 모양으로 '얽어매다'의 뜻이다.

構成(구성) 얽어서 만듦
構內(구내)　**構築**(구축)　**構圖**(구도)

木　朴　桂　構　構　構

中 4급

君
[입 구(口)부]
[3口4 총7획]

임금 **군**

임금 반 臣(신하 신)　　　영 king 중 君 jūn 일 クン(きみ)

회의 다스릴 윤(尹)+입 구(口)자로 백성을 다스리는 분이 '임금'임을 뜻한다.

君國(군국) 임금과 나라
君主(군주)　**君臨**(군림)　**君臣**(군신)

一　フ　ヨ　尹　君　君

高 4급

[양 양(羊)부]
[6羊7 총13획]

무리 **군**

무리, 떼 유 衆(무리 중)　　　영 crowd 중 群 qún 일 グン(むら)

형성 임금 군(君)+양 양(羊)자로 임금 같은 지도자와 양 같이 따르는 백성이 '무리'이다.

群居(군거) 무리를 지어 삶
群賢(군현)　**群島**(군도)　**群落**(군락)

尹　君　君'　君"　君羊　群

3단계

高 4급

[주검 시(尸)부]
[3尸5 총8획]

굽을 **굴**

굽히다, 굽다 영 stooped 중 屈 qū 일 クツ(かがむ)

형성 주검 시(尸)+날 출(出)자로 몸을 굽히고 앞으로 나가는 것으로 '굽다'를 뜻한다.

屈强(굴강) 의지가 강함

屈曲(굴곡) 屈伏(굴복) 屈折(굴절)

尸 尺 屈 屈 屈 屈

高 4Ⅱ급

[갓머리(宀)부]
[3宀7 총10획]

집 **궁**

집, 궁궐 영 palace 중 宮 gōng 일 キュウ(みや)

회의 집 면(宀)+음률 려(呂)자로 여러 채의 건물이 연이어 있는 것으로 '궁궐'을 뜻한다.

宮闕(궁궐) 임금이 거처 하는 집

宮女(궁녀) 宮中(궁중) 宮合(궁합)

宀 宀 宀 宮 宮 宮

高 4급

[구멍 혈(穴)부]
[5穴10 총15획]

다할 **궁**

다하다 윤 貧(가난할 빈) 영 finish 중 穷 qióng 일 キュウ(きわまる)

형성 구멍 혈(穴)+몸 궁(躬)자로 몸을 구부렸으나 좁아 더 들어갈수 없는 곳으로 '궁하다'는 뜻이다.

窮究(궁구) 파고 들어가 연구함

窮極(궁극) 窮塞(궁색) 窮理(궁리)

穴 空 窅 窅 窮 窮

高 4급

券
[칼 도(刀/刂)부]
[2刀6 총8획]

문서 **권**

문서, 증서　　　　영 bond　중 券 quàn　일 ケン(てがた)

형성 작거나[小] 큰[大] 문서도 모두 칼[刀]로 새겨 만든다.

株券(주권) 주주가 소유하거나 소유할 주식

債券(채권)　券面(권면)　福券(복권)

丶 丷 ⺨ 共 券 券

中 4급

卷
[병부 절(卩/㔾)부]
[2㔾6 총8획]

말 **권**

책, 권　　　　영 volume　중 卷 Juàn　일 カン·ケン(まき)

형성 몸을 둥글게 둘러싸서 두 손으로 받는 모양이다

卷頭言(권두언) 머리말

卷末(권말)　卷末(권말)　席卷(석권)

丶 丷 ⺨ 共 券 卷

中 4급

勸
[힘 력(力)부]
[2力18 총20획]

권할 **권**

권하다, 힘쓰다　영 advise　중 劝 quàn　일 勧 カン(すすめる)

형성 황새 관(雚)+힘 력(力)자로 황새처럼 부지런히 힘써 일하도록 '권하다'의 뜻이다.

勸農(권농) 농사를 권장함

勸告(권고)　勸告(권고)　勸士(권사)

吅 𦰩 𦰩 雚 勸 勸

3단계

中 4Ⅱ급

[나무 목(木)부]
[4木18 총22획]

저울추 **권**

권세, 권력 영power 중权 quán 일權 ケン·ゴン

형성 나무 목(木)+황새 관(雚)자로 저울추를 당겨 무게 달듯 '권세'의 뜻이다.

權貴(권귀) 권세 있고 지위가 높음

權道(권도) 權能(권능) 權益(권익)

木 木' 栌 栌 欕 權

中 4급

[그칠 지(止)부]
[4止14 총18획]

돌아갈 **귀**

돌아가다 영return, go back 중归 guī 일帰 キ(かえる)

형성 며느리[帚]는 친정집에 오래 머무르지[止] 말고 빨리 '돌아와야' 한다.

歸家(귀가) 집으로 돌아감

歸結(귀결) 歸京(귀경) 歸國(귀국)

白 皀 皀ㅋ 皀丂 歸 歸

中 4급

[흙 토(土)부]
[3土4 총7획]

고를 **균**

고르다, 가꾸다 영even 중均 jūn 일キン(ならす)

형성 흙 토(土)+가지런할 균(勻)자로 흙을 가지런하게 하는 것으로 '고르다'를 뜻한다.

均田(균전) 백성에게 고루 농토를 나누어 줌

均質(균질) 均等(균등) 均配(균배)

十 土 圵 圴 均 均 均

4-4Ⅱ급 핵심한자

高 4급

[칼 도(刀/刂)부]
[2刀13 총15획]

심할 극

심하다, 혹독하다　영 violent　중 剧 jù　일 ゲキ(はげしい)

형성 호랑이와 멧돼지가 서로 '심하게' 싸우는 것을 뜻한다.

劇團(극단) 연극을 하는 단체
劇場(극장)　**悲劇**(비극)　**演劇**(연극)

广　卢　虍　虡　豦　劇

中 4Ⅱ급

[나무 목(木)부]
[4木9 총13획]

다할 극

다하다, 지극하다　유 端(끝 단)　영 utmost　중 极 jí　일 ゴク·キョク(むね)

형성 용마루를 올리는 일은 위험하니 빨리 정성을 다해야 하므로 '지극하다'의 뜻이다.

極上(극상) 아주 좋음
極光(극광)　**極烈**(극렬)　**極言**(극언)

朾　朽　柯　梔　極　極

中 4급

[힘 력(力)부]
[2力11 총13획]

부지런할 근

부지런하다, 힘쓰다　영 diligent　중 勤 qín　일 キン(つとめる)

형성 진흙 근(堇)+힘 력(力)자로 맥질하는 일은 공을 들여 힘쓰므로 '부지런하다'를 뜻한다.

勤勞(근로) 힘을 다함
勤儉(근검)　**勤勉**(근면)　**勤務**(근무)

艹　苎　茟　堇　勤　勤

3단계

中 4급

筋 [대 죽(竹)부] [6竹6 총12획]

힘줄 근

힘줄, 힘   영 muscle 중 jīn 일 キン(すじ)

회의 육달 월(月)+힘 력(力)+대 죽(竹)자로 근육에 힘을 주면 대나무같이 강해지는 '힘줄'이란 뜻이다.

筋力(근력) 몸을 놀리고 활동하는 기운과 힘

筋肉(근육) 鐵筋(철근) 眼筋(안근)

ㅅ ㅆ 竹 筍 筋 筋

中 4Ⅱ급

禁 [보일 시(示)부] [5示8 총13획]

금할 금

금하다, 꺼림   영 forbid 중 禁 jìn 일 キン(きんずる)

형성 수풀 림(林)+보일 시(示)자로 수풀로 덮여 있는 신전에 접근을 금하므로 '금지'의 뜻이다.

禁食(금식) 종교상의 문제나 건강을 위해 일정기간 굶음

禁中(금중) 禁忌(금기) 禁物(금물)

十 オ 林 埜 埜 禁

高 4급

奇 [큰 대(大)부] [3大5 총8획]

기이할 기

기이하다, 기특하다   영 strange 중 奇 qí 일 キ(くし・めずらしい)

형성 큰 대(大)+옳을 가(可)자로 크게 옳다는 데서 '뛰어나다'의 뜻이다.

奇計(기계) 기이한 계책

奇妙(기묘) 奇蹟(기적) 奇特(기특)

ナ 大 本 杏 奇 奇

高 4급

[갓머리(宀)부]
[3宀8 총11획]

부칠 **기**

부치다, 보냄   영lodge 중寄jì 일キ(よる)

형성 집 면(宀)+기이할 기(奇)자로 집없는 사람이 남의 집에 '붙여살다'의 뜻이다.

寄贈(기증) 물품을 보내어 증정함

寄與(기여) **寄稿**(기고) **寄託**(기탁)

丶 宀 宑 宔 寄 寄

高 4II급

[입 구(口)부]
[3口13 총16획]

그릇 **기**

그릇, 재능이나 도량   영vessel 중器qì 일キ(うつわ)

회의 입 구(口)+개 견(犬)자로 옛날 서민들이 개고기를 담던 '그릇'의 뜻이다.

器量(기량) 재능

器物(기물) **器具**(기구) **器皿**(기명)

吅 㗊 哭 哭 器 器

高 4급

[실 사(糸)부]
[6糸3 총9획]

벼리 **기**

벼리, 기강   영discipline 중紀jì 일キ(のり)

형성 실 사(糸)+몸 기(己)자로 그물이 헝클어지지 않게 하는 굵은 줄로 된 '벼리'를 뜻한다.

紀念(기념) 사적을 전하여 깊이 잊지 않게 함

紀元(기원) **紀律**(기율) **紀綱**(기강)

幺 糸 糸 紀 紀 紀

3단계

中 4Ⅱ급

[달아날 주(走)부]
[7走3 총10획]

일 **기**

일어나다, 일어서다 반伏(엎드릴 복) 영rise 중起 qǐ 일キ(おきる)

형성 달릴 주(走)+몸 기(己)자로 달아나려면 몸을 일으켜야 되므로 '일어나다'의 뜻이다.

起立(기립) 일어섬

起伏(기복) 起床(기상) 起用(기용)

土 キ 走 起 起 起

高 4급

[나무 목(木)부]
[4木12 총16획]

베틀 **기**

틀, 베틀 영machine 중机 jī 일キ(はた)

형성 나무 목(木)+몇 기(幾)자로 베를 짜는 기구의 일종으로 '베틀'를 뜻한다.

機根(기근) 중생의 마음속에 가지고 있던 능력

機密(기밀) 機會(기회) 機械(기계)

朴 樸 樸 機 機 機

中 4Ⅱ급

[날 일(日)부]
[4日9 총13획]

따뜻할 **난**

따뜻하다 영warm 중暖 nuǎn 일ダン(あたたか)

형성 날 일(日)+당길 원(爰)자로 햇빛을 당기어 들여서 '따뜻하다'의 뜻이다.

暖房(난방) 방을 따뜻하게 함

暖色(난색) 暖帶(난대) 暖冬(난동)

日 旷 旷 旷 旷 暖 暖

4-4Ⅱ급 핵심한자 | **205**

中 4Ⅱ급

難
[새 추(隹)부]
[8隹11 총19획]

어려울 **난**

어렵다 맨 易(쉬울 이) 영 difficult 중 难 nán 일 ナン(むずかしい)

형성 진흙 근(堇)+새 추(隹)자로 새가 진흙밭에서 빠져 나오지 못하므로 '어렵다'의 뜻이다.

難局(난국) 어지러운 판국
難堪(난감) 難關(난관) 難民(난민)

荳 荁 荁 荁 荁 難

中 4급

納
[실 사(糸)부]
[6糸4 총10획]

들일 **납**

들이다 맨 出(낼 출) 영 receive 중 纳 nà 일 ノウ(おさめる)

형성 실 사(糸)+안 내(内)자로 실을 당겨 창고에 계속 '들이다'의 뜻이다.

納吉(납길) 신랑집에서 신부집에 혼인날을 받아 보냄
納得(납득) 納付(납부) 納入(납입)

幺 纟 糸 紉 納 納

高 4Ⅱ급

努
[힘 력(力)부]
[2力5 총7획]

힘쓸 **노**

힘쓰다, 부지런히 일하다 영 endeavor 중 努 nǔ 일 ド(つとめる)

형성 종 노(奴)+힘 력(力)자로 종처럼 '힘쓰다'를 뜻한다.

努力(노력) 힘을 다하고 애를 씀
努肉(노육) 努目(노목) 努力家(노력가)

夊 夊 奴 奴 努 努

3단계

中 4Ⅱ급

[마음 심(心)변 忄(†/㣺)부]
[4心5 총9획]

성낼 **노**

성내다, 성 (반)喜(기쁠 희)　(영)angry　(중)怒 nù　(일)ド(いかる)

(형성) 종 노(奴)+마음 심(心)자로 무시당해 성난 종의 마음으로 '성내다'를 뜻한다.

怒濤(노도) 무섭게 밀려오는 큰 물결

怒髮(노발)　怒氣(노기)　怒目(노목)

女　女　如　奴　怒　怒

中 4Ⅱ급

[입 구(口)부]
[3口9 총12획]

홑 **단**

홑, 하나 (반)複(겹칠 복)　(영)single　(중)单 dān　(일)単 タン(ひとえ)

(상형) 끝이 두 갈래로 갈라진 납작한 모양의 '부채'를 나타낸다.

單純(단순) 복잡하지 아니함

單身(단신)　單價(단가)　單獨(단독)

口　吅　罒　𥃩　單

高 4Ⅱ급

[나무 목(木)부]
[4木13 총17획]

박달나무 **단**

박달나무, 향나무　(영)birch　(중)檀 tán　(일)ダン(まゆみ)

(형성) 나무 목(木)+도타울 단(亶)자로 단단한 나무인 '박달나무'를 뜻한다.

檀君王儉(단군왕검) 한국 민족의 시조

檀木(단목)　檀君(단군)　檀紀(단기)

木　朴　柠　榰　檀　檀

中 4Ⅱ급

[설 립(立)부]
[5立9 총14획]

바를 **단**

끝, 가 ㉭ 末(끝 말)　　㉲ end ㉠ 端 duān ㉯ タン(はし)

형성 뫼 산(山)+설 립(立)자로 초목의 어린 싹이 돋아나므로 '실마리'를 뜻한다.

端緒(단서) 일의 시초

端雅(단아)　端正(단정)　端役(단역)

立　㳇　㳇　端　端　端

高 4Ⅱ급

[도끼 근(斤)부]
[4斤14 총18획]

끊을 **단**

끊다 ㉭ 絶(끊을 절)　㉲ cut off ㉠ 断 duàn ㉯ 断 ダン(たつ)

회의·형성 실 사(糸)+도끼 근(斤)자로 이어진 실다발을 도끼로 '자르다'를 뜻한다.

斷交(단교) 교제를 끊음

斷念(단념)　斷水(단수)　斷乎(단호)

丝　丝　䋣　䋣　斷　斷

高 4급

[칠 수(殳)부]
[4殳5 총9획]

구분 **단**

층계, 층 ㉭ 階(층계 계)　㉲ stairs ㉠ 段 duàn ㉯ ダン·タン

형성 막대기 끝으로 물건을 쳐서[殳] 조각을 내므로 '층계'를 뜻한다.

段階(단계) 일이 나아가는 과정

段氏(단씨)　段落(단락)　段數(단수)

厂　F　丰　歽　段　段

3단계

中 4Ⅱ급

[쉬엄쉬엄갈 책책받침) 辶(辶)부]
[4辶_9 총13획]

통할 **달**

통달하다 ㉤到(이를 도) ㉢succeed ㉢达 dá ㉣タツ(さとる)

형성 새끼양 달(羍)+쉬엄쉬엄갈 착(辶)자로 새끼양이 어미 양에게로 찾아가므로 '이르다'의 뜻이다.

達人(달인) 학문이나 기예 등에 뛰어난 사람
達觀(달관) **達辯**(달변) **達成**(달성)

土 赱 幸 幸 幸 達

高 4Ⅱ급

[손 수(재방변) 手(扌)부]
[3扌13 총16획]

멜 **담**

메다, 짊어지다 ㉢bear ㉢担 dān ㉣担 タン(かつぐ)

형성 손 수(扌)+이를 첨(詹)자로 무거운 짐을 손으로 들어 어깨에 '메다'를 뜻한다.

擔當(담당) 일을 맡아봄
擔保(담보) **擔當**(담당) **擔任**(담임)

扌 扩 护 护 護 擔

高 4Ⅱ급

[검을 흑(黑)부]
[12黑8 총20획]

무리 **당**

무리 ㉤徒(무리 도) ㉢company ㉢党 dǎng ㉣党 トウ

형성 높을 상(尙)+검을 흑(黑)자로 어두운 장래를 개척하려는 '무리'를 뜻한다.

黨論(당론) 그 당파가 주장하는 의견
黨規(당규) **黨內**(당내) **黨權**(당권)

常 常 當 當 黨 黨

高 4Ⅱ급

[수건 건(巾)부]
[3巾8 총11획]

띠 대

띠, 띠다 영 belt 중 带 dài 일 タイ(おび)

회의 여러 장식품을 곁들여 허리[冖]에 두를 수건[巾]으로 만든 '띠'를 뜻한다.

帶劍(대검) 칼을 참

帶同(대동) 帶電(대전) 帶狀(대상)

卅 卋 芇 茟 帶 帶

高 4Ⅱ급

[언덕 부(좌부방) 阝(阜)부]
[3阝9 총12획]

대 대

떼, 무리 영 band 중 队 duì 일 タイ

형성 돼지떼[豕]새끼 8마리가 '떼'지어가 언덕[阝]이건 밭이건 들쑤시고 다닌다.

隊員(대원) 대를 구성(構成)하고 있는 사람

隊列(대열) 隊長(대장) 部隊(부대)

阝 阝' 阣 阣 隊 隊

高 4Ⅱ급

[마디 촌(寸)부]
[3寸13 총16획]

이끌 도

이끌다 유 引(끌 인) 영 guide 중 导 dǎo 일 ドウ(みちびく)

형성 길 도(道)+마디 촌(寸)자로 법도에 의하여 '이끌다'의 뜻이다.

導水路(도수로) 물을 끌어들이기 위하여 만든 수로

導入(도입) 導水(도수) 導出(도출)

首 首 渞 道 導 導

3단계

中 4급

徒
[두인 변(彳)부]
[3彳7 총10획]

무리 도

무리, 동아리 ⊕ 黨(무리 당) 영 crowd 중 徒 tú 일 ト·ズ(かち)

형성 자축거릴 척(彳)+달릴 주(走)자로 많은 '무리'가 걸어가고 달려달아났다.

徒步(도보) 탈 것을 타지 않고 걸어감
徒囚(도수)　徒輩(도배)　徒黨(도당)

彳　彳　彳　彳　徒　徒

高 4급

逃
[쉬엄쉬엄갈 책받침 辶(辵)부]
[4辶_6 총10획]

달아날 도

달아나다 ⊕ 避(피할 피) 영 escape 중 逃 táo 일 トウ(にげる)

형성 조짐 조(兆)+쉬엄쉬엄갈 착(辶)자로 거북이의 등껍질이 갈라지듯이 '달아나다'를 뜻한다.

逃亡(도망) 달아남
逃走(도주)　逃避(도피)　逃路(도로)

丿　丬　刈　兆　兆　逃

高 4급

[그릇 명(皿)부]
[5皿7 총12획]

도둑 도

도둑 ⊕ 賊(도둑 적) 영 thief 중 盗 dào 일 トウ(ぬすむ)

형성 침 연(次)+그릇 명(皿)자로 그릇에 있는 음식을 침을 흘리며 탐내므로 '도둑'을 뜻한다.

盜掘(도굴) 몰래 매장물을 캠
盜伐(도벌)　盜賊(도적)　盜用(도용)

氵　沪　次　汶　盜　盜

4-4Ⅱ급 핵심한자 | 211

中 4Ⅱ급

毒
[말 무(毋)부]
[5毋3 총8획]
독 **독**

독하다, 독 　　영 poison　중 dú　일 ドク(どく)

회의 풀 초(草)+음란할 매(毋)자로 먹으면 인간의 이성이 없어지는 '독'을 뜻한다.

毒性(독성) 독이 있는 성분
毒藥(독약) **毒害**(독해) **毒感**(독감)

十　圭　主　青　毒　毒

高 4Ⅱ급

督
[눈 목(目)부]
[5目8 총13획]
살펴볼 **독**

살펴보다　　영 supervise　중 督 dū　일 トク(みる·ただす)

형성 아재비 숙(叔)+눈 목(目)자로 어린이를 잘 '살피다'의 뜻이다.

督勵(독려) 감독하며 격려함
督促(독촉) **督戰**(독전) **監督**(감독)

上　구　未　叔　叔　督

高 4Ⅱ급

銅
[쇠 금(金)부]
[8金6 총14획]
구리 **동**

구리, 동화　　영 copper　중 铜 tóng　일 ドウ(あかがね)

형성 쇠 금(金)+한 가지 동(同)자로 금과 같은 빛깔을 가진 '구리'를 뜻한다.

銅鑛(동광) 구리를 캐는 광산
銅錢(동전) **銅像**(동상) **銅線**(동선)

𠂉　乍　乍　金　釘　銅

3단계

中 4Ⅱ급

[말 두(斗)부]
[4斗0 총4획]

말 **두**

말(용량의 단위), 10승(升) 영 measure 중 斗 dŏu 일 ト(ます)

상형 옛날 쌀이나 곡식의 양을 헤아리는 단위이다.

斗極(두극) 북극성
斗起(두기) 斗頓(두돈) 斗量(두량)

丶 亠 三 斗

中 4Ⅱ급

[콩 두(豆)부]
[7豆0 총7획]

콩 **두**

콩, 팥 영 bean 중 豆 dòu 일 ゴ(さとる)

형성 먹는 여러 음식 중에서 힘을 보태주는 좋은 식품은 '콩'이다

豆腐(두부) 콩으로 만든 식품의 한가지

大豆(대두) 豆類(두류) 豆油(두유)

一 厂 ㄇ 戸 戸 豆

中 4Ⅱ급

[두인 변(彳)부]
[3彳8 총11획]

얻을 **득**

얻다, 깨닫다 반 失(잃을 실) 영 get 중 得 dé 일 トク(える)

회의 자축거릴 척(彳)+조개 패(貝)+마디 촌(寸)자로 걸어가서 재물을 손에 '얻다'의 뜻이다.

得男(득남) 아들을 낳음

得道(득도) 得勢(득세) 得票(득표)

彳 彳' 彳曰 彳旦 得 得

中 4Ⅱ급

燈
[불 화(火/灬)부]
[4火12 총16획]

등불 **등**

등잔, 등   영lamp 중灯 dēng 일灯 トウ(ひ)

형성 불 화(火)+오를 등(登)자로 불을 켜서 높이 올려놓는 '등불'을 뜻한다.

燈下不明(등하불명) 등잔 밑이 어둡다는 뜻.
燈臺(등대) 燈油(등유) 燈盞(등잔)

丶 火 灯 灯 㸁 燈

高 4Ⅱ급

羅
[그물 망(网/罒/㓁)부]
[5罒14 총19획]

그물 **라(나)**

그물, 벌이다 (유) 列(벌릴 렬)   영net 중罗 luó 일ラ

회의 그물 망(罒)+맬 유(維)자로 실로 그물을 만들어 새를 잡기 위해 '벌려' 놓다.

羅網(나망) 새 잡는 그물
羅城(나성) 新羅(신라) 網羅(망라)

罒 罗 罗 罗 羅 羅

高 4급

[새 을(乙)부]
[1乙12 총13획]

어지러울 **란(난)**

어지럽다   영confuse 중乱 luàn 일乱 ラン(みだれる)

형성 손(爫)+창(▽)을 들고 다투고 또(又) 발자국(冂)이며, 새떼(乙)가 나는 것 같은 '어지럽다'의 뜻이다.

亂離(난리) 세상의 소란을 만나 뿔뿔이 헤어짐
亂立(난립) 亂國(난국) 亂動(난동)

厂 严 肾 肾 覉 亂

3단계

中 4급

[병부 절(㔾/卩)부]
[2㔾5 총7획]

알 **란(난)**

알   영egg 중卵 luǎn 일ラン(たまご)

상형 '알'에서 막 부화한 새끼들의 모양을 본뜬 글자이다.

卵白(난백) 알의 흰자
卵塊(난괴) 卵生(난생) 卵巢(난소)

` ⺁ ⺁ 白 卵 卵

高 4급

[볼 견(見)부]
[7見14 총21획]

볼 **람**

보다, 두루 보다 유 觀(볼 관) 영view 중览 lǎn 일ラン(みる)

형성 볼 감(監)+볼 견(見)자로 보고 또 '보다'를 뜻한다.

展覽會(전람회) 그림 등을 전시하여 여러 사람이 봄
閱覽(열람) 觀覽(관람) 博覽會(박람회)

臣 臣⺁ 臨 臨 覽 覽

高 4급

[밭 전(田)부]
[5田6 총11획]

다스릴 **략(약)**

간략하다 유 簡(간략할 간) 영govern 중略 lüè 일リャク(ほぼ)

회의 밭 전(田)+각각 각(各)자로 논밭을 개간한 다음 그 경계를 대강 만드므로 '간략하다'를 뜻한다.

略圖(약도) 간략하게 그린 도면
略歷(약력) 戰略(전략) 政略(정략)

田 田⺁ 田夂 田夂 略 略

中 4Ⅱ급

兩
[들 입(入)부]
[2入6 총8획]

두 **량(양)**

두, 둘   영 two 중 两 liǎng 일 両 リョウ

상형 천칭 저울을 본뜬 자로 저울추가 양쪽에 있다 하여 '둘'의 뜻이다.

兩得(양득) 한 가지 일로 두 가지 이득을 얻음
兩面(양면) **兩班**(양반) **兩國**(양국)

一 ㄠ 币 币 兩 兩

高 4급

糧
[쌀 미(米)부]
[6米12 총18획]

양식 **량(양)**

양식, 먹이   영 food 중 粮 liáng 일 リョウ(かて)

형성 쌀 미(米)+헤아릴 량(量)자로 쌀을 먹을 만큼 헤아려서 남겨놓으므로 '양식'이다.

糧穀(양곡) 양식이 되는 곡물
糧食(양식) **糧米**(양미) **食糧**(식량)

高 4급

慮
[마음 심(심방변)심(忄/㣺)부]
[4心11 총15획]

생각할 **려(여)**

생각하다   영 consider 중 虑 lǜ 일 リョ(おもんばかり)

회의 범 호(虍)+생각 사(思)자로 호랑이가 나타날까 '염려하다'를 뜻한다.

考慮(고려) 생각해 둠
念慮(염려) **憂慮**(우려) **慮外**(여외)

高 4Ⅱ급

[사슴 록(鹿)부]
[11鹿8 총19획]

고울 **려(여)**

곱다 ㉴ 美(아름다울 미) ㉰ beautiful ㉲ 丽 lì ㉳ レイ(うるわしい)

회의 사슴들이 나란히 걸어가는 모양이 '아름답다'의 뜻이다.

麗句(여구) 아름다운 글귀

麗代(여대) **華麗**(화려) **高麗**(고려)

严 严 严 麗 麗 麗

中 4Ⅱ급

[쉬엄쉬엄갈 착(책받침) (辶)부]
[4辶_7 총11획]

이을 **련(연)**

잇다 ㉴ 絡(이을 락) ㉰ connect ㉲ 连 lián ㉳ レン(つらなる)

회의 수레 거(車)+쉬엄쉬엄갈 착(辶)자로 수레가 '잇다'의 뜻이다.

連帶(연대) 서로 연결함

連累(연루) **連結**(연결) **連絡**(연락)

曰 亘 車 車 連 連

中 4Ⅱ급

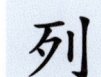

[칼 도(刀/刂)부]
[2刂4 총6획]

벌일 **렬(열)**

벌이다 ㉴ 羅(벌릴 라) ㉰ display ㉲ 列 liè ㉳ レツ(つらねる)

형성 앙상한 뼈 알(歹)+칼 도(刂)자로 고기를 발라낸 뼈를 차례로 '벌이다'를 뜻한다.

列國(열국) 여러 나라

列島(열도) **列擧**(열거) **列車**(열차)

一 ア ぅ 歹 列 列

中 4급

[불 화(火/灬)부]
[4灬6 총10획]
세찰 **렬(열)**

세차다, 굳세다　　영 fierce　중 烈 liè　일 レツ(はげしい)

형성 벌릴 렬(列)+불화 발(火)자로 불길이 여러 갈래로 번져 '세차다'는 뜻이다.

烈女(열녀) 절개가 굳고 기상이 강한 여자

烈士(열사) **烈夫**(열부) **烈火**(열화)

一　ア　歹　歹　列　烈

高 4Ⅱ급

[쇠 금(金)부]
[8金8 총16획]
기록할 **록(녹)**

기록하다　윤 記(기록할 기)　영 record　중 录 lù　일 ロク(しるす)

형성 쇠 금(金)+나무깎을 록(彔)자로 쇠붙이에 나무깎듯 글자를 '기록하다'의 뜻이다.

記錄(기록) 써서 남김

目錄(목록) **錄音**(녹음) **錄畵**(녹화)

金'　金''　金彑　金彑　金彑　錄

中 4Ⅱ급

[말씀 언(言)부]
[7言8 총15획]
의논할 **론(논)**

논의하다, 말하다　윤 議(의논할 의)　영 discuss　중 论 lùn　일 ロン

형성 말씀 언(言)+조리세울 륜(侖)자로 생각을 조리있게 '논의하다'를 뜻한다.

論據(논거) 논의 또는 논설의 근거

論難(논란) **論理**(논리) **論說**(논설)

言　訁　訃　訡　論　論

高 4급

龍
[용 룡(龍)부]
[16龍0 총16획]

용 **룡**(용)

용, 임금   영dragon 중龙 lóng 일竜 リュウ

상형 기다란 육신[月]이 서서[立] 공중으로 올라가는 모양을 합친 자로 '용'의 모양이다.

龍尾(용미) 용의 꼬리

龍鬚(용수) 龍王(용왕) 龍宮(용궁)

育 育 背 背 龍 龍

中 4급

柳
[나무 목(木)부]
[4木5 총9획]

버들 **류**(유)

버들, 버드나무   영willow 중柳 liǔ 일リュウ(やなぎ)

형성 나무 목(木)+토끼 묘(卯)자로 가지와 잎이 나부끼는 '버드나무'의 뜻이다.

柳眉(유미) 버들잎처럼 가늘고 아름다운 눈썹

柳車(유거) 柳器(유기) 柳絮(유서)

中 4Ⅱ급

留
[밭 전(田)부]
[5田5 총10획]

머무를 **류**(유)

머무르다 유停(머무를 정) 영stay 중留 liú 일リュウ(とめる)

형성 농부가 밭의 무성한 풀을 뽑기 위해 오래 '머무르다'의 뜻이다.

留念(유념) 마음에 새기고 생각함

留任(유임) 留意(유의) 留學(유학)

高 4급

[수레 거(車)부]
[7車8 총15획]

바퀴 **륜(윤)**

바퀴, 둘레 　　　　　　영 wheel 중 轮 lún 일 リン(わ)

형성 수레 거(車)+질서 륜(侖)자로 수레바퀴는 여러 개의 둥근 살대로 만들어진 '바퀴'의 뜻이다.

輪讀(윤독) 여러 사람이 돌려가며 책을 읽음

輪轉(윤전) **輪換**(윤환) **輪廓**(윤곽)

亘　車　軩　軡　輪　輪

中 4Ⅱ급

[두인 변(彳)부]
[3彳6 총9획]

법 **률(율)**

법, 법칙 유 法(법 법), 規(법 규)　영 law 중 律 lǜ 일 りつ・りち

형성 조금 걸을 척(彳)+붓 율(聿)자로 인간행위의 기준을 적은 것으로 '법칙'의 뜻이다.

律客(율객) 음률에 밝은 사람

律師(율사) **律法**(율법) **律動**(율동)

彳　彳　彳　彳　律　律

高 4급

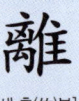
[새 추(隹)부]
[8隹11 총19획]

떠날 **리(이)**

떠나다, 이별하다 반 合(합할 합)　영 leave 중 离 lí 일 リ(はなれる)

형성 헤어질 리(离)+새 추(隹)자로 산신과 새가 서로 만났다가 '떠나다'의 뜻이다.

離居(이거) 떨어져 따로 삶

離陸(이륙) **離散**(이산) **離職**(이직)

离　离　离　離　離　離

3단계

中 4Ⅱ급

[물 수(삼수변) 水(氵)부]
[3氵11 총14획]

찰 **만**

차다 (반)干(마를 간)　　영full 중滿 mǎn 일滿 マン(みちる)

형성 물 수[氵]이 사방으로 평평하게 가득차서 '차다'의 뜻이다.

滿朔(만삭) 아이 낳을 달이 참
滿山(만산)　滿開(만개)　滿喫(만끽)

氵　氵　氵　氵　滿　滿

中 4급

妹

[계집 녀(女)부]
[3女5 총8획]

누이 **매**

누이　　영younger sister 중妹 mèi 일マイ(いもうと)

형성 계집 녀(女)+아닐 미(未)자로 아직 철나지 않은 '손아래누이'를 뜻한다.

妹夫(매부) 누이의 남편
妹弟(매제)　妹兄(매형)　男妹(남매)

女　女　女-　妍　妹　妹

高 4Ⅱ급

[고기 육(육달월) 肉(月)부]
[4月6 총10획]

맥 **맥**

맥, 물길　　영pulse 중脉 mài 일ミャク(すじ)

회의 몸 육(月)+물갈래 파(瓜)자로 몸속의 피가 갈라져서 흐르듯 순환하는 '혈맥'을 뜻한다.

脈絡(맥락) 혈관
脈搏(맥박)　血脈(혈맥)　文脈(문맥)

月　厂　厂　厂　脈　脈

中 4급

勉
[힘 력(力)부]
[2力7 총9획]

힘쓸 **면**

힘쓰다, 권하다   영 exert 중 勉 miǎn 일 ベン(つとめる)

형성 면할 면(免)+힘 력(力)자로 고생을 면하려면 힘써 일해야 되므로 '힘쓰다'의 뜻이다.

勉勵(면려) 스스로 애써 노력함

勉學(면학) **勤勉**(근면) **勸勉**(권면)

中 4급

鳴
[새 조(鳥)부]
[11鳥3 총14획]

울 **명**

울다, 새·짐승 울음   영 chirp 중 鸣 míng 일 メイ(なく)

회의 입 구(口)+새 조(鳥)자로 새가 입을 벌려 '운다'는 뜻이다.

鳴金(명금) 징 치는 것

鳴禽類(명금류) **鷄鳴**(계명) **共鳴**(공명)

高 4급

模
[나무 목(木)부]
[4木11 총15획]

법 **모**

법, 모범 ㈜ 範(법 범)   영 form 중 模 mó 일 モ(のり)

형성 나무 목(木)+없을 막(莫)자로 똑같은 물건을 여러 개 만들려면 먼저 나무를 '본뜬다'는 뜻이다.

模倣(모방) 본받고 흉내를 냄

模寫(모사) **模造**(모조) **模範**(모범)

十 木 扩 档 樟 模

中 4Ⅱ급

毛
[털 모(毛)부]
[4毛0 총4획]

털 모

털, 머리털 유髮(터럭 발) 영hair 중毛 máo 일モウ(け)

상형 사람의 머리털이나 눈썹 또는 짐승의 털모양을 본떠 만든 글자이다.

毛孔(모공) 털구멍

毛髮(모발) **毛根**(모근) **毛織**(모직)

` ー 三 毛

高 4Ⅱ급

牧
[소 우(牛)부]
[4牛4 총8획]

칠 목

치다, 기르다 영pasture 중牧 mù 일ボク(まき)

형성 소 우(牛)+칠 복(攵)자로 손에 회초리를 들고 소를 '치다'는 뜻이다.

牧民(목민) 백성을 다스림

牧者(목자) **牧草**(목초) **牧師**(목사)

⺧ 牜 牜' 牜 牧 牧

高 4급

[흙 토(土)부]
[3土11 총14획]

무덤 묘

무덤, 묘지 영grave 중墓 mù 일ボ(はか)

형성 저물 모(莫)+흙 토(土)자로 죽은 사람을 흙속에 감추어보이지 않게 하는 '무덤'의 뜻이다.

墓碑(묘비) 무덤 앞에 세우는 비석

墓穴(묘혈) **墓所**(묘소) **墓地**(묘지)

` ⺿ 艿 苩 莫 墓

4-4Ⅱ급 핵심한자 | **223**

中 4급

妙
[계집 녀(女)부]
[3女4 총7획]

젊을 **묘**

묘하다, 뛰어나다　영strange　중妙 miào　일チョク(なおす)

형성 계집 녀(女)+젊을 소(少)자로 젊은 여자는 예쁘고 '묘하다'의 뜻이다.

妙計(묘계) 묘한 꾀
妙技(묘기)　**妙味**(묘미)　**妙手**(묘수)

女　女　妙　妙　妙　妙

中 4Ⅱ급

務
[힘 력(力)부]
[2力9 총11획]

힘 **무**

힘쓰다, 일　영exert　중务 wù　일ム(つとめる)

형성 창[矛]으로 적을 치듯[攵] 힘써 '힘쓰다'를 뜻한다.

務望(무망) 간절히 바람
務實力行(무실역행)　**服務**(복무)　**業務**(업무)

矛　矜　矜　矜　務　務

中 4Ⅱ급

[그칠 지(止)부]
[4止4 총8획]

호반 **무**

호반(虎班)　팬文(글월 문)　영military　중武 wǔ　일ブ(たけしい)

회의 창 과(戈)+그칠 지(止)자로 무기를 들고 침략을 미연에 방어하는 '군사'의 뜻이다.

武術(무술) 무도의 기술
武勇(무용)　**武功**(무공)　**武器**(무기)

一　ニ　干　正　武　武

3단계

中 4급

[어그러질 천(舛)부]
[6舛8 총14획]

춤출 **무**

춤추다, 무용하다   영 dance 중 舞 wǔ 일 ブ(まい·まう)

형성 없을 무(無)+어그러질 천(舛)자로 발을 엇갈리고 손을 비스듬히 하며 '춤춘다'는 뜻이다.

舞曲(무곡) 춤을 출 때 부르는 노래

舞踊(무용) 舞臺(무대) 舞童(무동)

ニ 無 無 舞 舞 舞

中 4Ⅱ급

未

[나무 목(木)부]
[4木1 총5획]

아닐 **미**

아니다, 못하다   영 not 중 未 wèi 일 ミ·ビ(いまだ)

회의·형성 나무[木]에 가지[一]가 많아 아직 자라지 않았다는 뜻이다.

未納(미납) 아직 바치지 아니하거나 못함

未備(미비) 未開(미개) 未達(미달)

一 二 キ 未 未

中 4Ⅱ급

[입 구(口)부]
[3口5 총8획]

맛 **미**

맛, 풍미(風味)   영 taste 중 味 wèi 일 ミ(あじ)

형성 입 구(口)+아닐 미(未)자로 맛이 어떤가 입으로 '맛보다'의 뜻이다.

味覺(미각) 맛을 아는 감각

味盲(미맹) 嘗味(상미) 興味(흥미)

口 口 吽 咪 味 味

中 4Ⅱ급

[갓머리(宀)부]
[3⌒8 총11획]

빽빽할 **밀**

빽빽하다, 자세하다 　영dense, secret　중密 mì　일ミツ(ひそか)

형성 빽빽할 밀(宓)+뫼 산(山)자로 산에 나무가 '빽빽하다'는 뜻이다.

密使(밀사) 은밀하게 보내는 밀사

密室(밀실)　密告(밀고)　密林(밀림)

丶　宀　宊　宓　宓　密

高 4Ⅱ급

[열 십(十)부]
[2+10 총12획]

넓을 **박**

넓다, 크다　영wide, broad　중博 bó　일ハク(ひろい)

회의 열 십(十)+펼 부(尃)자로 여러 방면으로 '넓다'를 뜻한다.

博覽(박람) 널리 견문함

博識(박식)　博士(박사)　賭博(도박)

十　恒　博　博　博　博

高 4급

[손 수(재방변) 手(扌)부]
[3扌5 총8획]

칠 **박**

치다, 손뼉치다　영strike　중拍 pāi　일ハク·ヒョウ(うつ)

형성 손 수(扌)+흰 백(白)자로 손뼉을 치며 떠드는 것으로 '손뼉치다'의 뜻이다.

拍手(박수) 손뼉을 침

拍子(박자)　拍車(박차)　間拍(간박)

扌　扌'　扌'　扚　拍　拍

高 4급

[터럭 발(髟)부]
[10髟5 총15획]

터럭 **발**

머리털(머리) 〔유〕毛(터럭 모) 〔영〕hair 〔중〕发 fā/fà 〔일〕ハツ(かみ)

[형성] 머리늘일 발(髟)+뽑을 발(犮)자로 '머리카락'을 뜻한다.

理髮(이발) 머리털을 다듬어 깎음

白髮(백발) 假髮(가발) 頭髮(두발)

镸 髟 髟 髣 髮 髮

高 4급

[계집 녀(女)부]
[3女4 총7획]

방해할 **방**

방해하다 〔영〕obstruct 〔중〕妨 fáng 〔일〕ボウ(さまたげる)

[형성] 계집 녀(女)+모 방(方)자로 여자가 사방에 있으면 '방해'의 뜻이다.

無妨(무방) 방해될 것이 없음

妨碍(방애) 妨害(방해) 妨礙(방애)

く 夕 女 女' 妒 妨

中 4Ⅱ급

[언덕 부(阝변)부(阝)부]
[3阝4 총7획]

둑 **방**

막다 〔유〕衛(지킬 위) 〔반〕攻(칠 공) 〔영〕block 〔중〕防 fáng 〔일〕ボウ(ふせぐ)

[형성] 언덕 부(阝)+모 방(方)자로 흐르는 물을 '막다'의 뜻이다.

防空(방공) 공중으로 오는 적을 막아냄

防犯(방범) 防水(방수) 防禦(방어)

' ㄱ 阝 阝 阝 防 防

4-4Ⅱ급 핵심한자 | **227**

中 4Ⅱ급

房
[집 호(戶)부]
[4戶4 총8획]

방 **방**

방, 곁방   영 room 중 房 fáng 일 ボウ(へや)

형성 집 호(戶)+모 방(方)자로 지게문에 이어진 모진 '방'의 뜻이다.

房宿(방수) 28수의 하나로 남쪽에 있는 별자리

房帳(방장) 房門(방문) 庫房(고방)

丶 ㇏ 户 戶 房 房

中 4Ⅱ급

訪
[말씀 언(言)부]
[7言4 총11획]

찾을 **방**

찾다, 뵙다   유 探(찾을 탐)   영 visit 중 访 fǎng 일 ホウ(とう)

형성 말씀 언(言)+방위 방(方)자로 좋은 말을 듣기 위해 널리 '찾다'의 뜻이다.

訪問(방문) 찾아봄

探訪(탐방) 訪韓(방한) 巡訪(순방)

丶 亠 言 訁 訪 訪

中 4Ⅱ급

拜
[손 수(재방변) 手(扌)부]
[3扌6 총9획]

절 **배**

절, 절하다   영 bow 중 拜 bài 일 拝 ハイ(おがむ)

형성 손 수(手)를 두 개 합치고 아래 하(下)를 받친 자로 두 손 모아 '절하다'는 뜻이다.

拜見(배견) 귀인을 뵘

拜金(배금) 拜禮(배례) 拜上(배상)

三 手 手 手 拜 拜

3단계

高 4Ⅱ급

背 [고기 육(올월) 肉(月)부] [4月5 총9획]

등 배

등, 뒤 영 back 중 背 bèi 일 ハイ(そむく)

형성 배반할 배(北)+고기 육(月)자로 배반하듯 몸을 돌려 '등지다'의 뜻이다.

背景(배경) 뒷면의 경치. 또는 뒤에서 도와주는 사람
背信(배신) 背反(배반) 背囊(배낭)

高 4Ⅱ급

配 [닭 유(酉)부] [7酉3 총10획]

짝 배

짝 ㉨ 分(나눌 분) ㉫ 集(모을 집) 영 couple 중 配 pèi 일 ハイ(くばる)

형성 술 주(酒)에 몸 기(己)자로 술을 따라 놓고 서로 인사를 올리고 백년가약을 올린 몸이 '짝'이란 뜻이다.

配慮(배려) 관심을 기울여 살핌
配所(배소) 配達(배달) 配匹(배필)

西 西 酉 酉' 酉' 配

中 4Ⅱ급

伐 [사람 인(人)부] [2人4 총6획]

칠 벌

치다(징벌하다) ㉨ 討(칠 토) 영 attack 중 伐 fá 일 バツ(うつ)

회의 사람 인(亻)+창 과(戈)자로 사람이 창을 들고 적을 '치다'의 뜻이다.

伐木(벌목) 나무를 벰
伐採(벌채) 伐草(벌초) 征伐(정벌)

高 4Ⅱ급

[그물 망罒(□/罒/罓)부]
[5罒9 총14획]

벌 벌

벌주다, 벌 (반) 賞(상줄 상)　(영) punish　(중) 罚 fá　(일) バツ(つみ)

(회의) 그물 망(罒)+말씀 언(言)+칼 도(刀)자로 죄지은 사람을 꾸짖거나 칼로 '벌하다'의 뜻이다.

罰金(벌금) 벌로 내는 돈
罰酒(벌주)　**罰則**(벌칙)　**處罰**(처벌)

冂 罒 罒 罰 罰 罰

高 4급

犯
[개 견(犬/犭)부]
[3犭2 총5획]

범할 범

범하다, 어기다　(영) violate　(중) 犯 fàn　(일) ハン(おかす)

(형성) 개 견(犭)+마디 절(㔾)자로 미친 개가 사람에게 '범하다'의 뜻이다.

犯法(범법) 법을 범함
犯人(범인)　**犯罪**(범죄)　**侵犯**(침범)

ノ 丨 犭 犭 犯

高 4급

[대 죽(竹)부]
[6竹9 총15획]

법 범

법, 틀 (유) 規(법 규)　(영) rule　(중) 范 fàn　(일) ハン(のり)

(형성) 본보기 범(范)+수레 거(車)자로 수레바퀴자국처럼 일정한 질서가 있으므로 '법'을 뜻한다.

範例(범례) 본보기
範圍(범위)　**範疇**(범주)　**範例**(범례)

竹 竺 筲 節 範 範

高 4Ⅱ급

[흙 토(土)부]
[3土13 총16획]

벽 **벽**

바람벽, 진터   영 wall 중 壁 bì 일 壁 ヘキ(かべ)

형성 임금[君]과 고생하는[辛] 백성들 사이를 흙[土]으로 추위나 적을 물리치려고 돌흙으로 쌓은 '벽'이다.

壁壘(벽루) 성채

壁欌(벽장) 壁報(벽보) 壁紙(벽지)

尸 尸 辟 辟 壁 壁

高 4Ⅱ급

[쉬엄쉬엄갈 책받침(辶)부]
[4辶_15 총19획]

가 **변**

가, 가장자리   영 edge, side 중 边 biān 일 辺 ヘン(ほとり)

형성 낭떠러지 가장자리가 연이어 있는 '가장자리'의 뜻이다.

邊利(변리) 이자

邊方(변방) 邊境(변경) 周邊(주변)

自 臭 臱 臱 臱 邊

高 4급

[매울 신(辛)부]
[7辛14 총21획]

말 **변**

말 잘하다   영 speaker 중 辩 biàn 일 弁 べん(わきまえる)

형성 서로 매섭게[辛辛] 다투는 사람을 말[言]로 가리어 시비를 가려주는 것으로 '말잘하다'의 뜻이다.

辯明(변명) 시비를 가림

辯舌(변설) 辯論(변론) 答辯(답변)

立 辛 辛 辛辛 辯 辯

中 4Ⅱ급

保
[사람 인(人)부]
[2人7 총9획]

보전할 보

보호하다 ㉾ 守(지킬 수) 영 keep 중 保 bǎo 일 ホウ(たもつ)

회의 사람 인(亻)+보호할 보(呆)자로 어린아이를 강보에 싸서 '보호한다'는 뜻이다.

保姆(보모) 탁아 시설 등에서 어린이를 돌보는 여자

保身(보신) 保健(보건) 保管(보관)

亻 亻 亻 伊 伊 保

中 4Ⅱ급

報
[흙 토(土)부]
[3土9 총12획]

갚을 보

갚다, 보답 ㉾ 告(고할 고) 영 repay 중 报 bào 일 ホウ(むくいる)

회의·형성 죄를 짓고 벌을 받도록 '갚다'를 뜻한다.

報國(보국) 나라를 위해 충성함

報恩(보은) 報告(보고) 報答(보답)

圭 幸 幸 報 報 報

中 4Ⅱ급

寶
[갓머리(宀)부]
[3宀17 총20획]

보배 보

보배 ㉾ 珍(보배 진) 영 treasure 중 宝 bǎo 일 宝 ホウ(たから)

회의 집 면(宀)+구슬 옥(王:玉)+장군 부(缶)+조개 패(貝)자로 집에 재물이 가득하므로 '보배'의 뜻이다.

寶鑑(보감) 훌륭한 거울

寶輦(보련) 寶物(보물) 寶石(보석)

高 4급

[날 일(日)부]
[4日8 총12획]

두루 보

넓다, 두루   영 wide 중 普 pǔ 일 フ(あまねし)

형성 아우를 병(竝)+해 일(日)자로 햇빛이 널리 퍼지는 것으로 '넓다'를 뜻한다.

普及(보급) 널리 미침

普通(보통) 普施(보시) 高普(고보)

丷 ㅗ 立 立 並 普

中 4Ⅱ급

步

[그칠 지(止)부]
[4止3 총7획]

걸을 보

걸음, 걷다   영 walk 중 步 bù 일 ホ·ブ(あるく)

상형 조금씩[少] 멈추었다[止] 서는 것으로 두 발을 번갈아 떼어놓으므로 '걷다'는 뜻이다.

步道(보도) 사람이 걸어 다니는 인도

步兵(보병) 步調(보조) 步行(보행)

丨 ㅑ 止 止 步 步

中 4급

伏

[사람 인(人)부]
[2人4 총6획]

엎드릴 복

엎드리다 반 起(일어날 기) 영 lie face down 중 伏 fú 일 フク(ふす)

회의 사람 인(亻)+개 견(犬)자로 개가 주인 옆에서 '엎드리다'의 뜻이다.

伏望(복망) 엎드려 바람

伏中(복중) 伏拜(복배) 伏兵(복병)

丿 亻 亻 仂 伏 伏

4-4Ⅱ급 핵심한자 | **233**

中 4Ⅱ급

復
[두인 변(彳)부]
[3彳9 총12획]

회복할 **복**
다시 **부**

다시 (반) 往(갈 왕)　　(영) repeat (중) 复 fù (일) フク(かえる)

형성 조금걸을 척(彳)+거듭 복(复)자로 갔던 길을 되돌아오는 것으로 '회복하다'를 뜻한다.

復歸(복귀) 본래 대로 돌아감

復讐(복수)　復古(복고)　復活(부활)

彳　彳　彳　彳　彳　復

高 4급

複
[옷 의(衤/衣)부]
[5衤9 총14획]

겹옷 **복**

겹치다, 겹쳐지다 (반) 單(홑 단)　(영) double (중) 複 fù (일) フク

형성 옷 의(衤)+거듭 복(复)자로 안감을 넣어서 만든 겹으로 된 옷이 '겹치다'의 뜻이다.

複利(복리) 이자에 이자가 붙음

複數(복수)　複道(복도)　複利(복리)

衤　衤　衤　衤　衤　複

高 4Ⅱ급

府
[엄 호(广)부]
[3广5 총8획]

곳집 **부**

마을, 관청　　(영) warehouse (중) 府 fǔ (일) フ(やくしょ)

형성 집 엄(广)+줄 부(付)자로 일을 처리하고 흉년 들면 곡식 나눠주는 '관청'의 뜻이다.

府庫(부고) 문서나 재화·기물 등을 넣어두는 곳

府君堂(부군당)　府君(부군)　府使(부사)

亠　广　广　庁　府　府

3단계

高 4Ⅱ급

[칼 도(刀/刂)부]
[2刀9 총11획]

버금 **부**

버금 ⑨ 次(버금 차) 　영 second 중 副 fù 일 フク(わける)

형성 찰 복(畐)+칼 도(刀)자로 재산을 둘로 나누어 만일을 대비하는 '예비'의 뜻이다.

副應(부응) 무엇에 쫓아서 응함

副官(부관)　副木(부목)　副業(부업)

一　ㅁ　훕　畐　畐　副　副

中 4Ⅱ급

[갓머리(宀)부]
[3宀9 총12획]

가멸 **부**

가멸(재산이 많다) ⑩ 貧(가난할 빈) 영 rich 중 富 fù 일 フウ(とみ)

회의·형성 집 면(宀)+찰 복(畐)자로 집안에 재물이 가득하므로 '넉넉하다'를 뜻한다.

富國(부국) 재물이 풍부한 나라

富者(부자)　富強(부강)　富農(부농)

宀　宁　宇　宙　富　富

中 4급

[입 구(口)부]
[3口4 총7획]

아닐 **부**
막힐 **비**

아니다 ⑩ 可(옳을 가) 영 not, no 중 否 fǒu 일 ヒ·ビ(いな)

회의 아닐 불(不)+입 구(口)자로 입으로 '아니다'의 뜻이다.

否認(부인) 그렇다고 인정하지 아니함

否決(부결)　否票(부표)　否運(비운)

一　ア　不　不　否　否

4-4Ⅱ급 핵심한자 | **235**

中 4Ⅱ급

[계집 녀(女)부]
[3女8 총11획]

며느리 **부**

며느리, 아내 (반) 夫(지아비 부) (영) wife (중) 妇 fù (일) フ(おんな)

(회의) 계집 녀(<u>女</u>)+비 추(<u>帚</u>)자로 비를 들고 집안 청소를 하는 여자로 '아내'의 뜻이다.

婦女(부녀) 부인과 여자. 부녀자라고도 함

婦德(부덕) 婦人(부인) 子婦(자부)

女 女ʼ 女ʳ 女ᵉ 婦 婦

高 4급

[조개 패(貝)부]
[7貝2 총9획]

질 **부**

짐지다, 책임을 지다 (반) 勝(이길 승) (영) bear (중) 负 fù (일) フ(おう)

(회의) 사람 인(亻)+조개 패(<u>貝</u>)자로 사람이 재물을 등에 '짊어지다'의 뜻이다.

負擔(부담) 어떤 일이나 의무

負傷(부상) 負債(부채) 勝負(승부)

ノ ク 凸 负 自 負

高 4급

[쌀 미(米)부]
[6米4 총10획]

가루 **분**

가루, 분 (영) powder (중) 粉 fěn (일) フン(こな)

(형성) 쌀 미(<u>米</u>)+나눌 분(<u>分</u>)자로 쌀을 잘게 나누어 부순 '가루'의 뜻이다.

粉末(분말)

粉匣(분갑) 粉食(분식) 粉筆(분필)

丶 丷 半 米 籵 粉 粉

3단계

高 4급

憤 [마음 심성방변 心(忄/㣺)부] [3心12 총15획]

성낼 **분**

분하다, 성내다 영indignant 중愤 fèn 일フン(いきどおる)

형성 마음 심(心)+클 분(賁)자로 마음속으로 못마땅하여 '분하다'를 뜻한다.

憤慨(분개) 무척 분하게 여김

憤激(분격) 憤死(분사) 憤敗(분패)

忄　忄＋　忄主　忄宇　憤　憤

中 4Ⅱ급

佛 [사람 인(人)부] [2人5 총7획]

부처 **불**

부처, 깨닫다 유슈(절 사) 영buddha 중佛 fó 일仏 フ(ほとけ)

형성 활이나[弓]이나 칼[刂] 같은 힘이나 무력으로가 아닌 덕을 베푸는 사람(亻)이 '부처'다.

佛經(불경) 불교의 경전

佛書(불서) 佛家(불가) 佛像(불상)

亻　亻'　亻'　佛　佛　佛

中 4Ⅱ급

備 [사람 인(人)부] [2人10 총12획]

갖출 **비**

갖추다 유具(갖출 구) 영prepare 중备 bèi 일ビ(そなえる)

형성 사람[亻]이 언제나 늘 공동으로[共] 쓸 수 있도록 [用] '갖추다'의 뜻이다.

備忘錄(비망록) 잊지 않기 위하여 적어두는 기록

備置(비치) 備蓄(비축) 備品(비품)

亻　亻＇　亻″　備　備　備

4-4Ⅱ급 핵심한자

中 4Ⅱ급

非
[아닐 비(非)부]
[8非0 총8획]

아닐 **비**

아니다, 거짓 ⑪ 是(옳을 시)　영 not　중 非 fēi　일 ヒ(あらず)

지사 새의 양쪽 날개가 서로 다른 방향으로 '어긋난다'는 뜻이다.

非經濟(비경제) 경제적이 아님

非番(비번) 非難(비난) 非理(비리)

丿 ㅋ ㅕ ㅋ1 非 非

中 4Ⅱ급

悲
[마음 심(心/忄/㣺)부]
[4心8 총12획]

슬플 **비**

슬프다 ⑪ 喜(기쁠 희)　영 sad　중 悲 bēi　일 ヒ(かなしい)

형성 아닐 비(非)+마음 심(心)자로 바라는 바가 어겨지고 마음이 '슬프다'는 뜻이다.

悲歌(비가) 슬픈 노래

悲感(비감) 悲觀(비관) 悲劇(비극)

丿 ㅋ ㅋ1 非 悲 悲

高 4급

碑
[돌 석(石)부]
[5石8 총13획]

비석 **비**

비석, 돌기둥　영 monument　중 碑 bēi　일 ヒ(いしぶみ)

회의·형성 돌 석(石)+낮을 비(卑)자로 돌을 작게 깎아 글을 새겨 무덤 밑에 두는 '비석'의 뜻이다.

碑石(비석) 돌로 만든 비

紀念碑(기념비) 碑臺(비대) 碑銘(비명)

石 石' 砶 碑 碑 碑

高 4급

[손 수(재방변) 手(扌)부]
[3扌4 총7획]

칠 **비**

비평하다, 후려치다 유 評(비평할 평) 영 criticize 중 批 pī 일 ヒ

형성 손 수(扌)+견줄 비(比)자로 작품을 비교해 잘못된 곳을 '비평하다'의 뜻이다.

批點(비점) 시문(詩文)의 잘된 곳을 찍는 점

批准(비준) 批判(비판) 批評(비평)

扌　扌　扌　批　批　批

高 4급

[보일 시(示)부]
[5示5 총10획]

숨길 **비**

숨기다, 비밀 영 conceal, hide 중 (秘) bì,pì 일 ヒ(ひそめる)

형성 보일 시(示)+반드시 필(必)자로 보이지는 않지만 반드시 있는 것이 '비밀'이다.

祕訣(비결) 남이 알지 못하는 가장 효과적인 방법

秘方(비방) 秘藏(비장) 秘法(비법)

于　禾　衫　秘　秘　祕

中 4Ⅱ급

飛

[날 비(飛)부]
[9飛0 총9획]

날 **비**

날다, 날리다 영 fly 중 飞 fēi 일 ヒ(とぶ)

상형 새가 두 날개를 활짝 펴고 하늘 높이 '날다'의 뜻이다.

飛閣(비각) 높은 누각

飛報(비보) 飛上(비상) 飛躍(비약)

飞　飞　飞　飛　飛　飛

中 4Ⅱ급

[조개 패(貝)부]
[7貝4 총11획]

가난할 **빈**

가난하다 ㈜ 窮(궁할 궁) 영 poor 중 贫 pín 일 ヒン(まずしい)

회의·형성 나눌 분(分)+조개 패(貝)자로 재물이 나누어져 적어지니 '가난하다'는 뜻이다.

貧者(빈자) 가난한 사람

貧弱(빈약) **貧困**(빈곤) **貧國**(빈국)

分 分 分 分 貧 貧 貧

中 4Ⅱ급

[마디 촌(寸)부]
[3寸3 총6획]

절 **사**
내시 **시**

절, 불도를 수행하는 곳 ㈜ 佛(부처 불) 영 temple 중 寺 sì 일 ジ(てら)

회의 갈 지(之=之)+마디 촌(寸)자로 일정한 법도 하에서 일을 해나가는 '관청'의 뜻이다.

寺內(사내) 절 안

寺刹(사찰) **本寺**(본사) **寺人**(시인)

一 十 土 士 寺 寺

中 4급

[마디 촌(寸)부]
[3寸7 총10획]

쏠 **사**

쏘다, 벼슬 이름   영 shoot 중 射 shè 일 シャ(いる)

회의 몸 신(身)+화살 시(矢)자로 몸에서 화살을 '쏘다'의 뜻이다.

射擊(사격) 총이나 활 등을 쏨

射殺(사살) **射倖**(사행) **射手**(사수)

丿 丨 身 身 射 射

3단계

中 4Ⅱ급

[말씀 언(言)부]
[7言10 총17획]

사례할 **謝**

사례하다, 사과하다 영 thank 중 谢 xiè 일 シャ(あやまる)

형성 말씀 언(言)+쏠 사(射)자로 활을 쏘듯이 분명한 의사를 밝히는 '사례하다'를 뜻한다.

謝恩(사은) 은혜에 사례함

謝禮(사례) 謝過(사과) 謝意(사의)

言 訃 訃 詢 謝 謝

中 4Ⅱ급

[수건 건(巾)부]
[3巾7 총10획]

스승 **師**

스승, 선생 반 弟(제자 제) 영 teacher 중 师 shī 일 シ(せんせい)

회의 언덕 위에서 군사 훈련을 시킨데서 지도하는 '스승'을 뜻한다.

師母(사모) 스승의 부인

師事(사사) 師道(사도) 師範(사범)

𠂤 𠂤 𠂤 𠂤 師 師

中 4Ⅱ급

[혀 설(舌)부]
[6舌2 총8획]

집 **舍**

집, 가옥 유 屋(집 옥) 영 house 중 舍 shě 일 シャ

상형 집은 사람[人]에 길한[吉] 좋은 곳이다.

舍兄(사형) 편지 등에서 형이 아우에게 이르는 말

舍叔(사숙) 舍監(사감) 舍利(사리)

人 合 全 舍 舍 舍

4-4Ⅱ급 핵심한자 | **241**

中 4급

私
[벼 화(禾)부]
[5禾2 총7획]

사사 **사**

사사(私事), 개인 <빤> 公(공평할 공) <영> private <중> 私 sī <일> シ(わたくし)

<형성> 벼 화(禾)+사사 사(厶)자로 공적인 조세에 대응해 자기 벼라는데서 '사사롭다'는 뜻이다.

私感(사감) 개인적인 원한

私物(사물) 私見(사견) 私製(사제)

′ ⼆ 千 禾 禾 私 私

中 4급

絲
[실 사(糸)부]
[6糸6 총12획]

실 **사**

실, 명주실 <영> thread <중> 丝 sī <일> 糸 シ(いと)

<회의> 실 사(糸)+실 사(糸)자로 실감아놓은 실타래의 겹쳐진 모양을 본뜬 글자이다.

鐵絲(철사) 쇠를 가느다랗게 만든 것

絲竹(사죽) 絹絲(견사) 螺絲(나사)

ㄥ 幺 糸 糸 絲 絲

高 4급

[매울 신(辛)부]
[7辛12 총19획]

말씀 **사**

말씀, 언어 <유> 言(말씀 언) <영> speech <중> 辞 cí <일> 辞 ジ(ことば)

<회의> 다스릴 란(亂)+매울 신(辛)자로 죄인을 다스리기 위해 상황을 설명하는 '말'의 뜻이다.

辭令(사령) 응대하는 말, 관직에 임명하는 것

辭讓(사양) 辭典(사전) 辭意(사의)

⻌ 孚 孚 䇂 辭 辭

3단계

中 4급

散
[칠 복(등글월문)攵(攴)부]
[4攵8 총12획]

흩을 **산**

흩어지다 [반] 集(모일 집) [영] scatter [중] 散 sǎn [일] サン(ちらす)

[회의] 스물 입(卄)+고기 육(月)+칠 복(攵)자로 단단한 힘줄의 고기를 회초리로 치니 '흩어진다'는 뜻이다.

散錄(산록) 붓이 가는 대로 적음

散步(산보)　散漫(산만)　散髮(산발)

一　卄　꿉　肯　背　散

中 4Ⅱ급

殺
[칠 수(殳)부]
[4殳7 총11획]

죽일 **살**
감할 **쇄**

죽이다, 없애다　　　[영] kill [중] 杀 shā [일] サツ(ころす)

[형성] 죽일 살(杀)+칠 수(殳)자로 나무를 베어넘어뜨리는 것으로 '죽이다'의 뜻이다.

殺菌(살균) 병균을 죽임

殺人(살인)　殺氣(살기)　殺到(쇄도)

килл　쇠　쇠　殺　殺　殺

中 4급

傷
[사람 인(人)부]
[2人11 총13획]

다칠 **상**

다치다, 상하다　　[영] injure [중] 伤 shāng [일] ショウ(きずつ)

[형성] 사람의 몸이 상처를 입어 '다치다'는 뜻이다.

傷心(상심) 마음이 상함

傷害(상해)　傷處(상처)　負傷(부상)

亻　伫　佇　俜　傷　傷

高 4급

[돼지시(豕)부]
[7豕5 총12획]

코끼리 **상**

코끼리, 모양   영 elephant   중 象 xiàng   일 ゾウ(かたち)

상형 코끼리의 귀·엄니·발·꼬리를 본뜬 글자이다.

象牙(상아) 코끼리의 어금니
象牙塔(상아탑) 象毛(상모) 象徵(상징)

⺈ ⺈ 臼 㲋 象 象

中 4Ⅱ급

[수건 건(巾)부]
[3巾8 총11획]

항상 **상**

항상, 늘   반 班(양반 반)   영 always   중 常 cháng   일 ジョウ(とこ)

형성 높을 상(尚)+수건 건(巾)자로 사람은 '항상' 옷을 입고 다니는 것은 떳떳한 일이다.

常客(상객) 늘 찾아오는 손님. 단골손님
常途(상도) 常勤(상근) 常習(상습)

⺍ ⺌ 当 常 常 常

高 4Ⅱ급

[엄 호(广)부]
[3广4 총7획]

상 **상**

평상, 잠자리   영 bed   중 床 chuáng   일 ショウ(ゆか)

형성 조각널 장(爿)+나무 목(木)자로 집안에 있는 나무 침상이라 하여 '평상'의 뜻이다.

床褓(상보) 상을 덮는 보자기
床石(상석) 册床(책상) 溫床(온상)

丶 广 广 庁 床 床

中 4Ⅱ급

[마음 심(心/忄/㣺)부]
[4심9 총13획]

생각 **상**

생각하다 @ 念(생각할 념) @ think @ 想 xiǎng @ ソウ(おもう)

형성 서로 상(相)+마음 심(心)자로 서로가 마음을 맞바라보듯 '생각하다'를 뜻한다.

想起(상기) 지난 일을 생각해냄

想思(상사) **想念**(상념) **想定**(상정)

十 木 相 相 想 想

高 4Ⅱ급

[개 견(犬/犭)부]
[4견4 총8획]

형상 **상**
문서 **장**

형상, 모양 @ shape, letter @ 状 zhuàng @ 状 ジョウ

형성 조각널 장(爿)+개 견(犬)자로 개의 '형상'의 뜻이다.

狀貌(상모) 얼굴의 생김새

狀態(상태) **症狀**(증상) **狀啓**(장계)

丨 ㅣ 爿 爿 狀 狀

高 4급

[갓머리(宀)부]
[3宀6 총9획]

베풀 **선**

베풀다, 펴다 @ give @ 宣 xuān @ セン(のたまう)

형성 궁궐에서 임금이 정치를 펼치는 것으로 '베풀다'의 뜻이다.

宣敎(선교) 가르침을 넓힘

宣傳(선전) **宣明**(선명) **宣布**(선포)

宀 宀 宁 宣 宣 宣

高 4급

舌
[혀 설(舌)부]
[6舌0 총6획]

혀 설

혀, 말　　　영 tongue　중 舌 shé　일 ゼツ(した)

상형 사람의 혀가 입에서 내밀어진 모양에 침이 밖으로 떨어지는 모양으로 '혀'라는 뜻이다.

舌根(설근) 혀뿌리

舌戰(설전) 舌耕(설경) 毒舌(독설)

丿 二 千 千 舌 舌

中 4Ⅱ급

設
[말씀 언(言)부]
[7言4 총11획]

베풀 설

베풀다 ㉠ 施(베풀 시)　　영 give　중 设 shè　일 セツ(もうける)

형성 말씀 언(言)+칠 수(殳)자로 사람을 시켜 일을 하도록 하는 '베풀다'의 뜻이다.

設令(설령) 그렇다 하더라도

設置(설치) 設計(설계) 設備(설비)

亠 言 言 訁 設 設

中 4Ⅱ급

城
[흙 토(土)부]
[3土7 총10획]

성 성

성, 재　　　영 castle　중 城 chéng　일 ジョウ(しろ)

회의·형성 흙 토(土)+이룰 성(成)자로 흙을 높게 쌓아 백성이 모여 살게 만든 '성'을 뜻한다.

城砦(성채) 성과 진지

城址(성지) 城郭(성곽) 城內(성내)

圠 圢 坊 城 城 城

中 4Ⅱ급

盛
[그릇 명(皿)부]
[5皿6 총11획]

담을 **성**

성하다, 넘치다　영 thriving　중 盛 shèng　일 セイ(さかり)

형성 이룰 성(成)+그릇 명(皿)자로 성공해 잔치하는데 그릇과 음식이 '많다'는 뜻이다.

盛年(성년) 원기가 왕성한 젊은 나이

盛大(성대) **盛業**(성업) **盛行**(성행)

厂 厅 成 成 盛 盛

中 4Ⅱ급

誠
[말씀 언(言)부]
[7言7 총14획]

정성 **성**

정성　유 精(정성 정)　영 sincerity　중 诚 chéng　일 セイ(まこと)

형성 자기가 한 말[言]을 책임지고 이루려[成] 정성을 쏟다.

誠金(성금) 정성으로 내는 돈

誠心(성심) **誠實**(성실) **誠意**(성의)

言 訂 訪 誠 誠 誠

中 4Ⅱ급

星
[날 일(日)부]
[4日5 총9획]

별 **성**

별, 세월　영 star　중 星 xīng　일 セイ·ツョウ(ほし)

형성 날 일(日)+날 생(生)자로 해와 같이 빛을 발하는 '별'의 뜻이다.

星群(성군) 별무리

星霜(성상) **星雲**(성운) **晨星**(신성)

曰 尸 厾 早 星 星

4-4Ⅱ급 핵심한자 | **247**

中 4Ⅱ급

聖
[귀 이(耳)부]
[6耳7 총13획]

성스러울 **성**

성인(聖人), 거룩한 사람　영 saint　중 圣 shèng　일 セイ(ひじり)

형성 귀 이(耳)+드러날 정(呈)자로 사람의 말을 귀로 들으면 '성인이다'의 뜻이다.

聖君(성군) 거룩한 임금

聖上(성상) **聖歌**(성가) **聖經**(성경)

耳　耶　耶　聖　聖　聖

中 4Ⅱ급

聲
[귀 이(耳)부]
[6耳11 총17획]

소리 **성**

소리　유 音(소리 음)　영 voice　중 声 shēng　일 声 セイ(こえ)

형성 경쇠 경(殸)+귀 이(耳)자로 경쇠를 치는 소리가 귀에 들리므로 '소리'의 뜻이다.

聲價(성가) 명성과 평가

聲量(성량) **聲樂**(성악) **聲優**(성우)

声　严　殸　殸　聲　聲

中 4Ⅱ급

[힘 력(力)부]
[2力11 총13획]

기세 **세**

기세, 권세　영 force, power　중 势 shì　일 セイ(いきおい)

형성 심을 예(埶)+힘 력(力)자로 심은 초목이 힘차게 자라나는 '기세'를 뜻한다.

勢道家(세도가) 권세가 있는 집안

勢力(세력) **勢道**(세도) **攻勢**(공세)

扌　幸　찱　執　執　勢

中 4Ⅱ급

[벼 화(禾)부]
[5禾7 총12획]

구실 세

구실, 징수(세금)　　　　　　　영 tax　중 税 shuì　일 ゼイ

형성 벼 화(禾)+기쁠 태(兌)자로 벼를 수확하게 된 기쁨을 감사드리기 위해 거두는 '세금'의 뜻이다.

稅金(세금) 조세로 바치는 돈
稅政(세정)　稅入(세입)　租稅(조세)

二 千 禾 矛 秒 稅

中 4Ⅱ급

[실 사(糸)부]
[6糸5 총11획]

가늘 세

가늘다, 잘다　　　　　　　영 thin　중 细 xì　일 サイ(ほそい)

형성 실 사(糸)+밭 전(田)자로 뽕밭의 누에고치에서 나온 '가늘다'의 뜻이다.

細菌(세균) 박테리아
細密(세밀)　細工(세공)　細胞(세포)

幺 糸 糽 細 細 細

高 4Ⅱ급

[손 수(재방변) 手(扌)부]
[3扌8 총11획]

쓸 소

쓸다, 없애다　　　　　　　영 sweep　중 扫 sǎo　일 ソウ(はく)

형성 손 수(扌)+비 추(帚)자로 손에 비를 들고 '쓸다'의 뜻이다.

掃萬(소만) 모든 일을 제쳐놓음
掃除(소제)　掃蕩(소탕)　掃滅(소멸)

扌 扩 扫 护 掃 掃

中 4Ⅱ급

笑
[대 죽(竹)부]
[6竹4 총10획]

웃을 소

웃다, 웃음　　　영 laugh 중 笑 xiào 일 ショウ(わらう)

형성 대 죽(竹)+굽을 요(夭)자로 대나무가 바람에 휘어지며 '웃는다'의 뜻이다.

笑劇(소극) 크게 웃어댐
笑問(소문) 冷笑(냉소) 微笑(미소)

中 4Ⅱ급

素
[실 사(糸)부]
[6糸4 총10획]

흴 소

희다, 바탕　유 質(바탕 질)　　영 white 중 素 sù 일 ソ(しろい)

형성 실[糸]을 처음 짰을 때[生]의 '바탕'은 흰색이다.

素飯(소반) 고기 없는 밥
素扇(소선) 素望(소망) 素描(소묘)

中 4Ⅱ급

俗
[사람 인(人)부]
[2人7 총9획]

풍속 속

풍속, 풍습　　　영 custom 중 俗 sú 일 ゾク

형성 사람 인(亻)+골 곡(谷)자로 한고을에 모여 살면 '풍속'이 같다.

俗界(속계) 속인들이 사는 세상
俗名(속명) 俗談(속담) 俗物(속물)

丿　亻　亻　伀　伀　俗　俗

3단계

高 4급

[주검 시(尸)부]
[3尸18 총21획]

붙을 **속**

붙다, 잇다   영 group 중 属 shǔ 일 属 ゾク·ショク

형성 꼬리 미(尾)+벌레 촉(蜀)자로 벌레가 꼬리를 마주하고 교미하므로 '붙다'의 뜻이다.

屬文(속문) 글을 지음

屬領(속령) 屬性(속성) 屬島(속도)

尸 屚 屚 屬 屬 屬

中 4Ⅱ급

[실 사(糸)부]
[6糸15 총21획]

이을 **속**

잇다 유繼(이을 계)   영 continue 중 续 xù 일 続 ゾク(つづく)

형성 실 사(糸)+팔 매(賣)자로 물건을 다 팔면 실을 대주다의 '잇다'의 뜻이다.

續續(속속) 잇닿는 모양

續出(속출) 續開(속개) 續報(속보)

糸 絭 絭 續 續 續

高 4급

[손 수(재방변) 手(扌)부]
[3扌10 총13획]

덜 **손**

덜다, 줄임 반 益(더할 익) 영 reduce 중 损 sǔn 일 ソン(へる)

형성 손 수(扌)+인원 원(員)자로 손으로 둥근 구멍을 파내니 '덜다'의 뜻이다.

損金(손금) 손해금

損耗(손모) 損害(손해) 損失(손실)

扌 扩 捐 捐 捐 損

4-4Ⅱ급 핵심한자 | **251**

中 4급

松
[나무 목(木)부]
[4木4 총8획]

소나무 송

소나무, 솔　　영 pine　중 松 sōng　일 ショウ(まつ)

형성 나무 목(木)+공변될 공(公)자로 모든 인간이 널리 쓰는 '소나무'란 뜻이다.

松竹梅(송죽매) 소나무, 대나무, 매화
松林(송림)　松柏(송백)　松花(송화)

十　才　木　松　松　松

高 4급

頌
[머리 혈(頁)부]
[9頁4 총13획]

기릴 송

기리다　유 讚(기릴 찬)　영 praise　중 颂 sòng　일 ショウ(ほめる)

형성 공변될 공(公)+머리 혈(頁)자로 여러 사람이 모두 '칭송하다'의 뜻이다.

頌德(송덕) 덕을 기림
頌祝(송축)　頌歌(송가)　頌辭(송사)

ハ　公　公′　㔾頁　頌　頌

中 4Ⅱ급

送
[쉬엄쉬엄갈 책받침(辶)부]
[4辶_6 총10획]

보낼 송

보내다　반 迎(맞을 영)　영 send　중 送 sòng　일 ソウ(おくる)

회의 물건을 불다루듯 조심스럽게 받쳐들고 '보내다'의 뜻이다.

送金(송금) 돈을 보냄
送年(송년)　送別(송별)　送信(송신)

ハ　䒑　关　关　送　送

中 4Ⅱ급

[사람 인(人)부]
[2人8 총10획]

닦을 **수**

닦다, 익히다　　영cultivate 중修 xiū 일シュウ(おさめる)

회의 아득할 유(攸)+터럭 삼(彡)자로 흐르는 물에 머리털을 감듯이 마음을 '닦다'의 뜻이다.

修德(수덕) 덕을 닦음

修道(수도) **修交**(수교) **修女**(수녀)

亻　亻　亻ケ　亻攵　修　修

中 4Ⅱ급

[또 우(又)부]
[2又6 총8획]

받을 **수**

받다 반 授(줄 수)　　영receive 중受 shòu 일ジュ(うける)

회의·형성 손톱 조(爫)+덮을 멱(冖)+또 우(又)자로 쟁반에 물건을 담아 '받는다'의 뜻이다.

受難(수난) 어려움을 당함

受納(수납) **受講**(수강) **受諾**(수락)

⺈　⺈　⺈　⺕　受　受

中 4Ⅱ급

[손 수(재방변) 手(扌)부]
[3扌8 총11획]

줄 **수**

주다 유 與(줄 여)　　영give 중授 shòu 일ジュ(さずける)

회의 손 수(扌)+받을 수(受)자로 상대방에게 '주다'의 뜻이다.

授賞(수상) 상을 받음

授業(수업) **授賞**(수상) **授受**(수수)

扌　扌　扩　扩　授　授

4-4Ⅱ급 핵심한자 | **253**

中 4Ⅱ급

守
[갓머리(宀)부]
[3宀3 총6획]

지킬 **수**

지키다, 막다 유 衛(지킬 위) 영 keep 중 守 shǒu 일 シュ(まもる)

회의 집 면(宀)+마디 촌(寸)자로 관청에서 법도에 따라 일을 수행므로 '지키다'의 뜻이다.

守舊(수구) 종래의 관습이나 노선을 지킴

守身(수신) 守令(수령) 守備(수비)

丶 宀 宀 宁 守 守

中 4Ⅱ급

收
[칠 복등글월문(攵(攴))부]
[4攵2 총6획]

거둘 **수**

거두다, 받아들이다 영 gather 중 收 shōu 일 収 シュウ(おさめる)

형성 얽힐 구(丩)+칠 복(攵)자로 이삭의 낟알을 쳐서 수확한다.

收監(수감) 옥에 가둠

收支(수지) 收去(수거) 收金(수금)

丨 丩 丩 攵 收 收

中 4급

秀
[벼 화(禾)부]
[5禾2 총7획]

빼어날 **수**

빼어나다, 꽃 영 surpass 중 秀 xiù 일 シュウ(ひいでる)

형성 벼 화(禾)+이에 내(乃)자로 벼이삭이 패어 탐스럽게 잘 여물어 '빼어나다'의 뜻이다.

秀麗(수려) 빼어나고 아름다움

秀穎(수영) 秀作(수작) 秀才(수재)

一 二 千 禾 秀 秀

中 4급

叔
[또 우(又)부]
[2又6 총8획]

아재비 **숙**

아재비, 숙부 영uncle 중叔 shū 일シュク(おじ)

회의·형성 콩 숙(尗)+또 우(又)자로 손에 쥔 작은 콩으로 아버지보다 어린 '숙부'의 뜻이다.

叔父(숙부) 아버지의 아우

叔姪(숙질) 堂叔(당숙) 從叔(종숙)

高 4급

肅
[붓 율(聿)부]
[6聿7 총13획]

엄숙할 **숙**

엄숙하다, 공경하다 영solem 중肃 sù 일肅 シュク

회의 붓 율(聿)+못 연(淵)자로 못가에서 붓을 들고 글씨를 쓸 때는 '엄숙하다'는 뜻이다.

肅啓(숙계) 삼가 아룀

肅軍(숙군) 肅淸(숙청) 肅然(숙연)

中 4Ⅱ급

純
[실 사(糸)부]
[6糸4 총10획]

생사 **순**

순수하다 유潔(깨끗할 결) 영pure 중纯 chún 일ジュン(きいと)

형성 실 사(糸)+모일 둔(屯)자로 아직 염색하지 않은 생실은 '순수하다'의 뜻이다.

純潔(순결) 마음에 더러움이 없이 깨끗함

純金(순금) 純粹(순수) 純眞(순진)

中 4급

[뫼 산(山)부]
[3山8 총11획]

높을 **숭**

높다, 높이다 ㉤ 高(높을 고) ㉢ high ㉥ 崇 chóng ㉦ スウ(あがめる)

형성 뫼 산(山)+마루 종(宗)자로 산마루는 '높다'를 뜻한다.

崇古(숭고)

崇拜(숭배) 隆崇(융숭) 崇慕(숭모)

山 屵 屵 屵 崇 崇

中 4Ⅱ급

[손 수(재방변) 手(扌)부]
[4手4 총8획]

받들 **승**

잇다 ㉤ 繼(이을 계) ㉢ support ㉥ 承 shéng ㉦ ショウ(うける)

회의·형성 줄 승(承)+손 수(手)자로 임금이 주는 부절을 두 손으로 '받들다'를 뜻한다.

承繼(승계) 뒤를 이음

承命(승명) 承諾(승낙) 承服(승복)

了 了 手 承 承 承

中 4Ⅱ급

[말씀 언(言)부]
[7言6 총13획]

시 **시**

시, 시경(詩經) ㉢ poetry ㉥ 詩 shī ㉦ シ(からうた)

형성 말씀 언(言)+절 사(寺)자로 마음속에 있는 뜻을 법칙 운율에 맞춰 '시'의 뜻이다.

詩歌(시가) 시와 노래

詩伯(시백) 詩想(시상) 詩心(시심)

言 計 詩 詩 詩 詩

3단계

中 4Ⅱ급

施 [모 방(方)부] [4方5 총9획]

베풀 **시**

베풀다, 주다 ㉤ 設(베풀 설)　영 give　중 施 shī　일 セ・シ(ほどこす)

형성 깃발 언(方)+잇기 야(也)자로 군대가 진을 친다는 뜻이니 '베풀다'의 뜻이다.

施工(시공) 공사를 착수하여 시행함
施賞(시상)　施設(시설)　施政(시정)

亠 方 方 方 方 施 施

中 4Ⅱ급

是 [날 일(日)부] [4日5 총9획]

옳을 **시**

이, 이것 ㉫ 非(아닐 비)　영 right　중 是 shì　일 ゼシ(ただしい)

회의 날 일(日)+바를 정(疋=正)자로 태양의 운행이 일정하고 '바르다'의 뜻이다.

是非(시비) 옳고 그름
是正(시정)　是認(시인)　或是(혹시)

日 旦 早 早 是 是

中 4Ⅱ급

視 [볼 견(見)부] [7見5 총12획]

볼 **시**

보다, 살피다 ㉫ 監(볼 감)　영 look at　중 视 shì　일 シ(みる)

형성 보일 시(示)+볼 견(見)자로 신에게 바치는 제상은 잘 '보다'의 뜻이다.

視力(시력) 눈으로 물체를 보는 힘
視察(시찰)　視界(시계)　視線(시선)

二 〒 ネ 剂 視 視

4-4Ⅱ급 핵심한자 | **257**

中 4Ⅱ급

[말씀 언(言)부]
[7言6 총13획]

시험할 시

시험하다 반驗(시험할 험) 영examine 중试 shì 일シ(こころみる)

형성 말씀 언(言)+법 식(式)자로 말이 법식에 맞는지를 '시험하다'의 뜻이다.

試圖(시도) 시험 삼아 일을 도모함

試掘(시굴) 試食(시식) 試驗(시험)

言 言 訂 試 試 試

高 4Ⅱ급

[마음 심방변(心/忄/㣺)부]
[4心6 총10획]

숨쉴 식

숨쉬다, 쉬다 유休(쉴 휴) 영breathe 중息 xī 일ソク(いき)

회의 코 비(自:鼻)+마음 (心)자로 심기가 코로 나오는 것이 '숨쉬다'의 뜻이다.

息鄙(식비) 남에게 자기 딸을 이르는 말

息肩(식견) 子息(자식) 休息(휴식)

ㄏ 白 白 自 息 息

中 4Ⅱ급

[밭 전(田)부]
[5田0 총5획]

납 신

납, 아홉째 지지 유告(고할 고) 영report 중申 shēn 일シン(さる)

상형 번개의 모양을 본뜬 글자로 하늘이 인간에게 경고의 말을 '펴다'의 뜻이다.

申時(신시) 12시의 아홉째. 오후 3시에서 5시 사이

申告(신고) 申請(신청) 追申(추신)

丨 冂 曰 日 申

3단계

中 4Ⅱ급

[물 쉬(삼수변) 水(氵)부]
[3氵8 총11획]

깊을 **심**

깊다, 깊이　　　　영 deep　중 深 shēn　일 シン(ふかい)

형성 물이 불어 '깊다'는 뜻이다.

深刻(심각) 아주 깊고 절실함
深海(심해)　深度(심도)　深夜(심야)

氵 氵 氵 沪 沪 浑 深

中 4급

[성 씨(氏)부]
[5氏1 총4획]

씨 **氏**

각시, 씨　　　　영 family　중 氏 shì　일 シ(うじ)

상형 땅 속에 내린 뿌리와 땅 위에 내민 줄기의 모양으로 '성씨'를 뜻한다.

氏名(씨명) 성씨와 이름
無名氏(무명씨)　氏族(씨족)　某氏(모씨)

' 厂 F 氏

中 4Ⅱ급

[눈 목(目)부]
[5目6 총11획]

눈 **안**

눈, 눈알　유 목(눈 목)　영 eye　중 眼 yǎn　일 ガン(め)

형성 눈 목(目)+그칠 간(艮)자로 눈으로 볼 수 있는 '눈'의 뜻이다.

眼鏡(안경) 눈을 보호하거나 시력을 돕는 기구
眼球(안구)　眼科(안과)　眼藥(안약)

目 目ᗡ 目ᗡ 眼 眼 眼

中 4Ⅱ급

[날 일(日)부]
[4日9 총13획]

어두울 **암**

어둡다, 어리석다 (반 明(밝을 명)) 영 dark 중 暗 àn 일 アン(くらい)

회의 날 일(日)+소리 음(音)자로 해가 져서 앞은 보이지 않고 소리만 들릴 정도로 '어둡다'의 뜻이다.

暗君(암군) 무도하고 어리석은 군주

暗算(암산) 暗記(암기) 暗澹(암담)

日　旷　旷　晤　暗　暗

高 4Ⅱ급

[흙 토(土)부]
[3土14 총17획]

누를 **압**

누르다, 제지하다 영 press 중 压 yā 일 圧 アツ(おさえる)

형성 누를 압(厭)+흙 토(土)자로 땅이 꺼지도록 '누른다'의 뜻이다.

壓卷(압권) 여럿 가운데 으뜸이 감

壓力(압력) 壓勝(압승) 壓倒(압도)

厂　厈　厈　厭　厭　壓

高 4급

[머리 혈(頁)부]
[9頁9 총18획]

이마 **액**

이마, 머릿수 영 forehead 중 额 é 일 ガク(ひたい)

형성 손님 객(客)+머리 혈(頁)자로 손님의 머리는 이마부터 보인다고 '이마'의 뜻이다.

額面(액면) 유가증권 등에 적힌 금액

額數(액수) 額面(액면) 額子(액자)

宀　安　客　客　額　額

3단계

中 4Ⅱ급

[물 수(삼수변) 水(氵)부]
[3水8 총11획]

진 **액**

진, 즙   영liquid 중yè 일エキ(しる)

회의 물 수(水)+밤 야(夜)자로 식물은 밤에 많은 분비물을 쏟아내는 '진액'의 뜻이다.

體液(체액) 몸속에 있는 액체

津液(진액)   液體(액체)   溶液(용액)

氵 氵 氵 汯 浟 液 液

中 4Ⅱ급

[양 양(羊)부]
[6羊0 총6획]

양 **양**

양   영sheep 중羊 yáng 일ヨウ(つじ)

상형 뿔난 양의 모양을 본뜬 글자이다.

羊毛(양모) 양털

羊腸(양장)   羊肉(양육)   山羊(산양)

丶 ㄨ ㅛ 亠 关 羊

高 4급

[나무 목(木)부]
[4木11 총15획]

모양 **양**

모양, 형태   영style, form 중样 yàng 일様 ヨウ(さま)

형성 나무[木]에 길게[永] 양[羊]들을 묶어 놓은 '모양'은 아름답다.

樣式(양식) 일정한 방식

樣態(양태)   樣式(양식)   樣相(양상)

栏 栏 样 样 様 様

中 4급

嚴
[입 구(口)부]
[3口17 총20획]

엄할 **엄**

엄하다, 엄정하다 영 strict 중 严 yán 일 厳 ゲン・ゴン(おごそか)

형성 부르짖을 훤(吅)+험할 엄(厰)자로 큰소리로 낸 호령이 험준한 산처럼 '위엄스럽다'.

嚴禁(엄금) 엄중하게 금지함
嚴冬(엄동) 嚴格(엄격) 嚴罰(엄벌)

严 严 严 严 嚴 嚴

中 4Ⅱ급

[밥 식(食)부]
[9食7 총16획]

남을 **여**

남다, 넉넉함 유 殘(남을 잔) 영 remain 중 余 yú 일 余 ヨ(あまる)

형성 밥 식(食)+남을 여(余)자로 음식이 먹고 남을 정도로 풍족한 것으로 '남다'를 뜻한다.

餘念(여념) 나머지 생각
餘力(여력) 餘談(여담) 餘恨(여한)

亽 亽 仒 仒 仒 餘

中 4Ⅱ급

[계집 녀(女)부]
[3女3 총6획]

같을 **여**

같다, 따르다 영 same 중 如 rú 일 如 ジョ・ニョ(ごとし)

형성 계집 녀(女)+입 구(口)자로 여자의 미덕이란 부모 남편 자식의 말을 '같이'한다는 뜻이다.

如反掌(여반장) 손바닥 뒤집듯 쉬움
如實(여실) 如干(여간) 如前(여전)

く 夕 女 如 如 如

3단계

[절구 구(臼)부]
[6臼8 총14획]

줄 **여**

주다, 동아리 ㊀ 參(참여할 참) ㊇ give ㊈ 与 yǔ ㊐ 与 ヨ(あたえる)

회 마주들 여(舁)+줄 여(与)자로 맞들어 주므로 '주다'의 뜻이다.

與件(여건) 주어진 조건

與黨(여당) 參與(참여) 給與(급여)

ఠ 臼 臼 舁 與 與

[날 일(日)부]
[4日4 총8획]

바꿀 **역**
쉬울 **이**

바꾸다 ㊇ exchange ㊈ 易 yì ㊐ 易 エキ(とりかえる)

상형 도마뱀의 머리와 네 발을 본뜬 글자로 도마뱀이 색깔을 쉽게 '바꾸다'를 뜻한다.

易經(역경) 오경의 하나인 주역

易學(역학) 交易(교역) 難易(난이)

П 日 日 月 号 易

[쉬엄쉬엄갈 책받침(辶)부]
[4辶_6 총10획]

거스를 **역**

거스르다 ㊀ 順(따를 순) ㊇ disobey ㊈ 逆 nì ㊐ 逆 ギャク(さか)

형성 길을 반대 방향으로 거슬러간다[辶]의 '거스르다'의 뜻이다.

逆流(역류) 물이 거슬러 흐름

逆謀(역모) 逆境(역경) 逆風(역풍)

ソ ソ ゾ 弟 弟 逆

高 4급

[흙 토(土)부]
[3土8 총11획]

지경 **역**

지경, 나라　　　　　　영 boundary 중 域 yù 일 イキ

형성 흙 토(土)+창 과(戈)+에울 위(口)+한 일(一)이 사방을 둘러싼 땅을 창들고 지키므로 '구역'의 뜻이다.

域内(역내) 일정한 장소의 안
地域(지역) **聖域**(성역) **區域**(구역)

十　圹　坷　域　域　域

高 4급

[불 화(火/灬)부]
[4火12 총16획]

사를 **연**

불사르다, 불타다　　　영 burn 중 燃 rán 일 ネン(もえる)

회의 불 화(火)+태울 연(然)자로 '불타다'의 뜻이다.

燃料(연료) 불 때는 데에 쓸 감
燃費(연비) **燃燒**(연소) **内燃**(내연)

丶　火　炒　炒　燃　燃

中 4Ⅱ급

[불 화(火/灬)부]
[4火9 총13획]

연기 **연**

연기, 그을음　　　　영 smoke 중 烟 yān 일 エン(けむり)

형성 불 화(火)+막을 인(垔)자로 향로에 불을 붙이면 피어오르는 '연기'를 뜻한다.

煙景(연경) 봄 경치
煙霧(연무) **煙氣**(연기) **禁煙**(금연)

丶　火　炉　炳　炳　煙

3단계

中 4Ⅱ급

研 [돌 석(石)부] [5石6 총11획]

갈 **연**

갈다　㊀究(연구할 구)　영grind, study　중研 yán　일ケン(みがく)

회의 돌 석(石)+평평할 견(幵)자로 돌을 반듯하게 '갈다'의 뜻이다.

研修(연수) 연구하고 수련함

研磨(연마)　**研究**(연구)　**研修**(연수)

石　石　矸　矸　矸　研

高 4급

延 [민책받침(廴)부] [3廴_4 총7획]

끌 **연**

끌다, 끌어들이다　영delay　중延 yán　일エン(ひく)

회의 삐칠 별(丿)+그칠 지(止)+끌 인(廴)자로 길게 잡아 늘인다는 것으로 '끌다'를 뜻한다.

延見(연견) 손님을 맞이하여 만나봄

延人員(연인원)　**延命**(연명)　**延期**(연기)

丿　千　正　延　延　延

高 4급

鉛 [쇠 금(金)부] [8金5 총13획]

납 **연**

납, 백분　영lead　중铅 qiān　일エン(なまり)

형성 쇠 금(金)+산속늪 연(㕣)자로 늪의 물빛이 푸르스름한 잿빛으로 '납'을 뜻한다.

鉛筆心(연필심) 연필 대의 속에 들어 있는 심

鉛版(연판)　**亞鉛**(아연)　**丹鉛**(단연)

𠂉　𠂉　金　金　鈆　鉛

高 4Ⅱ급

[물 쉬(삼수변) 水(氵)부]
[3氵11 총14획]

흐를 **연**

펴다, 넓다　　　　영 extend 중 演 yǎn 일 エン(のべる)

형성 물 수(氵)+범 인(寅)자로 물이 멀리 동방까지 '펼치다'의 뜻이다.

演技(연기) 배우가 무대에서 연출하는 말이나 행동
演說(연설) 演劇(연극) 演奏(연주)

沪 沪 㳂 㳂 演 演

高 4급

[실 사(糸)부]
[6糸9 총15획]

가서 **연**

인연, 가선　　　　영 affinity, fate 중 缘 yuán 일 エン(ふち)

형성 실 사(糸)+끊을 단(彖)자로 천이 끊긴 데를 실로 감치어 올이 풀리지 않는 '인연'의 뜻이다.

緣故(연고) 까닭, 이유
緣分(연분) 緣由(연유) 緣坐(연좌)

糹 糼 紵 絡 緣 緣

中 4Ⅱ급

[나무 목(木)부]
[4木10 총14획]

영화 **영**

영화, 영화롭다　　　영 glory 중 荣 róng 일 栄 エイ(さかえる)

형성 나무[木]에 불[火]이 붙어 활활 타오르듯 '번영하다'의 뜻이다.

榮轉(영전) 예전보다 더 높은 자리에 오름
榮進(영진) 榮光(영광) 榮達(영달)

丶 ヽ 炏 炏 榮 榮

高 4급

[불 화(火/灬)부]
[4火13 총17획]

경영할 **영**

경영하다, 경영 　영 manage 　중 营 yíng 　일 エイ(いとなむ)

형성 법[呂]에 합당하게 열심히 일하니 불꽃[火火]처럼 화려하게 '경영하다'의 뜻이다.

營農(영농) 농업을 경영함

營業(영업)　營利(영리)　經營(경영)

丷　ﾂ　炏　𤇾　營　營

高 4급

[날 일(日)부]
[4日5 총9획]

비칠 **영**

비치다, 빛나다 　영 reflect 　중 映 yìng 　일 エイ(うつる)

형성 해 일(日)+가운데 앙(央)자로 하늘의 중앙에 있는 햇볕을 받아들여 '비추는' 것을 뜻한다.

映像(영상) 비치는 그림자

映窓(영창)　映畫(영화)　放映(방영)

日　日′　日冂　日央　映　映

中 4급

[쉬엄쉬엄갈 책받침(辶)부]
[4辶_4 총8획]

맞을 **영**

맞다 　반 送(보낼 송) 　영 welcome 　중 迎 yíng 　일 ゲイ(むかえる)

형성 쉬엄쉬엄갈 착(辶)+높을 앙(卬)자로 높은 사람이 오는 것을 공손히 '맞이한다'는 뜻이다.

迎入(영입) 맞아들임

迎新(영신)　迎接(영접)　迎合(영합)

𠂉　卬　卬　卬　迎　迎

中 4Ⅱ급

[풀초(艸(++)부]
[4++15 총19획]

재주 예

재주, 기예 ㉤術(재주 술) ㉢art, skill ㉢艺 yì ㉡芸 ゲイ(わざ)

회의·형성 풀 초(++)+심을 예(埶)+이를 운(云)자로 초목을 심고 가꾸는 데는 '재주'가 필요하다.

藝人(예인) 배우처럼 기예를 업으로 하는 사람
藝能(예능)　藝名(예명)　藝術(예술)

艹 艾 埶 蓺 藝 藝

高 4급

[돼지시(豕)부]
[7豕9 총16획]

미리 예

미리, 기뻐하다 ㉢beforehand ㉢豫 yù ㉡予 ヨ(あらかじめ)

회의 나 여(予)와 코끼리는 죽을 때 정해진 곳으로 '미리' 간다는 뜻이다.

豫感(예감) 미리 육감으로 헤아림
豫見(예견)　豫測(예측)　猶豫(유예)

予 予 豫 豫 豫 豫

中 4Ⅱ급

[말씀 언(言)부]
[7言7 총14획]

그릇할 오

그르치다 ㉠正(바를 정) ㉢mistake ㉢误 wù ㉡ゴ(あやまる)

형성 말씀 언(言)+나라 오(吳)자로 큰소리치며 장담하는 말은 사실과 달라 '그르치다'를 뜻한다.

誤信(오신) 잘못 믿음
誤謬(오류)　誤答(오답)　誤解(오해)

言 訶 誤 誤 誤 誤

3단계

中 4Ⅱ급

[구슬 옥(玉/王)부]
[5玉0 총5획]

구슬 **옥**

구슬, 아름다운 돌 ㉫ 石(돌 석)　영 gem, jewel　중 玉 yù　일 ギョク(たま)

상형 [三+丨]는 구슬 세 개를 끈으로 꿴 모양을 본뜬 글자이다.

玉門(옥문) 옥으로 장식한 문

玉色(옥색)　玉體(옥체)　玉篇(옥편)

一 Γ Ŧ 王 玉

中 4Ⅱ급

往

[두인 변(彳)부]
[3彳5 총8획]

갈 **왕**

가다 ㉫ 來(올 래)　영 go　중 往 wǎng　일 オウ(ゆく)

형성 자축거릴 척(彳)+날 생(主-生)자로 모든 생물이 세상에 나왔다가 '가다'의 뜻이다.

往年(왕년) 지나간 해

往事(왕사)　往來(왕래)　往診(왕진)

彳 彳 彳 行 往 往

高 4Ⅱ급

謠

[말씀 언(言)부]
[7言10 총17획]

노래 **요**

노래하다, 소문 ㉨ 歌(노래 가)　영 ballad　중 谣 yáo　일 ク(くぎり)

형성 말씀 언(言)+질그릇 요(名)자로 말에 가락을 넣어 질그릇을 두들기며 부르는 '노래'를 뜻한다.

謠言(요언) 뜬 소문

謠俗(요속)　童謠(동요)　民謠(민요)

言 誩 誩 謠 謠 謠

中 4Ⅱ급

[갓머리(宀)부]
[3宀7 총10획]

얼굴 **용**

얼굴, 모양　　　　　영 face 중 容 róng 일 ヨウ(いれる)

회의·형성 집 면(宀)+골짜기 곡(谷)자로 사람은 깨끗이 씻은 몸이 가장 아름다우므로 '얼굴'의 뜻이다.

容共(용공) 공산주의. 공산세력의 정책을 받아들이는 일
容量(용량)　**容恕**(용서)　**寬容**(관용)

丶　宀　宀　安　容　容

中 4급

[쉬엄쉬엄갈 책받침(辶)부]
[4辶_9 총13획]

만날 **우**

만나다, 알현　　　　영 meet 중 遇 yù 일 グウ(めう)

회의·형성 우연히 우(偶)+쉬엄쉬엄갈 착(辶)자로 길가다가 생각지 않은 사람을 '만난다'는 뜻이다.

遇害(우해) 해(害)를 만남
禮遇(예우)　**奇遇**(기우)　**待遇**(대우)

禺　禺　禺　遇　遇　遇

高 4급

[사람 인(人)부]
[2人15 총17획]

부드러울 **우**

넉넉하다 ㊟ 患(근심 환) 영 superior 중 优 yōu 일 ユウ(すぐれる)

형성 사람 인(亻)+근심 우(憂)자로 남의 근심까지 해주는 사람은 마음이 '넉넉하다'는 뜻이다.

優等(우등) 성적이 우수함
優良(우량)　**優勝**(우승)　**優待**(우대)

亻　俨　偱　偱　優　優

3단계

高 4급

[고을 읍(우부방) 邑(阝)부]
[3阝8 총11획]

역참 **우**

우편, 역 　　　　　영 post 중 邮 yóu 일 ユウ

회의 드리울 수(垂)+고을 읍(邑)자로 변방의 고을로서 신이나 연락을 취하는 '우편'의 뜻이다.

郵票(우표) 편지에 붙이는 증표

郵政(우정) **郵遞**(우체) **軍郵**(군우)

仾　丘　垂　垂　垂ß　郵

高 4급

[물 수(삼수변) 水(氵)부]
3氵10 총13획[]

근원 **원**

근원, 샘 　　　　영 source 중 源 yuán 일 ゲン(みなもと)

형성 물 수(氵)+언덕 원(原)자로 언덕 밑에서 솟아나는 샘은 곧 물의 '근원'이란 뜻이다.

源流(원류) 물이 흐르는 근원

源泉(원천) **資源**(자원) **水源**(수원)

汀　氻　泝　洹　源　源

高 4Ⅱ급

[입 구(口)부]
[3口7 총10획]

수효 **원**

인원, 관원 　　　영 number, staff 중 员 yuán 일 イン

형성 입 구(口)+조개 패(貝)자로 돈을 관리하는 '관원'을 뜻한다.

員役(원역) 지방 관아의 이속

員數(원수) **議員**(의원) **職員**(직원)

冂　口　尸　吊　員　員

4-4Ⅱ급 핵심한자 | **271**

中 4Ⅱ급

[큰입 구(口)부]
[3口10 총13획]

둥글 **원**

둥글다, 동그라미 　영 round 　중 圆 yuán 　일 円 エン(まる)

형성 에울 위(口)+인원 원(員)자로 솥의 모양을 본떠 '둥글다'는 뜻이다.

圓柱(원주) 둥근 기둥

圓卓(원탁) **圓滿**(원만) **圓心**(원심)

冂　同　同　同　圓　圓

高 4급

[손 수(재방변) 手(扌)부]
[3扌9 총12획]

당길 **원**

돕다 　유 助(도울 조) 　영 rescue 　중 援 yuán 　일 エン(たすける)

회의·형성 손 수(扌)+당길 원(爰)자로 위험한 처지의 사람을 손으로 끌어당겨 '도와주다'의 뜻이다.

援助(원조) 도와 줌

援筆(원필) **援軍**(원군) **援兵**(원병)

扌　扩　拧　挦　援　援

中 4급

[마음 심(심방변) 心(忄/㣺)부]
[4心5 총9획]

원망할 **원**

원망하다 　반 恨(한할 한) 　영 grudge 　중 怨 yuàn 　일 エン(うらむ)

형성 누워뒹굴 원(夗)+마음 심(心)자로 잠자리에서 뒹굴며 생각해도 울적하여 '원망'의 뜻이다.

怨仇(원구) 원수

怨念(원념) **怨望**(원망) **怨聲**(원성)

夕　夕ᄀ　夗　夗　怨　怨

3단계

高 4급

[큰입 구(口)부]
[3口9 총12획]

둘레 **위**

둘레, 구역   영surround 중围 wéi 일囲 イ(かこむ)

형성 에울 위(口)+가죽 위(韋)자로 군사들이 사방을 '에워싸다'는 뜻이다.

圍繞(위요) 빙 둘러쌈

圍攻(위공) 周圍(주위) 範圍(범위)

冂 冃 冃 周 圍 圍

高 4Ⅱ급

[다닐 행(行)부]
[6行10 총16획]

지킬 **위**

지키다 유 防(막을 방)   영keep 중卫 wèi 일ユイ(まもる)

회의 다닐 행(行)+가죽 위(韋)자로 군사가 왔다갔다 성을 '지키다'는 뜻이다.

衛兵(위병) 호위병

衛星(위성) 衛生(위생) 衛兵(위병)

彳 疒 徍 徫 律 衛

中 4Ⅱ급

[손톱 조爪(爫)부]
[4爫8 총12획]

할 **위**

하다, 행하다   영for 중为 wèi 일為 イ(なす·ため)

회의 손톱 조(爪)+코끼리 상(象)자로 손으로 코끼리를 부려 공사를 '하다'는 뜻이다.

爲國(위국) 나라를 위함

爲己(위기) 爲民(위민) 爲始(위시)

丶 ⺈ ⺈ ⺈ 爲 爲

4-4Ⅱ급 핵심한자 | 273

中 4급

[병부 절(卩)부]
[2卩4 총6획]

위태할 **위**

위태하다, 험하다 ⑪ 安(편안 안) ⑲ danger ㊥ 危 wēi ㊐ キ

회의 우러러볼 첨(⺈)+병부 절(卩)자로 사람이 절벽 위에서 두려워 쩔쩔매는 모양에서 '위태하다'의 뜻이다.

危空(위공) 높은 하늘

危急(위급) 危機(위기) 危篤(위독)

丿 ク 少 产 危 危

高 4급

[계집 녀(女)부]
[3女5 총8획]

맡길 **위**

맡기다, 버리다 ⑨ 任(맡길 임) ⑲ entrust ㊥ 委 wěi ㊐ イ(くわしい)

형성 벼 화(禾)+계집 녀(女)자로 여자는 벼이삭같이 고개를 숙이고 몸을 남자에게 '맡긴다'는 뜻이다.

委棄(위기) 버려둠

委付(위부) 委任(위임) 委託(위탁)

二 千 禾 禾 委 委

中 4급

[계집 녀(女)부]
[3女6 총9획]

위엄 **위**

위엄, 세력 ⑲ dignity ㊥ 威 wēi ㊐ イ(たけし)

형성 큰도끼 월(戉)+계집 녀(女)자로 큰도끼로 약한 여자를 위협하는데서 '위엄'의 뜻이다.

威力(위력) 다른 사람을 위압하는 세력

威嚴(위엄) 威勢(위세) 威容(위용)

厂 厂 厃 威 威 威

3단계

高 4급

慰
[마음 심(심방변)忄/㣺/卜부]
[4心11 총15획]

위로할 위

위로하다, 달래다 　영 comfort 중 慰 wèi 일 イ(なぐさむ)

형성 벼슬 위(尉)+마음 심(心)자로 마음을 편안하게 '위로하다'는 뜻이다.

慰勞(위로) 육체적·정신적으로 따뜻하게 대해줌

慰安(위안)　慰樂(위락)　慰問(위문)

尸　尽　尽　尉　尉　慰

中 4급

乳
[새 을(乙)부]
[1乙7 총8획]

젖 유

젖, 젖먹이다 　영 milk 중 乳 rǔ 일 ニュウ(ち)

회의·형성 부화할 부(孚)+새 을(乙)자로 사람이나 새가 자식을 낳아 '젖'을 먹여 기른다는 뜻이다.

乳頭(유두) 젖꼭지

乳母(유모)　乳酪(유락)　牛乳(우유)

´　´　´　孚　孚　乳

高 4급

儒
[사람 인(人)부]
[2人14 총16획]

선비 유

선비, 유교 　영 scholar 중 儒 rú 일 ジュ

형성 사람 인(亻)+구할 수(需)자로 사회를 구하고 지도하는데 꼭 필요한 '선비'의 뜻이다.

儒生(유생) 유학을 배우는 사람

儒儒(유유)　儒敎(유교)　儒學(유학)

伫　伊　儒　偏　儒　儒

4-4Ⅱ급 핵심한자 | **275**

中 4급

[쉬엄쉬엄갈 책받침침(辶)부]
[4辶_9 총13획]

놀 유

놀다, 놀이   영play 중游 yóu 일ユ·ユウ(あそぶ)

형성 쉬엄쉬엄갈 착(辶)+깃술 유(斿)자로 어린이가 깃발을 들고 '놀다'의 뜻이다.

遊覽(유람) 돌아다니며 구경함

遊戲(유희) 遊星(유성) 遊學(유학)

方　扩　斿　斿　游　遊

中 4급

[쉬엄쉬엄갈 책받침침(辶)부]
[4辶_12 총16획]

남길 유

남기다, 끼치다   영leave, remain 중遗 yí 일イ(のこす)

형성 귀할 귀(貴)+쉬엄쉬엄갈 착(辶)자로 길을 가다가 귀한 것을 '남기다'의 뜻이다.

遺棄(유기) 내다 버림

遺言(유언) 遺憾(유감) 遺骨(유골)

屮　甴　貴　貴　遺　遺

中 4Ⅱ급

[고기 육(육달월) 肉(月)부]
[6肉0 총6획]

고기 육

고기, 살 유身(몸 신)   영meat 중肉 ròu 일ニク(しし)

상형 잘라낸 한 점의 고깃덩어리를 본뜬 글자이다.

育成(육성) 길러서 자라게 함

育兒(육아) 肉感(육감) 肉類(육류)

丨　冂　内　内　肉　肉

高 4급

[언덕 부(좌부방) 阜(阝)부]
[3 阝 14 총17획]

숨을 **은**

숨다 〔반〕 顯(나타날 현) 〔영〕 hide 〔중〕 隐 yǐn 〔일〕 隠 イン(かくれる)

〔형성〕 아끼는 물건을 벽으로 가리어 '숨기다'의 뜻이다.

隱匿(은닉) 숨어서 감춤
隱遁(은둔) 隱退(은퇴) 隱蔽(은폐)

阝ˊ 阝ˊ 阡 阽 隱 隱 隱

中 4Ⅱ급

[마음 심(심방변) 心(忄/㣺)부]
[4 心 6 총10획]

은혜 **은**

은혜, 사랑하다 〔유〕 惠(은혜 혜) 〔영〕 favor 〔중〕 恩 ēn 〔일〕 オン

〔형성〕 인할 인(因)+마음 심(心)자로 의지해오는 사람에게 베푸는 마음을 '은혜'라는 뜻이다.

恩功(은공) 은혜와 공
恩師(은사) 恩德(은덕) 恩人(은인)

冂 冈 因 因 恩 恩

中 4Ⅱ급

[언덕 부(좌부방) 阜(阝)부]
[3 阝 8 총11획]

응달 **음**

그늘, 음기 〔반〕 陽(볕 양) 〔영〕 shade 〔중〕 阴 yīn 〔일〕 陰 イン(かげ)

〔형성〕 언덕에 가려서 햇빛이 들지 않은 '그늘'이라는 뜻이다.

陰氣(음기) 음랭한 기운
陰冷(음랭) 陰散(음산) 陰地(음지)

阝 阝ˊ 阡 阾 陰 陰

中 4Ⅱ급

應
[마음 심(心⺖/忄)부]
[4心13 총17획]

응할 **응**

응하다, 승낙하다 　영reply 중应 yìng 일応 オウ(こたえる)

형성 매 응(鷹)+마음 심(心)자로 매가 주인의 마음에 따라 '응하다'의 뜻이다.

應急(응급) 급한 일에 응함
感應(감응)　應諾(응낙)　應試(응시)

疒　庐　府　雁　應　應

中 4급

依
[사람 인(人)부]
[2人6 총8획]

의지할 **의**

의지하다, 기대다 　영depend, rely 중依 yī 일イ·エ(よる)

형성 사람 인(亻)+옷 의(衣)자로 사람이 옷을 입어 몸을 보호하여 '의지한다'는 뜻이다.

依舊(의구) 옛날에 따름
依然(의연)　依賴(의뢰)　依託(의탁)

亻　亻　伫　佗　佗　依

中 4Ⅱ급

義
[양 양(羊)부]
[6羊7 총13획]

옳을 **의**

옳다, 바르다 　영righteous 중义 yì 일ギ(よし)

회의·형성 양 양(羊)+나 아(我)자로 자기를 착한 양처럼 희생하고 순종하므로 '의리'의 뜻이다.

義擧(의거) 정의를 위해 일으키는 일. 의로운 거사
義理(의리)　義兵(의병)　義人(의인)

羊　羑　義　義　義　義

3단계

高 4급

[사람 인(人)부]
[2人13 총15획]

거동 의

거동, 법도　　　　　영manner 중仪 yí 일ギ(のり)

형성 사람 인(亻)+옳을 의(義)자로 사람이 의리에 맞는 일을 한다는데서 '법도'의 뜻이다.

儀觀(의관) 위엄이 있는 몸가짐
儀禮(의례)　儀式(의식)　弔儀(조의)

亻　伊　伊　儀　儀　儀

中 4Ⅱ급

議

[말씀 언(言)부]
[7言13 총20획]

의논할 의

의논하다 유論(논할 론)　영discuss 중议 yì 일ギ(はかる)

형성 말씀 언(言)+옳을 의(義)자로 올바른 결과를 얻기 위하여 '의논하다'의 뜻이다.

議事(의사) 일을 의논함
議案(의안)　議論(의논)　議席(의석)

訁　訁　誩　誩　議　議

高 4급

[짝 필(疋)부]
[5疋9 총14획]

의심할 의

의심하다, 의심　　　영doubt 중疑 yí 일ギ(うたがう)

회의 칼[匕]과 화살[矢], 일이 어찌될지 몰라서 노심초사하고 있는 모습을 나타낸다.

疑懼(의구) 의심하여 두려워함
疑問(의문)　疑心(의심)　疑訝(의아)

匕　矣　矣　疑　疑　疑

中 4급

異
[밭 전(田)부]
[5田6 총11획]

다를 **이**

다르다 (반 同(한가지 동))　영 different　중 异 yì　일 イ(ことなる)

회의 줄 비(畀)+두 손 공(廾)자로 사람이 두 손을 들어 귀신가면을 쓴 모양이 각각 '다르다'.

異見(이견) 다른 생각
異口同聲(이구동성)　異動(이동)　異變(이변)

口　田　뽀　뽀　畁　畁　異

中 4Ⅱ급

移
[벼 화(禾)부]
[5禾6 총11획]

옮길 **이**

옮기다, 보내다　영 carry, move　중 移 yí　일 イ(うつす)

형성 벼 화(禾)+많을 다(多)자로 벼를 많이 수확하면 적은 곳으로 '옮기다'는 뜻이다.

移管(이관) 관할을 옮김
移植(이식)　移動(이동)　移民(이민)

ノ　ニ　千　禾　衫　移

中 4Ⅱ급

[그릇 명(皿)부]
[5皿5 총10획]

더할 **익**

더하다 (유 增(더할 증))　영 increase　중 益 yì　일 エキ(ます)

회의 물 수(氵)+그릇 명(皿)자로 그릇에 물을 더 부으니 '더하다'의 뜻이다.

益友(익우) 사귀어 도움이 되는 친구
益鳥(익조)　公益(공익)　利益(이익)

八　父　父　谷　益　益

3단계

中 4급

仁
[사람 인(人)부]
[2人2 총4획]

어질 인

어질다   영 humanity 중 仁 rén 일 ジン(いつくしみ)

회의 사람 인(亻)에 두 이(二)자로 두 사람이 친하게 지 내다는 의미에서 '어질다'의 뜻이다.

仁德(인덕) 어진 덕

仁君(인군) 仁術(인술) 仁慈(인자)

ノ　イ　仁　仁

中 4Ⅱ급

認
[말씀 언(言)부]
[7言7 총14획]

알 인

인정하다   영 recognize 중 认 rèn 일 ニン(みとめる)

형성 말씀 언(言)에 참을 인(忍)자로 남의 말을 참고 되 는 것으로 '알다'의 뜻이다.

認可(인가) 인정하여 허가함

認容(인용) 認知(인지) 認准(인준)

言　訂　訒　訒　認　認

中 4Ⅱ급

印
[병부 절(卩/㔾)부]
[2卩4 총6획]

도장 인

도장, 찍다   영 seal 중 印 yìn 일 イン(しるし)

회의 손톱 조(爪)+병부 절(卩)자로 신분 확인을 위한 사 람의 정사를 맡은 사람이 찍는 '도장'이란 뜻이다.

印象(인상) 사물을 보고들을 때에 마음에 와 닿는 느낌

印紙(인지) 印章(인장) 印朱(인주)

ノ　厂　F　E　E刀　印

4-4Ⅱ급 핵심한자 | **281**

中 4Ⅱ급

引
[활 궁(弓)부]
[3弓1 총4획]

당길 **인**

끌다, 당기다 유 導(인도할 도)   영 pull   중 引 yǐn   일 イン(ひく)

회의 활 궁(弓)자+뚫을 곤(丨)자로 활에 화살을 먹여 과녁을 향해 '끌다'는 뜻이다.

引見(인견) 아랫사람을 불러들여 만나봄

引渡(인도) 引上(인상) 引下(인하)

フ ユ 弓 引

中 4급

姉
[계집 녀(女)부]
[3女5 총8획]

손위누이 **자**

손위누이 반 妹(누이 매)   영 elder sister   중 zǐ   일 姉 シ(あね)

형성 계집 녀(女)+그칠 자(市)자로 먼저 태어나다 곧 '손위누이'의 뜻이다.

姉妹(자매) 여자 형제

姉兄(자형) 母姉(모자) 姉夫(자부)

く 夕 女 女 如 姉

高 4급

[계집 녀(女)부]
[3女6 총9획]

맵시 **자**

맵시, 태도 유 態(모습 태)   영 figure   중 姿 zī   일 シ(すがた)

형성 버금 차(次)+계집 녀(女)자로 여자가 앉아 몸매를 꾸미는 '모양'의 뜻이다.

姿態(자태) 몸가짐과 맵시

姿體(자체) 姿勢(자세) 風姿(풍자)

冫 冫 次 次 姿 姿

3단계

高 4급

[조개 패(貝)부]
[7貝6 총13획]

재물 자

재물, 밑천　　　영 property　중 资 zī　일 シ

형성 버금 차(次)+조개 패(貝)자로 다음의 큰일을 위하여 재산을 모아두는 '재물'이란 뜻이다.

資格(자격) 신분이나 지위

資金(자금)　資源(자원)　資本(자본)

冫　氵　次　氼　斧　資　資

高 4급

[죽을 사(歹)부]
[4歹8 총12획]

해칠 잔

잠깐, 잠시　유 餘(남을 여)　영 remain　중 残 cán　일 残 ザン(のこる)

형성 뼈앙상할 알(歹)+상할 잔(戔)자로 창(戈)을 맞대고 서로 찌르니 '잔인하다'는 뜻이다.

殘務(잔무) 남은 근무

殘滓(잔재)　殘黨(잔당)　殘忍(잔인)

歹　歹　歼　歼　殘　殘

高 4급

[새 추(隹)부]
[8隹10 총18획]

섞일 잡

어른, 장(길이)　유 混(섞을 혼)　영 mixed　중 杂 zá　일 雑 ザツ(まじる)

형성 옷[衣]이 여러 색깔로 만들어지듯이 나무[木]에 여러 종류의 새[隹]가 섞여 앉아 있다.

雜穀(잡곡) 쌀 외의 곡식

雜念(잡념)　雜輩(잡배)　雜歌(잡가)

亠　枭　枭　新　新　雜

高 4급

腸
[고기 육(몸달월) 肉(月)부]
[4月9 총13획]

창자 **장**

창자, 마음　영 bowels　중 肠 cháng　일 チョウ(はらわた)

형성 고기 육(月:肉)+빛날 양(昜)자로 햇살을 상징하여 '길다'는 뜻이다.

腸壁(장벽) 장의 벽
腸癌(장암)　**腸骨**(장골)　**斷腸**(단장)

刀　月　肝　肥　腸　腸

高 4급

壯
[선비 사(士)부]
[3士4 총7획]

씩씩할 **장**

권면하다　영 brave　중 壮 zhuàng　일 壮 ソウ(さかん)

형성 조각널 장(爿)+선비 사(士)자로 무기(爿)를 들고 적과 싸우는 사내는 '씩씩하다'는 뜻이다.

壯觀(장관) 굉장하고 볼만한 경치
壯麗(장려)　**壯年**(장년)　**壯談**(장담)

丨　丬　爿　爿　壯　壯

高 4급

裝
[옷 의(衤/衣)부]
[6衣7 총13획]

꾸밀 **장**

감추다, 간직함　영 decorate　중 装 zhuāng　일 装 ショク(かさる)

형성 장할 장(壯)+옷 의(衣)자로 옷속에 두툼하게 솜을 넣어 의복을 아름답게 '꾸미다'의 뜻이다.

裝備(장비) 필요한 장비와 설치
裝飾(장식)　**裝幀**(장정)　**裝着**(장착)

爿　壯　壯　裝　裝　裝

中 4Ⅱ급

將
[마디 촌(寸)부]
[3寸8 총11획]

장수 **장**

장수 반卒(군사 졸) 영general 중将 jiàng 일将 ショウ(はた)

형성 조각널 장(爿)+고기 육(月=肉)과 마디 촌(寸)자로 여러 재물과 씨족을 거느린 '장수'를 뜻한다.

將官(장관) 원수

將器(장기) 將校(장교) 將軍(장군)

丨 丬 爿 爿^夕 將 將

中 4급

奬
[큰 대(大)부]
[3大11 총14획]

권면할 **장**

권면하다 영exhort 중奖 jiǎng 일奨 ショウ(すすめる)

형성 장수 장(將)+큰 대(大)자로 장차 큰 인물이 되라고 '장려하다'의 뜻이다.

勸奬(권장) 권하여 장려함

奬學士(장학사) 報奬金(보장금) 奬勵策(장려책)

爿 爿^夕 將 將 奬 奬

高 4급

張
[활 궁(弓)부]
[3弓8 총11획]

베풀 **장**

베풀다, 당기다 영give, extend 중张 zhāng 일チョウ(はる)

형성 활 궁(弓)+길 장(長)자로 활시위를 길게 잡아당겨 '벌린다'의 뜻이다.

張力(장력) 당기거나 당기어 지는 힘

張本(장본) 張大(장대) 張力(장력)

フ 弓 弘 弘 張 張

高 4급

[수건 건(巾)부]
[3巾8 총11획]

휘장 **장**

휘장, 장막   영 curtain 중 帐 zhàng 일 チョウ(とばり)

형성 수건 건(巾)+길 장(長)자로 베로써 길게 둘러서 무엇을 가리우는 '장막'이란 뜻이다.

帳幕(장막) 둘러치는 막
帳殿(장전) **帳簿**(장부) **通帳**(통장)

巾 巾⁻ 帄 帳 帳 帳

中 4Ⅱ급

[언덕 부(좌부방) 阝(阜)부]
[3阝11 총14획]

막을 **장**

막다, 장애 영 block, defend 중 障 zhàng 일 ショウ(さわる)

형성 언덕 부(阝)+글 장(章)자로 음악에 있어 장과 장이 구별되듯이 언덕이 '막히다'의 뜻이다.

障碍(장애) 자꾸만 가로막고 거치적거림
障壁(장벽) **障害**(장해) **保障**(보장)

阝⁻ 阝⁻ 阝㣺 阝ㄉ 隌 障 障

中 4Ⅱ급

[사람 인(人)부]
[2人5 총7획]

낮을 **저**

낮다, 숙이다 반 高(높을 고) 영 low 중 低 dī 일 テイ(ひくい)

형성 사람 인(亻)+낮을 저(氐)자로 사람이 몸을 낮게 구부리는 것으로 '낮다'는 뜻이다.

低價(저가) 싼값. 낮은 가격
低級(저급) **低音**(저음) **低溫**(저온)

亻 亻⁻ 化 仾 低 低

3단계

高 4급

[엄 호(广)부]
[3广5 총8획]

밑 **저**

밑, 바닥　　　　　　영 bottom 중 底 dǐ 일 テイ(そこ)

형성 집 엄(广)에 +낮을 저(氐)자로 돌바위 아래의 낮은 곳이 '밑'이란 뜻이다.

底力(저력) 속에 감춘 끈기 있는 힘
底面(저면) 底意(저의) 底流(저류)

广 广 广 庄 底 底

中 4Ⅱ급

[칠 복(등글월문)攵(攴)부]
[4攵11 총15획]

원수 **적**

원수, 적　　　　　　영 enemy 중 敌 dí 일 テキ(あいて)

형성 뿌리 적(啇)+칠 복(攵)자로 적의 근거지를 친다는 것으로 '대적하다'의 뜻이다.

敵愾心(적개심) 적을 미워하여 싸우려는 마음
敵魁(적괴) 敵國(적국) 敵軍(적군)

亠 疒 商 商 啇 敵

中 4급

[쉬엄쉬엄갈 책받침 辶(辵)부]
[4辶11 총15획]

갈 **적**

알맞다, 맞다　　　영 suit, fit 중 适 shì 일 テキ(かなう)

형성 뿌리 적(啇)+쉬엄쉬엄갈 착(辶)자로 나무뿌리는 알맞게 뻗어나가므로 '알맞다'는 뜻이다.

適格(적격) 자격이 갖추어짐
適當(적당) 適應(적응) 適合(적합)

亠 疒 商 商 滴 適

4-4Ⅱ급 핵심한자 | **287**

高 4급

積
[벼 화(禾)부]
[5禾10 총15획]
쌓을 **적**

쌓다, 모으다   ㉤ 蓄(쌓을 축)   영 pile up   중 积 jī   일 セキ(つむ)

형성 벼 화(禾)+맡을 책(責)자로 책임지고 거둬들인 볏집을 높이 '쌓다'.

積立(적립) 모아서 쌓아둠

積善(적선) 積金(적금) 山積(산적)

禾 秆 秳 積 積 積

高 4급

績
[실 사(糸)부]
[6糸11 총17획]
자을 **적**

길쌈하다, 잣다   영 weave   중 绩 jī   일 セキ(つむぐ)

회의·형성 실 사(糸)+맡을 책(責)자로 실을 겹겹이하여 짜서 '길쌈'의 뜻이다.

績女(적녀) 실을 잣는 여자

績麻(적마) 治績(치적) 行績(행적)

糸 糸⁺ 結 結 績 績

高 4급

籍
[대 죽(竹)부]
[6竹14 총20획]
문서 **적**

문서, 서적   영 register   중 籍 jí   일 セキ(ふみ)

형성 대 죽(竹)+깔개 적(耤)자로 대를 깔개처럼 엮어 벌려놓은 대쪽으로 '문서'를 뜻한다.

籍記(적기) 문서(文書)에 적어 넣음

戶籍(호적) 書籍(서적) 本籍(본적)

竺 筜 箝 籍 籍 籍

3단계

高 4급

賊
[조개 패(貝)부]
[7貝6 총13획]

도둑 **적**

도둑, 죽이다 ㉌ 盜(도둑 도) 영 thief 중 贼 zéi 일 ゾク

형성 조개 패(貝)+병장기 융(戎)자로 흉기를 들고 남의 재물을 훔치므로 '도둑'을 뜻한다.

賊徒(적도) 도둑의 무리

賊臣(적신) 賊反荷杖(적반하장) 賊被狗咬(적피구교)

貝　貯　貯　賊　賊　賊

高 4급

[마디 촌(寸)부]
[3寸8 총11획]

오로지 **전**

오로지, 마음대로 영 only 중 专 zhuān 일 セン(もつばら)

회의·형성 실을 감는 물레는 오로지 한쪽으로만 법도 있게 [寸] 규칙적으로 돌아간다.

專決(전결) 혼자서 마음대로 결정함

專攻(전공) 專擔(전담) 專橫(전횡)

日　甫　甫　甫　專　專

高 4급

[수레 거(車)부]
[7車11 총18획]

구를 **전**

구르다, 옮기다 영 turn 중 转 zhuǎn 일 転 テン(ころぶ)

형성 수레 거(車)+오로지 전(專)자로 수레바퀴가 둥글게 돌아간다는 것으로 '구르다'의 뜻이다.

轉勤(전근) 근무하는 직장을 옮김

轉落(전락) 轉學(전학) 轉送(전송)

車　軒　軒　轉　轉　轉

中 4급

[쇠 금(金)부]
[8金8 총16획]

돈 **전**

돈, 안주   영money 중钱 qián 일錢 セン(ぜに)

형성 쇠 금(金)+깎을 잔(戔)자로 옛날 쇠를 깎아 창이나 칼처럼 만들어 '돈'으로 사용한다.

錢穀(전곡) 돈과 곡식

守錢奴(수전노) 銅錢(동전) 葉錢(엽전)

金 金 金 錢 錢 錢

中 4II급

[밭 전(田)부]
[5田0 총5획]

밭 **전**

밭, 경지 구획 이름   영field 중田 tián 일田 デン(た)

형성 가로와 세로로 구획된 농토를 위에서 본 모양을 본뜬 글자이다.

田結(전결) 논밭의 조세

田獵(전렵) 田畓(전답) 田園(전원)

丨 冂 田 田 田

高 4급

[손 수(재방변) 手(扌)부]
[3扌4 총7획]

꺾을 **절**

꺾다, 굽히다   영break off 중折 zhé 일折 セツ(おり)

회의 손 수(手)+도끼 근(斤)자로 손에 도끼를 들고 나무를 '꺾다'의 뜻이다.

折角巾(절각건) 도인이 쓰던 쓰개의 한가지

折骨(절골) 折半(절반) 折衝(절충)

一 十 扌 扩 折 折

3단계

中 4Ⅱ급

[실 사(糸)부]
[6糸6 총12획]

끊을 **절**

끊다, 막다 ㉾ 斷(끊을 단) 영 cut off 중 绝 jué 일 ゼツ(たえる)

형성 실 사(糸)+칼 도(刀)와 병부 절(巴)자로 실의 매듭 마디를 칼로 '끊는다'는 뜻이다.

絶景(절경) 아주 훌륭한 정치

絶交(절교) 絶壁(절벽) 絶筆(절필)

糸 糹 紅 紅 絲 絶

高 4급

[점 복(卜)부]
[2卜3 총5획]

점칠 **점**

점치다, 점 영 divine, gain 중 占 zhàn 일 セン(しめる)

회의·형성 점 복(卜)+입 구(口)자로 점치는 것을 보고 말하므로 '점'의 뜻이다.

占據(점거) 일정한 곳을 차지하여 자리를 잡음

占卜(점복) 占有(점유) 占領(점령)

丨 卜 占 占 占

中 4급

[검을 흑(黑)부]
[12黑5 총17획]

점 **점**

점, 흠 영 dot 중 點 diǎn 일 点 テン(てん)

형성 검을 흑(黑)+차지할 점(占)자로 먹물이 튀어 '점점 찍다'는 뜻이다.

點心(점심) 끼니로 낮에 먹는 음식

觀點(관점) 焦點(초점) 點數(점수)

甲 里 黑 黑 點 點

中 4Ⅱ급

接
[손 수(재방변) 扌(才)부]
[3扌8 총11획]

사귈 **접**

사귀다, 접하다　영 associate　중 接 jiē　일 セツ(まじわる)

형성 손 수(手)+첩 첩(妾)자로 계집종이 손님을 맞이하는 것으로 '접근하다'의 뜻이다.

接口(접구) 음식을 조금 먹음

接近(접근)　接見(접견)　接骨(접골)

扌　扩　护　护　接　接

中 4급

丁
[한 일(一)부]
[1—1 총2획]

넷째 **정**

넷째 천간, 장정　영 rake, adult　중 丁 dīng　일 テイ(ひのと)

상형 고무래 못(釘) 모양을 본뜬 글자로 이것을 사용하는 '장정'의 뜻이다.

丁夜(정야) 축시(丑時)

丁憂(정우)　白丁(백정)　壯丁(장정)

一　丁

高 4Ⅱ급

程
[벼 화(禾)부]
[5禾7 총12획]

법 **정**

법도 ㊤ 路(길 로)　영 road　중 程 chéng　일 テイ(ほど)

형성 벼 화(禾)+드러낼 정(呈)자로 볏단을 순서대로 골라 수확한 '한도'의 뜻이다.

程度(정도) 알맞은 한도

程式(정식)　過程(과정)　日程(일정)

禾　秆　秆　程　程　程

3단계

中 4Ⅱ급

[칠 복(동글월문)攵(夂)부]
[4攵4 총8획]

정사 **정**

다스리다   영politice 중政 zhèng 일セイ(まつりごと)

회의·형성 바를 정(正)에 칠 복(攵)자로 바르지 아니한 자를 쳐서 바르게 만드므로 '정치'를 뜻한다.

政權(정권) 정치를 행하는 권력

政令(정령)   政見(정견)   政府(정부)

丅 丅 正 正 政 政

高 4급

[칠 복(동글월문)攵(夂)부]
[4攵12 총16획]

가지런할 **정**

가지런하다, 정돈함   영arrange 중整 zhěng 일ヒイ(ととのう)

형성 묶을 속(束)+칠 복(攵)+바를 정(正)자로 나무다발의 흩어진 곳을 쳐서 '가지런히'한다.

整頓(정돈) 가지런히 함

整然(정연)   整風(정풍)   整理(정리)

ᄃ 束 軟 敕 敕 整

中 4Ⅱ급

[쌀 미(米)부]
[6米8 총14획]

정미로울 **정**

정미하다, 찧다   유誠(정성 성)   영detailed 중精 jīng 일セイ

형성 쌀 미(米)+푸를 청(靑)자로 쌀이 푸른 빛이 나도록 '깨끗하다'의 뜻이다.

精潔(정결) 깨끗하고 조촐함

精勤(정근)   精巧(정교)   精氣(정기)

米 米 米 精 精 精

中 4급

[푸를 청(青)부]
[8青8 총16획]

고요할 **정**

고요하다 (반) 動(움직일 동) 영 quiet 중 静 jìng 일 静 セイ(しず)

형성 푸를 청(青)+다툴 쟁(爭)자로 해가 다투어 저무는 저녁 석양초목의 푸른 색은 '고요하다'.

靜觀(정관) 조용히 사물을 관장함

靜謐(정밀) 靜寂(정적) 安靜(안정)

主　青　青　青ˊ　靜　靜

高 4Ⅱ급

[칼 도(刀/刂)부]
[2刀6 총8획]

마를 **제**

법도, 억제하다 영 restrain 중 制 zhì 일 セイ

회의 아닐 미(未)자로 제멋대로 자란 가지를 칼로 '절제하다'는 뜻이다.

制度(제도) 제정된 법규

制令(제령) 制服(제복) 制止(제지)

ㄧ　ㄐ　ㄐ　牜　制　制

中 4Ⅱ급

[옷 의(衤/衣)부]
[6衣8 총14획]

지을 **제**

짓다, 만들다 (유) 作(지을 작) 영 make 중 制 zhì 일 セイ(つくる)

형성 절제할 제(制)+옷 의(衣)자로 옷감을 치수에 맞게 잘라서 옷을 '만들다'의 뜻이다.

製糖(제당) 설탕을 만듦

製本(제본) 製菓(제과) 製造(제조)

牜　制　制　製　製　製

3단계

高 4Ⅱ급

[물 수(삼수변) 水(氵)부]
[3氵14 총17획]

건널 **제**

건너다, 구제하다 ㉴ 救(구원할 구) 영 cross 중 济 jì 일 済 サイ(すます)

형성 물 수(氵)+가지런할 제(齊)자로 여러 사람이 줄지어서서 물을 '건너다'의 뜻이다.

濟度(제도) 물을 건넘

濟衆(제중) 經濟(경제) 救濟(구제)

氵 汀 泮 浡 瀁 濟

高 4Ⅱ급

[손 수(재방변) 手(扌)부]
[3扌9 총12획]

끌 **제**

끌다, 이끌다 영 hold, lift 중 提 tí 일 テイ(ひつさげる)

형성 손 수(扌)+바를 시(是)자로 손으로 사물을 바르게 '끌다'의 뜻이다.

提高(제고) 높임. 끌어올림

提起(제기) 提案(제안) 提出(제출)

扌 护 担 捍 捍 提

中 4급

[수건 건(巾)부]
[3巾6 총9획]

임금 **제**

임금, 천자 ㉴ 王(임금 왕) 영 emperor 중 帝 dì 일 テイ(みかど)

상형 하늘에 제사지낼 때 제삿상을 본뜬 글자로 하늘의 신이 그의 아들 '임금'이다.

帝室(제실) 임금의 거처

帝王(제왕) 天帝(천제) 帝國(제국)

亠 㕢 产 产 帝 帝

4-4Ⅱ급 핵심한자 | **295**

中 4Ⅱ급

[언덕 부(좌부방) 阜(阝)부]
[3阝7 총10획]

덜 제

덜다, 버리다   영deduct 중除 chú 일ジョ(のぞく)

형성 언덕 부(阝)+나 여(余)자로 집의 계단은 항상 깨끗해야 하므로 '없애다'의 뜻이다.

除名(제명) 명단에서 이름을 뺌.

除去(제거) 除毒(제독) 外(제외)

阝 阝人 阡 阡 除 除

中 4Ⅱ급

[보일 시(示)부]
[5示6 총11획]

제사 제

제사, 제사 지내다   영sacrifice 중祭 jì 일サイ(まつり)

회의 고기 육(月:肉)+또 우(又)와 보일 시(示)자로 제물을 정결하게 하여 '제사'의 뜻이다.

祭物(제물) 제수(祭需)

祭文(제문) 祭壇(제단) 祭禮(제례)

夕 夕ヽ 夘 奴 祭 祭

高 4Ⅱ급

[언덕 부(좌부방) 阜(阝)부]
[3阝11 총14획]

사이 제

사이, 가   영when, brink 중际 jì 일サイ(きわ)

형성 언덕 부(阝)+제사 제(祭)자로 무덤의 제물들이 일정한 간격으로 있어 '즈음'의 뜻이다.

際限(제한) 끝이 되는 부분

際涯(제애) 交際(교제) 國際(국제)

阝 阝 阡 阡 際 際

3단계

中 4Ⅱ급

助
[힘 력(力)부]
[2力5 총7획]

도울 **조**

돕다, 도움　　　영help 중助 zhù 일ジョ(たすける)

형성 또 차(且)+힘 력(力)자로 힘을 들여 일하는 사람에게 '돕다'의 뜻이다.

助言(조언) 말로 거듦.

助手(조수)　助長(조장)　補助(보조)

丨 冂 冃 目 且 助 助

高 4급

組
[실 사(糸)부]
[6糸5 총11획]

끈 **조**

짜다, 끈　유織(짤 직)　영string 중组 zǔ 일ソ(くむ)

형성 실 사(糸)+또 차(且)자로 많은 실을 합치어 베를 '짜다'의 뜻이다.

組閣(조각) 내각을 조직함

組紱(조불)　組立(조립)　組織(조직)

幺 糸 糸 糸 紅 組 組

高 4급

潮
[물 수(삼수변) 水(氵)부]
[3氵12 총15획]

조수 **조**

조수, 밀물　　영tide 중潮 cháo 일チョウ(しお)

형성 물 수(氵)+아침 조(朝)자로 바닷물이 아침에 밀려들어오는 '조수'를 뜻한다.

潮流(조류) 조수의 흐름

滿潮(만조)　潮境(조경)　潮水(조수)

氵 氵 浐 浐 淖 潮 潮

中 4Ⅱ급

早
[날 일(日)부]
[4日2 총6획]

일찍 **조**

일찍, 새벽　　영 early　중 早 zǎo　일 ソウ·サツ(はやい)

회의·형성 해가 사람의 머리 위를 비추고 있는 이른 아침이므로 '이르다'의 뜻이다.

早急(조급) 아주 서두름

早起(조기)　早稻(조도)　早退(조퇴)

丨 冂 冃 日 旦 早

高 4급

條
[나무 목(木)부]
[4木7 총11획]

가지 **조**

가지, 나뭇가지　　영 branch　중 条 tiáo　일 条 ジョウ(えだ)

회의 아득할 유(攸)+나무 목(木)자로 흔들리는 나무의 '가지'를 뜻한다.

條理(조리) 일의 순서

條析(조석)　條項(조항)　條目(조목)

亻 亻 仁 攸 倏 條

中 4Ⅱ급

造
[쉬엄쉬엄갈 책받침(辶)부]
[4辶7 총11획]

지을 **조**

짓다, 만듦　유 製(지을 제)　영 make　중 造 zào　일 ソウ(つくる)

형성 쉬엄쉬엄갈 착(辶)+알릴 고(告)자로 일을 알리고 나아가 작품을 '만들다'.

造林(조림) 나무를 심어 숲을 만듦

造作(조작)　造景(조경)　造花(조화)

丿 生 告 告 浩 造

3단계

中 4Ⅱ급

鳥
[새 조(鳥)부]
[11鳥0 총11획]

새 조

새, 별 이름   영 bird 중 鸟 niǎo 일 ショウ(かね)

상형 꽁지가 긴 새의 모양을 본뜬 글자이다.

鳥瞰圖(조감도) 높은 곳에서 내려다보듯 그린 그림

鳥媒(조매) 鳥獸(조수) 吉鳥(길조)

丆 丆 户 户 鳥 鳥

中 4급

存
[아들 자(子)부]
[3子3 총6획]

있을 존

있다, 생존하다   유 在(있을 재) 영 exit 중 存 cún 일 ゾン(ある)

회의 있을 재(在)와 아들 자(子)자로 어린아이를 편안히 잘 있게 하므로 '있다'의 뜻이다.

存亡(존망) 생존과 멸망

存否(존부) 存立(존립) 存在(존재)

一 ナ 才 疒 存 存

中 4Ⅱ급

尊
[마디 촌(寸)부]
[3寸9 총12획]

높을 존

우러러보다   유 重(무거울 중) 영 respect 중 尊 zūn 일 ソン(みこと)

회의 우두머리 추(酋) 밑에 마디 촌(寸)자로 두 손으로 술통을 받들어 '존경'을 뜻한다.

尊敬(존경) 받들어 공경함

尊嚴(존엄) 尊貴(존귀) 尊重(존중)

䒑 酋 酋 酋 尊 尊

中 4Ⅱ급

宗 [갓머리(宀)부] [3~5 총8획]

마루 **종**

마루, 일의 근원　　영 ancestral　중 宗 zōng　일 ソウ(むね)

회의 집 면(宀)+보일 시(示)자로 집에 신을 모신 '사당'을 뜻한다.

宗統(종통) 본가의 계통

宗兄(종형)　宗家(종가)　宗團(종단)

中 4급

從 [두인 변(彳)부] [3彳8 총11획]

좇을 **종**

좇다　반 主(주될 주)　영 obey　중 从 cóng　일 從 ジュウ(したがう)

회의 좇을 종(从)+자축거릴 척(彳)자로 앞사람의 뒤를 '좇다'의 뜻이다.

從姑母(종고모) 아버지의 사촌 자매

從軍(종군)　從屬(종속)　姑從(고종)

彳 彷 彷 従 從 從

中 4급

鐘 [쇠 금(金)부] [8金12 총20획]

종 **종**

쇠북, 종　　영 bell　중 钟 zhōng　일 ショウ(かね)

형성 쇠 금(金)+아이 동(童)자로 쇠종을 치면 아이처럼 우는 '쇠북'의 뜻이다.

鐘閣(종각) 큰 종을 매달아 놓은 누각

鐘路(종로)　打鐘(타종)　巨鐘(거종)

3단계

高 4급

[엄 호(广)부]
[3广7 총10획]

자리 **좌**

자리, 깔개 ㊜ 席(자리 석) ㊀ seat ㊥ 座 zuò ㊐ ザ(すわる ところ)

회의 집 엄(广)+앉을 좌(坐)자로 집안에서 앉아있으므로 '자리'의 뜻이다.

座席(좌석) 앉은자리

座右(좌우) 座中(좌중) 座談(좌담)

亠 广 广 庐 座 座

高 4급

[입 구(口)부]
[3口5 총8획]

두루 **주**

두루, 널리   ㊀ all around ㊥ 周 zhōu ㊐ シュウ(めぐる)

회의 쓸 용(用)+입 구(口)자로 입을 잘 써서 설명하면 일이 '두루' 미친다는 뜻이다.

周郭(주곽) 주위의 윤곽

周年(주년) 周邊(주변) 周到(주도)

丿 几 月 月 周 周

中 4급

[나무 목(木)부]
[4木2 총6획]

붉을 **주**

붉다, 붉은 빛깔을 띤 물건 ㊜ 紅(붉을 홍) ㊀ red ㊥ 朱 zhū ㊐ シュ(あけ)

지사 아닐 미(未)+삐칠 별(丿)자로 소나무의 중간의 가지를 자른 고갱이는 속이 '붉다'의 뜻이다.

朱丹(주단) 붉은색

朱明(주명) 朱木(주목) 朱黃(주황)

丿 亠 二 牛 朱 朱

中 4Ⅱ급

[달아날 주(走)부]
[7走0 총7획]

달릴 주

달리다, 뛰어감   영 run, rush   중 走 zǒu   일 ソウ(はしる)

회의 흙 토(土)+그칠 지(止)자로 흙을 박차고 '달리다'의 뜻이다.

走狗(주구) 사냥개

走力(주력) 走行(주행) 走力(주력)

十 土 キ 丰 走 走

中 4급

[닭 유(酉)부]
[7酉3 총10획]

술 주

술, 물   영 wine, liquor   중 株 jiǔ   일 シュ(さけ)

회의 물 수(氵)+닭 유(酉)자로 술병에 들어 있는 '술'의 뜻이다.

酒色(주색) 술과 여색. 얼굴에 나타난 술기운

酒肴(주효) 酒幕(주막) 酒店(주점)

氵 氵 沂 沂 洒 酒

中 4Ⅱ급

[대 죽(竹)부]
[6竹0 총6획]

대 죽

대나무, 피리   영 bamboo   중 竹 zhú   일 チク(たけ)

상형 대나무의 잎이 아래로 드리워진 모양을 본뜬 글자이다.

竹木(죽목) 대나무와 나무

竹簡(죽간) 竹刀(죽도) 竹筍(죽순)

丿 ㇅ 𠂉 竹 竹 竹

3단계

高 4Ⅱ급

[물 氵(삼수변) 水(氵)부]
[3氵10 총13획]

준할 **준**

법, 평평하다   영flat 중准 zhǔn 일ジュン(みずもり)

형성 물 수(氵)+새매 준(隼)자로 새매가 물위를 수평으로 날아가므로 '평평하다'의 뜻이다.

準據(준거) 표준으로 삼음

準備(준비) 準用(준용) 準則(준칙)

氵 氵 氵 准 準

中 4Ⅱ급

[피 혈(血)부]
[6血6 총12획]

무리 **중**

무리   유群(무리 군)   영crowd 중众 zhòng 일シュウ(むれ)

회의 눈 목(血:目)+사람 인(亻)합친 글자로 많은 사람이 모이므로 '무리'의 뜻이다.

衆寡(중과) 많음과 적음

衆口(중구) 衆生(중생) 觀衆(관중)

白 血 血 乎 罗 衆

中 4Ⅱ급

[흙 토(土)부]
[3土12 총15획]

불어날 **증**

더하다, 늚   반減(덜 감)   영increase 중增 zēng 일増 ゾウ(ます)

형성 흙 토(土)+거듭 증(曾)자로 흙 위에 흙을 거듭하니 '더하다'의 뜻이다.

增强(증강) 늘이어 강하게 함

增員(증원) 增加(증가) 增車(증차)

土 圹 圹 垆 增 增

中 4급

證
[말씀 언(言)부]
[7言12 총19획]

증거 증

증명하다 영 evidence 중 证 zhèng 일 証 ショウ(あかし)

형성 여러 사람이 잘 보이는 곳에 올라가[登] 사실대로 말[言]하여 '증거'의 뜻이다.

證券(증권) 어음
證書(증서) 證人(증인) 證言(증언)

言 訁 訡 訟 證 證

中 4급

持
[손 수(재방변) 手(扌)부]
[3扌6 총9획]

가질 지

가지다, 지니다 영 hold, have 중 持 chí 일 チ·ジ(もつ)

형성 손 수(扌)+절 사(寺)자로 관청에서 내보낸 공문서를 손에 소중히 '가지고' 있다는 뜻이다.

持久(지구) 오래 유지함
持論(지론) 持病(지병) 持分(지분)

扌 扌 扩 扌 持 持

中 4Ⅱ급

指
[손 수(재방변) 手(扌)부]
[3扌6 총9획]

손가락 지

손가락, 발가락 영 finger 중 指 zhǐ 일 シ(ゆび)

형성 손 수(扌)+뜻 지(旨)자로 손으로 가리켜서 모든 뜻을 나타내는 '손가락'을 뜻한다.

指南車(지남차) 방향을 가리키는 기계를 단 수레
指導(지도) 指令(지령) 指向(지향)

扌 扌 扩 指 指 指

中 4Ⅱ급

志
[마음 심心변) 心(忄/㣺)부]
[4心3 총7획]

뜻 **지**

뜻, 의향 ㉾ 意(뜻 의)   영will 중zhì 일シ(こころざし)

회의 갈 지(士=之)+마음 심(心)자로 마음이 지향하는 '뜻'을 말한다.

志略(지략) 뜻
志願(지원) **志望**(지망) **志士**(지사)

一 十 士 志 志 志

高 4급

[말씀 언(言)부]
[7言7 총14획]

기록할 **지**

기록하다, 적어 두다   영record 중志zhì 일シ(しるす)

형성 말씀 언(言)+뜻 지(志)자로 어른이 하신 말과 뜻을 '기록하다'의 뜻이다.

誌面(지면) 잡지에 글이나 그림 등을 실리는 것
誌文(지문) **雜誌**(잡지) **書誌**(서지)

言 言 計 計 誌 誌

中 4Ⅱ급

[지탱할 지(支)부]
[4支0 총4획]

가를 **지**

가지, 혈통 ㉾ 收(거둘 수) 영support 중支zhī 일シ(ささえる)

회의·상형 손[又]으로 가지[十]를 꽉 쥐고 '지탱하다'의 뜻이다.

支離(지리) 이리저리 흩어짐
支拂(지불) **支局**(지국) **支配**(지배)

一 十 ㄱ 支

高 4급

智
[날 일(日)부]
[4日8 총12획]

슬기 **지**

슬기, 지혜 영 wisdom 중 智 zhì 일 チ(ちえ)

형성 알 지(知)+해 일(日)자로 아는 바를 해처럼 밝히므로 '지혜롭다'의 뜻이다.

智略(지략) 슬기로운 계략

智勇(지용) **智慧**(지혜) **機智**(기지)

⺊ 矢 知 智 智 智

中 4Ⅱ급

至
[이를 지(至)부]
[6至0 총6획]

이를 **지**

이르다, 오다 유 極(다할 극) 영 reach 중 至 zhì 일 シ(いたる)

지사 맨 밑의 '一'은 땅 그 위는 머리를 땅쪽으로 두고 날아내리므로 '이르다'는 뜻이다.

至極(지극) 극진할 때까지 이름

至急(지급) **至毒**(지독) **至尊**(지존)

一 エ 云 조 주 至

高 4급

織
[실 사(糸)부]
[6糸12 총18획]

짤 **직**

짜다, 베를 짬 유 組(짤 조) 영 weave 중 织 zhī 일 シキ(おる)

형성 실 사(糸)+찰흙 시(戠)자로 염색된 실로 베를 '짜다'의 뜻이다.

織機(직기) 베틀

織物(직물) **織造**(직조) **毛織**(모직)

糸 紅 絔 織 織 織

高 4Ⅱ급

[귀 이(耳)부]
[6耳12 총18획]

벼슬 **직**

벼슬, 구실 　영 duty, job　중 职 zhí　일 ショク(つかさどる)

형성 귀 이(耳)+찰흙 시(戠)자로 전해 오는 말을 듣고 찰흙 그릇에 새기는 일이 업으로 '직분'이다.

職分(직분) 직무상의 본분

職位(직위)　職責(직책)　職場(직장)

耳　耶　睸　職　職　職

高 4급

[언덕 부(좌부방) 阜(阝)부]
[3阝7 총10획]

진칠 **진**

진치다, 줄　영 encamp, pitch　중 阵 zhèn　일 ジン(つらわる)

회의 언덕 부(阝)+수레 거(車)자로 언덕에 전쟁에 쓰이는 수레들을 '진치다'의 뜻이다.

陣頭(진두) 진의 선두. 투쟁의 선두

陣法(진법)　陳腐(진부)　陳列(진열)

ㄋ　阝　阿　阿　陣　陣

高 4급

珍

[구슬 옥(玉/王)부]
[4王5 총9획]

보배 **진**

보배　유 寶(보배 보)　영 treasure　중 珍 zhēn　일 チン(めずらしい)

회의 구슬 옥(玉)+머리숱많은 진(㐱)자로 털에 덮인 사람처럼 보배는 '진귀하다'의 뜻이다.

珍本(진본) 진기한 책

珍奇(진기)　珍品(진품)　珍味(진미)

一　ㄒ　ㄐ　王　玠　珍

中 4Ⅱ급

進
[쉬엄쉬엄갈 책(辶)부]
[4辶_8 총12획]

나아갈 **進**

나아가다 반退(물러날 퇴) 영advance 중进 jìn 일シン(すすむ)

형성 쉬엄쉬엄갈 착(辶)+새 추(隹)자로 새가 날아가는 것처럼 앞으로 '나아간다'는 뜻이다.

進擊(진격) 나아가서 적을 침
進路(진로) **進軍**(진군) **進級**(진급)

亻 亻 亻 佳 佳 進

中 4급

盡
[그릇 명(皿)부]
[5皿9 총14획]

다할 **盡**

다하다, 정성 영exhaust 중尽 jìn 일尽 ジン(つまる)

회의 붓 율(聿)+불 화(火)+그릇 명(皿)자로 그릇 속을 솔로 털어서 비우므로 '다하다'는 뜻이다.

盡力(진력) 온힘을 다함
盡心(진심) **未盡**(미진) **無盡**(무진)

肀 聿 肀 畫 盡 盡

中 4Ⅱ급

眞
[눈 목(目)부]
[5目5 총10획]

참 **眞**

참, 진짜 반假(거짓 가) 영true 중真 zhēn 일真 シン(まこと)

회의 비수 비(匕)+눈 목(目)+마음 심(心)자로 비수로 눈을 도려내도 마음속으로는 '참된' 것은 변치 않는다.

眞價(진가) 참된 값어치
眞談(진담) **眞骨**(진골) **眞理**(진리)

一 匕 乍 旨 眞 眞

3단계

高 4급

[장인 공(工)부]
[3工7 총10획]

어긋날 차

다르다 (유)異(다를 이)　(영)difference　(중)差 chā　(일)サ(さす)

회의 드리워질 수(垂)+왼 좌(左)자로 이삭이 포기의 좌우로 늘어져 서로 '어긋나다'의 뜻이다.

差減(차감) 덜어냄

差別(차별)　**差度**(차도)　**差益**(차익)

丶 丷 丷 羊 羊 差

中 4Ⅱ급

[하품 흠(欠)부]
[4欠2 총6획]

버금 차

버금 (유)副(버금 부)　(영)second　(중)次 cì　(일)ジ·シ(つぎ)

형성 두 이(二)+하품 흠(欠)자로 사람이 지쳐 하품하며 두 번째로 '다음'의 뜻이다.

次期(차기) 다음 시기

次男(차남)　**次官**(차관)　**次例**(차례)

丶 冫 二 次 次 次

高 4급

[말씀 언(言)부]
[7言19 총26획]

기릴 찬

기리다 (유)頌(기릴 송)　(영)praise　(중)赞 zàn　(일)サン(たたえる)

형성 말씀 언(言)+도울 찬(贊)자로 말로써 잘 되도록 '칭찬하다'의 뜻이다.

讚頌歌(찬송가) 찬송하는 노래

讚美(찬미)　**讚辭**(찬사)　**讚揚**(찬양)

言 言 言 譜 讚 讚

中 4Ⅱ급

[갓머리(宀)부]
[3宀11 총14획]

살필 찰

살피다, 알다 유 省(살필 성)   영 watch 중 察 chá 일 サツ

형성 집 면(宀)+제사 제(祭)자로 집에서 제사지낼 때 제상을 자세히 '살피다'는 뜻이다.

察色(찰색) 혈색을 살펴서 병을 진찰함.

察知(찰지) **監察**(감찰) **考察**(고찰)

宀 宀 宀 宀 宀 察

高 4Ⅱ급

創
[칼 도(刀/刂)부]
[2刂10 총12획]

비롯할 창

비롯하다   영 begin 중 创 chuàng 일 ソウ(はじめる)

형성 곳집 창(倉)에 칼 도(刂)자로 곳집을 지을 때 재목을 연장으로 깎으므로 '비롯하다'의 뜻이다.

創立(창립) 처음으로 세움

創建(창건) **創軍**(창군) **創成**(창성)

ノ 스 今 숙 倉 創

中 4급

[손 수(재방변) 手(扌)부]
[3扌8 총11획]

캘 채

캐다, 파냄   영 pick 중 采 cǎi 일 サイ(とる)

형성 손 수(扌)+캘 채(采)자로 손으로 나무 열매를 따거나 땅속의 풀뿌리를 '캐다'의 뜻이다.

採鑛(채광) 광물을 캐어냄

採金(채금) **採卵**(채란) **採集**(채집)

扌 扌 扩 扩 採 採

3단계

中 4급

[멀 경(冂)부]
[2冂3 총5획]

책 **책**

책, 칙서 ⊕ 書(글 서)　　　영 book 중 册 cè 일 サツ(ほん)

상형 글을 적은 대조각을 한 줄로 엮어놓은 '책'의 뜻이다.

册曆(책력) 책으로 된 역서

册房(책방)　册名(책명)　册欌(책장)

丿　冂　冊　冊　冊　冊

中 4Ⅱ급

[범호 엄(虍)부]
[6虍5 총11획]

머무를 **처**

곳, 장소 ⊕ 所(바 소)　영 place, site 중 处 chù 일 処 ショ(おる)

회의 안석 궤(几)+천천히걸을 쇠(夂)자로 걸음을 멈추고 걸상에 앉아 쉬는 '곳'의 뜻이다.

處決(처결) 결정하여 처분함

處事(처사)　處女(처녀)　處理(처리)

⺊　⺊　广　虍　處　處

中 4급

[물 쉬(삼수변) 水(氵)부]
[4水5 총9획]

샘 **천**

샘, 물이 솟아 나오는 근원 영 spring 중 泉 quán 일 セン(いずみ)

상형 땅속이나 바위틈 등에서 물이 솟아나와서 떨어지는 모양을 본뜬 글자로 '샘'이다.

泉路(천로) 저승으로 가는 길

泉石膏肓(천석고황)　溫泉(온천)　泉水畓(천수답)

⺈　白　臬　臬　泉　泉

中 4급

聽
[귀 이(耳)부]
[6耳16 총22획]

들을 청

듣다, 단정하다 윤 聞(들을 문) 영 hear 중 听 tīng 일 聴 チョウ(きく)

회의 귀 이(耳)+간사할 임(壬)+큰 덕(悳)자로 귀는 간사한 소리보다 덕있는 소리를 '들어야한다'.

聽訟(청송) 재판하기 위하여 송사를 들음
聽力(청력) **聽覺**(청각) **聽衆**(청중)

耳 耳 耴 聃 聴 聽

高 4급

廳
[엄 호(广)부]
[3广22 총25획]

관청 청

관청, 관아 영 government 중 厅 tīng 일 庁 チョウ

형성 집 엄(广)+들을 청(聽)자로 백성들의 송사를 듣고 판결해주는 '관청'의 뜻이다.

廳舍(청사) 관아(官衙)의 집
廳長(청장) **市廳**(시청) **退廳**(퇴청)

广 庁 庐 廃 廳 廳

中 4Ⅱ급

請
[말씀 언(言)부]
[7言8 총15획]

청하다, 원하다 영 request 중 请 qǐng 일 セイ(こう)

형성 말씀 언(言)+푸를 청(靑)자로 윗사람을 뵙고 자기의 뜻을 '청하다'의 뜻이다.

請暇(청가) 휴가를 청함
請負(청부) **請求**(청구) **請約**(청약)

言 計 詰 請 請 請

3단계

中 4급

招
[손 수(재방변) 手(扌)부]
[3扌5 총8획]

부를 **초**

부르다, 초래하다 　영 invite, call　중 招 zhāo　일 ショウ(まねく)

회의 손 수(扌)+부를 소(召)자로 손으로 부른다 하여 '부르다'의 뜻이다.

招來(초래) 불러서 옴

招請(초청)　招聘(초빙)　招待(초대)

扌　打　扪　扨　招　招

高 4Ⅱ급

[실 사(糸)부]
[6糸11 총17획]

거느릴 **총**

거느리다　영 command　중 总 zǒng　일 総 ソウ(ふさ)

형성 실 사(糸)+총총할 총(悤)자로 실을 총총히 묶으므로 '합하다'의 뜻이다.

總角(총각) 아직 결혼하지 아니한 남자

總意(총의)　總販(총판)　總務(총무)

糹　糿　納　緦　總　總

高 4Ⅱ급

銃
[쇠 금(金)부]
[8金6 총14획]

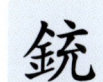

총, 화총　영 gun, arms　중 铳 chòng　일 ジュウ

형성 쇠 금(金)+채울 충(充)자로 도끼에 자루를 끼우는 '소총'을 뜻한다.

銃彈(총탄) 총알

長銃(장총)　銃口(총구)　銃器(총기)

金　釒　鈆　鈆　鉽　銃

中 4급

推
[손 수(재방변) 扌(扌)부]
[3扌8 총11획]

옮을 **추**
밀 **퇴**

옮다, 변천　　　　영 push, remove　중 推 tuī　일 スイ(おす)

형성 손 수(扌)+새 추(隹)자로 새가 앞으로 힘차게 '밀다'의 뜻이다.

追窮(추궁) 끝까지 캐어서 따짐

推考(추고)　推理(추리)　推算(추산)

丅　扌　扌　扩　折　推

高 4Ⅱ급

蓄
[풀초(초두) 艹(艹)부]
[4艹10 총14획]

쌓을 **축**

쌓다 유 積(쌓을 적)　영 store up　중 蓄 xù　일 チク(たくわえる)

형성 풀 초(艹)+짐승 축(畜)자로 가축에게 겨울에 먹을 풀을 '쌓아둔다'는 뜻이다.

蓄膿症(축농증) 콧속에 고름이 괴는 병

蓄財(축재)　蓄積(축적)　蓄電(축전)

高 4Ⅱ급

築
[대 죽(竹)부]
[6竹10 총16획]

쌓을 **축**

쌓다, 건축함　　　영 build, raise　중 筑 zhù　일 チク(きづく)

형성 주울 축(筑)+나무 목(木)자로 나무로 만든 공이로 흙을 다지고 '쌓다'의 뜻이다.

築臺(축대) 대를 쌓음

築舍(축사)　築城(축성)　築造(축조)

3단계

高 4급

[실 사(糸)부]
[6糸11 총17획]

오그라들 축

줄어들다, 오그라들다 영 shrink 중 缩 suō 일 シュク(ちぢむ)

형성 실 사(糸)+잘 숙(宿)자로 실천을 물에 담갔다 꺼내어 잠재우면 '줄어든다'의 뜻이다.

縮米(축미) 줄어든 쌀

縮小(축소) 短縮(단축) 減縮(감축)

糸 紵 紵 縮 縮 縮

中 4Ⅱ급

[마음 심심방변(心/忄)부]
[4心4 총8획]

충성 충

충성, 진심 영 loyalty 중 忠 zhōng 일 チュウ(まごころ)

형성 가운데 중(中)+마음 심(心)자로 마음속에서 우러나온 '충성'의 뜻이다.

忠良(충량) 충성스럽고 선량함

忠臣(충신) 忠犬(충견) 忠僕(충복)

丨 口 口 中 忠 忠

中 4Ⅱ급

[벌레 충(虫)부]
[6虫12 총18획]

벌레 충

벌레, 벌레 피해 영 insect 중 虫 chóng 일 虫 チュウ(むし)

회의 벌레 훼(虫) 셋을 합친 자로 발이 없는 벌레를 뜻한다.

幼蟲(유충) 애벌레

蟲齒(충치) 昆蟲(곤충) 寄生蟲(기생충)

口 中 虫 虫 蚰 蟲

中 4Ⅱ급

[또 우(又)부]
[2又6 총8획]

취할 **취**

취하다, 가지다　　　　영 take, pick 중 取 qǔ 일 シュ(とる)

회의 귀 이(耳)+또 우(又)자로 전쟁에서 적을 죽여 증거물로 '취하다'의 뜻이다.

取得(취득) 손에 넣음

取妻(취처)　取捨(취사)　取材(취재)

一　Ｆ　Ｅ　耳　取　取

高 4급

[달아날 주(走)부]
[7走8 총15획]

달릴 **취**

달리다, 빨리 가다 (유)늘(뜻 지) 영 interest 중 趣 qù 일 シュ(おもむき)

형성 달아날 주(走)에 취할 취(取)자로 자기가 좋아하는 것을 얻는 것이 '재미'란 뜻이다.

趣舍(취사) 쓸 것은 쓰고 버릴 것은 버림

趣向(취향)　趣味(취미)　趣旨(취지)

走　走　赶　赶　趣　趣

中 4급

[절름발이왕尢부]
[3尢9 총12획]

이룰 **취**

나아가다, 이루다 (유)進(나아갈 진) 영 advance 중 就 jiù 일 シュウ·ジュ(つく)

회의 서울 경(京)+더욱 우(尤)자로 높은 언덕 위에 집을 짓고 살아감이 '이루어지다'.

就世(취세) 세상과 교제함

就中(취중)　就業(취업)　就任(취임)

亠　京　京　㤀　就　就

3단계

高 4Ⅱ급

[물 수(삼수변) 氵(氵)부]
[3氵9 총12획]

잴 **측**

재다, 측량하다　　영measure 중测 cè 일ソク(はかる)

회의·형성 물 수(氵)+법칙 칙(則)자로 물의 깊이를 '재다'의 뜻이다.

測量(측량) 다른 사람의 마음을 헤아림

測雨器(측우기)　**測定**(측정)　**推測**(추측)

氵　氵　沪　沪　泪　測　測

高 4급

[주검 시(尸)부]
[3尸12 총15획]

층 **층**

층, 겹 (유)階(층계 계)　영storey 중层 céng 일ソウ(かさなる)

형성 주검 시(尸)+거듭 증(曾)자로 집 위에 지붕을 겹겹이 잇은 것으로 '층'을 뜻한다.

層階(층계) 층 사이를 오르내리는 계단

層層(층층)　**層數**(층수)　**階層**(계층)

尸　尸　尸　屈　層　層

高 4Ⅱ급

[그물 망(罒/罓/㓁)부]
[5罒8 총13획]

둘 **치**

두다, 놓다　　영place 중置 zhì 일チ(おく)

회의·형성 그물 망(罒)+곧을 직(直)자로 새그물을 바르게 쳐두므로 '두다'의 뜻이다.

置簿(치부) 금전의 출납을 적어놓은 장부

置簿(치부)　**置重**(치중)　**措置**(조치)

罒　罒　罘　罝　置　置

中 4Ⅱ급

[물 수(삼수변) 水(氵)부]
[3氵5 총8획]

다스릴 **치**

다스리다 ㉤ 政(다스릴 정) 영 govern 중 治 zhì 일 ジ(おさめる)

형성 물 수(氵)+기를 이(台)자로 하천에 인공을 가하여 '다스리다'의 뜻이다.

治世(치세) 세상을 다스림
治亂(치란) 治療(치료) 治山(치산)

氵 氵 氵 治 治 治

中 4Ⅱ급

[이 치(齒)부]
[15齒0 총15획]

이 **치**

이, 나이 영 tooth 중 齒 chǐ 일 シ(は)

상형 이가 아래위로 나란히 박힌 모양을 본뜬 글자이다.

齒德(치덕) 나이가 많고 덕이 높음
齒牙(치아) 齒科(치과) 齒痛(치통)

⺊ 止 步 齿 齒 齒

高 4Ⅱ급

[사람 인(人)부]
[2人7 총9획]

침범할 **침**

침노하다, 침략 영 invade 중 侵 qīn 일 シン(おかす)

회의 사람 인(亻)+비 추(帚)+또 우(又)자로 비를 들고 땅을 쓸어 남의 땅까지 '침하다'.

侵攻(침공) 침입하여 공격함
侵犯(침범) 侵入(침입) 侵蝕(침식)

亻 亻 伊 伊 侵 侵

高 4급

[갓머리(宀)부]
[3~11 총14획]

잠잘 침

잠자다, 쉬다 (반)起(일어날 기) 영 sleep 중 寝 qīn 일 シン(ねる)

형성 집 면(宀)+조각널 장(爿)+비 추(帚)자로 비로 깨끗이 청소한 침대에서 '잠자다'의 뜻이다.

寢牀(침상) 잠자리

寢臺(침대) 寢具(침구) 寢室(침실)

宀 宀 寣 寣 寢 寢

中 4급

[쇠 금(金)부]
[8金2 총10획]

바늘 침

바늘, 침 영 needle, pin 중 针 zhēn 일 シン(はり)

형성 쇠 금(金)+열 십(十)자로 쇠로 만들어 열손가락을 써서 하는 '바느질'의 뜻이다.

針母(침모) 남의 집에서 바느질을 맡아 하던 여인

方針(방침) 蜂針(봉침) 針葉樹(침엽수)

ᅩ 广 乍 乍 金 金 針

高 4급

[벼 화(禾)부]
[5禾9 총14획]

일컬을 칭

일컫다 유頌(칭송할 송) 영 call 중 称 chēng 일 称 ショウ(となえる)

형성 벼[禾]를 손[爫]으로 쌓고 얼마만큼이라고 '칭하다'의 뜻이다.

稱量(칭량) 저울로 닮

稱名(칭명) 稱頌(칭송) 稱讚(칭찬)

禾 禾 秄 秄 稱 稱

中 4Ⅱ급

快
[마음 심(심방변) 忄(忄/㣺)부]
[3忄4 총7획]

쾌할 **쾌**

쾌하다　　영 cheerful　중 快 kuài　일 カイ(こころよい)

형성 마음 심(忄)+결단할 쾌(夬)자로 마음속에 고민하던 일을 '쾌하다'의 뜻이다.

快感(쾌감) 상쾌한 느낌

快刀(쾌도) 快擧(쾌거) 快擲(쾌척)

丶　丨　忄　忄　快　快

高 4급

彈
[활 궁(弓)부]
[3弓12 총15획]

탄환 **탄**

탄환, 탄알　　영 bullet　중 弹 dàn　일 弾 ダン(たま・はじく)

형성 활 궁(弓)+홑 단(單)자로 화살이 활시위를 '튕기다'의 뜻이다.

彈琴(탄금) 거문고나 가야금을 탐

彈力(탄력) 彈劾(탄핵) 彈性(탄성)

　弓　弓＂　弓＂　彈　彈

高 4급

歎
[하품 흠(欠)부]
[4欠11 총15획]

탄식할 **탄**

탄식하다, 노래하다　　영 lament　중 叹 tàn　일 タン(なげく)

형성 어려울 난(難)+하품 흠(欠)자로 어려운 일을 당하면 '탄식하다'의 뜻이다.

歎服(탄복) 깊이 감탄하여 복종함

歎聲(탄성) 歎辭(탄사) 歎息(탄식)

　茸　茣　茣　歎　歎

3단계

中 4급

[고기 육(육달월) 肉(月)부]
[4月7 총11획]

벗을 탈

벗다, 벗기다 영 slip off 중 脱 tuō 일 ダツ(ぬける)

형성 고기 육(月:肉)+바꿀 태(兌)자로 벌레가 허물을 '벗다'의 뜻이다.

脫却(탈각) 나쁜 상태에서 벗어남

脫穀(탈곡) 脫稿(탈고) 脫線(탈선)

月 月 刖 脟 脟 脫

中 4급

探

[손 수(재방변) 手(扌)부]
[3扌8 총11획]

찾을 탐

찾다 유 訪(찾을 방) 영 search 중 探 tàn 일 タン(さがす)

회의 손 수(扌)+깊을 심(深)자로 손으로 깊은 곳을 더듬어 '찾는다'의 뜻이다.

探査(탐사) 더듬어 살펴 조사함

探究(탐구) 探險(탐험) 探情(탐정)

扌 扌 扩 扩 㧼 探 探

高 4Ⅱ급

[마음 심(심방변) 心(忄/㣺)부]
[4心10 총14획]

모양 태

모양, 생김새 유 狀(모양 상) 영 attitude 중 态 dài 일 タイ(さま)

회의 능할 능(能)+마음 심(心)자로 마음의 움직임에 따라서 나타나는 '태도'를 뜻한다.

態度(태도) 몸가짐

樣態(양태) 態勢(태세) 狀態(상태)

育 育 貟 能 態 態

고 4급

[손 수(재방변) 手(扌)부]
[3扌13 총16획]

가릴 **택**

가리다 　㊔選(가릴 선)　㊎select　㊥择 zé　㊐択 タク(えらぶ)

㊧ 늘어놓는 물건을 많이 엿보아 좋은 것으로 '가리다'의 뜻이다.

擇一(택일) 하나를 고름

擇吉(택길)　擇地(택지)　選擇(선택)

扌　扩　捍　擇　擇　擇

고 4급

[말씀 언(言)부]
[7言3 총10획]

칠 **토**

치다, 토벌하다　㊔伐(칠 벌)　㊎attack　㊥讨 tǎo　㊐トウ(うつ)

㊧ 말씀 언(言)+마디 촌(寸)자로 법도에 맞는 말로 다스리고 적을 '토벌'한다.

討索(토색) 벼슬아치 등이 재물을 강제로 청함

討賊(토적)　討論(토론)　討議(토의)

亠　亠　言　言　討　討

고 4급

[병들 녁(疒)부]
[5疒7 총12획]

아플 **통**

아프다, 원통하다　㊎painful　㊥痛 tòng　㊐ツウ(いたむ)

㊧ 병 녁(疒)+물솟아오를 용(甬)자로 상처가 물이 솟아오르듯이 부풀어올라 '아프다'의 뜻이다.

痛感(통감) 마음에 사무친 느낌

痛悔(통회)　痛哭(통곡)　痛歎(통탄)

广　疒　疒　病　痛　痛

3단계

中 4Ⅱ급

統

[실 사(糸)부]
[6糸6 총12획]

거느릴 **통**

거느리다, 통괄하다　영 command　중 统 tǒng　일 トウ(すべる)

형성 실 사(糸)+채울 충(充)자로 누에가 뽑아낸 한 줄기의 긴실이므로 '계통'의 뜻이다.

統括(통괄) 낱낱이 한데 묶음

統帥(통수)　統監(통감)　統計(통계)

糸　紆　紆　紆　絋　統

中 4Ⅱ급

退

[쉬엄쉬엄갈 착(辶책받침) 총(辶)부]
[4辶6 총10획]

물러날 **퇴**

물러나다　반 進(나아갈 진)　영 retreat　중 退 tuì　일 タイ(しりぞく)

형성 쉬엄쉬엄갈 착(辶)+그칠 간(艮)자로 하던 일을 그치고 '물러가다'의 뜻이다.

退却(퇴각) 뒤로 물러남

退社(퇴사)　退去(퇴거)　退勤(퇴근)

フ　ヲ　ア　戸　艮　退

中 4급

投

[손 수(扌재방변) 手(扌)부]
[3扌4 총7획]

던질 **투**

던지다, 내던지다　영 throw　중 投 tóu　일 トウ(なげる)

형성 손 수(扌)에 칠 수(殳)자로 손으로 창을 '던지다'의 뜻이다.

投光(투광) 조명기 따위로 빛을 내비침

投球(투구)　投稿(투고)　投網(투망)

一　十　扌　扚　投　投

高 4급

鬪
[싸울 투(鬥)부]
[10鬥10 총20획]

싸움 투

싸움 ㉑ 爭(다툴 쟁)　㉢ fight　㊥ 斗 dòu　㉲ 鬪 トウ(たたかう)

형성 엄격한 법[寸]에 따라 서로 맞서 때리고 상처를 내며 '싸우다'의 뜻이다.

鬪犬(투견) 개싸움

鬪牛(투우)　鬪志(투지)　鬪士(투사)

丨　𠂉　𦥑　鬥　鬪　鬪

中 4Ⅱ급

波
[물 수(삼수변) 水(氵)부]
[3氵5 총8획]

물결 파

물결, 흐름　㉢ wave　㊥ 波 bō　㉲ ハ(なみ)

회의 물 수(氵)+가죽 피(皮)자로 물의 거죽은 항상 움직여 '물결'이 인다.

波紋(파문) 수면에 이는 잔 물결

波動(파동)　波高(파고)　波及(파급)

氵　氵　氵　氵　波　波

中 4Ⅱ급

[돌 석(石)부]
[5石5 총10획]

깨뜨릴 파

깨뜨리다, 부수다　㉢ break　㊥ 破 pò　㉲ ハ(やぶる)

형성 돌 석(石)+가죽 피(皮)자로 돌의 표면이 가죽처럼 '깨뜨리다'의 뜻이다.

破鏡(파경) 깨어진 거울. 부부 사이가 금이 간 상태

破産(파산)　破壞(파괴)　破損(파손)

石　石　矿　砑　破　破

3단계

高 4급

[물 수/삼수변 水(氵)부]
[3氵6 총9획]

물갈래 파

물갈래, 가닥   영 branch 중 派 pài 일 ハ(わかれ)

회의·형성 물 수(氵)+가죽 피(皮)자로 흐르는 '물줄기'의 모양이다.

派兵(파병) 군대를 파견함

派爭(파쟁) 派生(파생) 派閥(파벌)

氵 氵 氵 派 派 派

中 4급

[칼 도(刀/刂)부]
[2刀5 총7획]

빠갤 판

판단하다, 가르다   영 judge 중 判 pàn 일 ハン(わける)

형성 반 반(半)+칼 도(刀)자로 물건을 칼로 절반씩 자르듯 모든 일의 시비를 '판단'한다.

判讀(판독) 뜻을 판단하여 읽음

判決(판결) 判別(판별) 判明(판명)

丶 丷 兯 半 判 判

中 4급

[대 죽(竹)부]
[6竹9 총15획]

책 편

책, 완결된 책   영 book 중 篇 piān 일 ヘン(まき)

형성 대 죽(竹)+현판 변(扁)자로 대쪽에 글을 써서 가죽으로 꿰어 엮은 '책'의 뜻이다.

篇次(편차) 서책을 분류할 때의 차례

篇籍(편적) 短篇(단편) 玉篇(옥편)

竺 竺 竻 笃 篙 篇

4-4Ⅱ급 핵심한자 | **325**

高 4급

[말씀 언(言)부]
[7言5 총12획]

평할 평

평론하다 	윤 批(비평할 비)　영 evaluate　중 评 píng　일 ヒョウ

형성 말씀 언(言)+평평할 평(平)자로 어떤 문제에 대해 공평하게 '평'해야 한다.

評論(평론) 사물의 가치나 시비를 논함

評傳(평전)　**評價**(평가)　**評判**(평판)

言　言　訐　評　評　評

中 4급

[문 문(門)부]
[8門3 총11획]

닫을 폐

닫다, 닫힘　반 開(열 개)　　영 shut　중 闭 bì　일 ヘイ(とじる)

회의 문 문(門)+재주 재(才)자로 문에 빗장을 '닫다'의 뜻이다.

閉幕(폐막) 연극을 마치고 막을 내림

閉門(폐문)　**閉講**(폐강)　**閉門**(폐문)

丨　冂　門　門　閉　閉

高 4Ⅱ급

[쌀 포(勹)부]
[2勹3 총5획]

쌀 포

싸다, 감쌈　영 pack, wrap　중 包 bāo　일 ホウ(つつむ)

상형 어머니 태[勹]+아기[巳]가 웅크리고 있는 모양을 본뜬 글자이다.

包括(포괄) 여러 사물을 한데 묶음

包攝(포섭)　**包含**(포함)　**包袋**(포대)

丿　勹　勹　匂　包

高 4급

胞
[고기 육(육달월) 肉(月)부]
[4月5 총9획]

태보 **포**

태보, 세포 　영 womb, cell 중 胞 bāo 일 ホウ(えな·はら)

회의 고기 육(月:肉)+쌀 포(包)자로 몸이 태아를 싸고 있는 '세포'의 뜻이다.

胞宮(포궁) 아기집

胞衣(포의) 胞子(포자) 同胞(동포)

月　月'　肝　朐　胸　胞

中 4Ⅱ급

砲
[돌 석(石)부]
[5石5 총10획]

대포 **포**

대포, 포 　영 cannon 중 砲 páo 일 ホウ(ほえる)

형성 돌 석(石)+쌀 포(包)자로 돌을 싸서 쏘는 무기인 '대포'의 뜻이다.

砲彈(포탄) 포로 내쏘는 탄알

砲手(포수) 砲兵(포병) 砲門(포문)

一　丆　石　矽　砳　砲

中 4Ⅱ급

布
[수건 건(巾)부]
[3巾2 총5획]

베 **포**
베풀 **보**

베, 피륙의 총칭 　영 linen 중 布 bù 일 フ·ホ(ぬの)

형성 손[乂]에 걸고 있는 수건[巾]은 '베'로 만들었다.

布告(포고) 일반인에게 널리 알림

布敎(포교) 布石(포석) 布施(보시)

ノ　ナ　オ　右　布

4-4Ⅱ급 핵심한자 | **327**

中 4Ⅱ급

[날 일(日)부]
[4日11 총15획]

사나울 **폭/포**

사납다, 세차다 영 wild, expose 중 暴 bào 일 ボウ(あばれる)

회의·형성 火熱(화열)에 의해 속이 노출됨을 나타낸다.

暴虐(포학) 횡포하고 잔악함

暴君(포군) 暴動(폭동) 橫暴(횡포)

旦 昦 昗 昦 暴 暴

高 4급

[불 화(火/灬)부]
[4火15 총19획]

터질 **폭**

터지다, 불사르다 영 explode 중 爆 bào 일 バク(やく)

형성 불 화(火)+사나울 폭(暴)자로 사나운 불길에 물체가 '터지다'의 뜻이다.

爆發(폭발) 화력으로 인하여 갑자기 터짐

爆笑(폭소) 爆破(폭파) 爆音(폭음)

炉 焊 熄 爆 爆 爆

高 4Ⅱ급

[보일 시(示)부]
[5示6 총11획]

불똥 **표**

표, 표하다 영 ticket 중 票 piào 일 ヒョウ

회의 요긴할 요(要)+보일 시(示)자로 물건의 중앙이나 가장 중요한 곳에 부치는 '표'를 뜻한다.

票決(표결) 투표로 결정함

票禽(표금) 改票(개표) 投票(투표)

冖 覀 覀 覀 票 票

3단계

高 4급

標 [나무 목(木)부] [4木11 총15획]

우듬지 **표**

표, 표시 　영 mark　중 标 biāo　일 ヒョウ(しるし)

형성 나무 목(木)+표 표(票)자로 다른 사람에게 잘 보이도록 나무 끝에 '표시하다'의 뜻이다.

標語(표어) 슬로건
標注(표주)　標的(표적)　標榜(표방)

标 标 標 標 標 標

中 4Ⅱ급

[콩 두(豆)부] [7豆6 총13획]

풍년 **풍**

풍성하다　영 abundant　중 (豐)fēng　일 ホウ(ゆたか)

상형 제사 그릇에 많은 음식이 담긴 모양을 본뜬 글자로 제사 음식이 '풍성하다'의 뜻이다.

豊年(풍년) 농사가 잘된 해
豊滿(풍만)　豊美(풍미)　物豊(물풍)

曰 曲 曲 曹 曹 豊

高 4급

[병들 녁(疒)부] [5疒5 총10획]

피곤할 **피**

피곤하다, 지치다　영 tired　중 疲 pí　일 ヒ(つからす)

형성 병 녁(疒)+가죽 피(皮)자로 가죽만 남을 정도로 병들어 매우 '피곤하다'의 뜻이다.

疲困(피곤) 몸과 정신이 지쳐서 고달픔
疲勞(피로)　疲斃(피폐)　倦疲(권피)

疒 疒 疒 疒 疲 疲

高 4급

[쉬엄쉬엄갈 책(책받침) 辵(辶)부]
[4辶_13 총17획]

피할 **피**

피하다, 떠나다 유 逃(달아날 도) 영 avoid 중 避 bì 일 ヒ(さける)

형성 편벽될 벽(辟)+쉬엄쉬엄갈 착(辶)자로 법으로 금한 일을 '피하다'의 뜻이다.

避亂(피란) 난리를 피함

避雷(피뢰) 避身(피신) 避妊(피임)

尸　月　陀　辟　辟　避

中 4급

[마음 심(심방변) 心(忄/㣺)부]
[3忄6 총9획]

한할 **한**

한하다 유 怨(원망할 원) 영 deplore 중 恨 hèn 일 コン(うらむ)

회의 마음 심(忄)+그칠 간(艮)자로 어떤 소원을 얻지 못해 마음이 그쳐 있으므로 '한하다'의 뜻이다.

恨死(한사) 한을 품고 죽음

痛恨(통한) 恨歎(한탄) 餘恨(여한)

忄　忄　忄　忄　恨　恨

中 4Ⅱ급

[언덕 부(좌부방) 阜(阝)부]
[3阝6 총9획]

한정 **한**

한정, 한계 영 limit 중 限 xiàn 일 ゲン(きり・かぎる)

형성 언덕 부(阝)+그칠 간(艮)자로 언덕끝까지 갔으니 갈 곳이 없으므로 '한정되다'의 뜻이다.

限界(한계) 땅의 경계

限度(한도) 限定(한정) 制限(제한)

阝　阝　阝　阝　阝　限　限

3단계

中 4급

[문 문(門)부]
[8門4 총12획]

한가할 **한**

한가하다, 등한하다　영 leisure, free　중 闲 xián　일 カン

회의 문 문(門)+나무 목(木)자로 문에 나무를 가로질러 출입을 막으니 '한가하다'의 뜻이다.

閑邪(한사) 나쁜 마음이 생기지 않도록 막음

閑寂(한적)　閑暇(한가)　閑散(한산)

丨　丨'　丨'　門　閑　閑

高 4급

抗

[손 수(재방변) 手(扌)부]
[3扌4 총7획]

막을 **항**

대항하다, 막다　영 resist　중 抗 kàng　일 コウ(てむかう)

형성 손 수(扌)+겨룰 항(亢)자로 손으로 적과 겨루어 '대항하다'의 뜻이다.

抗拒(항거) 대항하여 버팀

抗力(항력)　抗體(항체)　抗議(항의)

一　十　扌　扩　扩　抗

高 4Ⅱ급

[배 주(舟)부]
[6舟4 총10획]

건널 **항**

건너다, 배로 물을 건넘　영 across　중 航 háng　일 コウ(わたる)

형성 배 주(舟)+높을 항(亢)자로 높은 돛대를 세운 배가 '운항하다'의 뜻이다.

航空(항공) 비행기나 비행선으로 공중을 비행함

航海(항해)　航速(항속)　航路(항로)

丿　月　舟　舟'　舟'　航

高 4Ⅱ급

港
[물 수(삼수변) 水(氵)부]
[3氵9 총12획]

항구 항

항구, 배가 머무는 곳　영 port　중 港 gǎng　일 コウ(みなと)

형성 물 수(氵)+마을 항(巷)자로 물의 길, 즉 배가 다니는 '항구'의 뜻이다.

港口(항구) 배가 드나드는 곳
港都(항도)　空港(공항)　出港(출항)

氵　汁　洪　洪　浩　港

中 4Ⅱ급

解
[뿔 각(角)부]
[7角6 총13획]

풀 해

풀다, 풀어지다　영 explain, solve　중 解 jiě　일 解 カイ(とく)

회의 뿔 각(角)+칼 도(刀)+소 우(牛)자로 소를 칼로 뿔에 이르기까지 '풀다'의 뜻이다.

解毒(해독) 독기를 풀어 없앰
解答(해답)　解明(해명)　解職(해직)

ケ　角　角　觧　解　解

高 4급

核
[나무 목(木)부]
[4木6 총10획]

씨 핵

씨, 알맹이　영 kernel, core　중 核 hé　일 カク(さわ)

형성 나무 목(木)+돼지 해(亥)자로 사물의 중심 알맹이를 뜻하며 나아가 '씨'를 뜻한다.

核心的(핵심적) 사물의 중심이 되는 부분
核武器(핵무기)　結核(결핵)　免核(토핵)

木　朽　朽　核　核　核

中 4Ⅱ급

鄕
[고을 읍(우부방) 邑(阝)부]
[3阝10 총13획]

시골 향

시골　⊕京(서울 경)　⊜country　⊕乡 xiāng　⊕郷 キョウ(さと)

회의 음식을 가운데 놓고 여러 사람이 먹는 '마을'의 뜻이다.

鄕里(향리) 시골. 또는 고향

他鄕(타향)　鄕歌(향가)　鄕愁(향수)

乡　纟　纟　纟　纟　鄕

中 4Ⅱ급

香
[향기 향(香)부]
[9香0 총9획]

향기 향

향기, 향기롭다　⊜perfume　⊕香 xiāng　⊕ユウ(か)

회의 벼 화(禾)+달 감(日:甘)자로 풍년을 빌기 위해 음식 냄새가 '향기롭다'의 뜻이다.

香氣(향기) 향기로운 냄새

香水(향수)　香爐(향로)　香臭(향취)

二　千　禾　禾　香　香

中 4Ⅱ급

虛
[범호 엄(虍)부]
[6虍6 총12획]

빌 허

비다　⊕空(빌 공)　⊜empty　⊕虚 xū　⊕虚 キョ(むなしい)

형성 범 호(虍)+언덕 구(丘)자로 범을 잡으려고 놓은 함정에 걸려든 것이 '없다'는 뜻이다.

虛空(허공) 공중

虛誕(허탄)　虛構(허구)　虛脫(허탈)

ト　广　虍　虎　虛　虛

高 4급

[마음 심심방변) 心(忄/㣺)부]
[4心12 총16획]

법 헌

법, 법규 ㉤ 法(법 법)　　영 law　중 宪 xiàn　일 ケン(のり)

회의 해로울 해(害)+눈 목(目)+마음 심(心)자로 해침당하지 않도록 눈과 마음을 밝히는 '법'을 뜻한다.

憲法(헌법) 나라의 법률
憲度(헌도) **憲兵**(헌병) **改憲**(개헌)

宀　宀　寓　寓　憲　憲

高 4급

[언덕 부(좌부방) 阜(阝)부]
[3阝13 총16획]

험할 험

험하다, 위태롭다　영 steep　중 险 xiǎn　일 険 ケン(けわしい)

형성 언덕 부(阝)+다 첨(僉)자로 높은 곳에 많은 사람과 물건이 있는 것이 '험하다'를 뜻한다.

險難(험난) 험하고 어려움
險路(험로) **險談**(험담) **險峻**(험준)

阝　阝　阝へ　阣　险　險

高 4Ⅱ급

[말 마(馬)부]
[10馬13 총23획]

증험할 험

증험하다, 시험 ㉤ 試(시험 시)　영 test　중 验 yàn　일 験 ケン(しるし)

형성 말 마(馬)+다 첨(僉)자로 여러 사람이 모여서 말의 좋고 나쁨을 '시험하다'를 뜻한다.

驗決(험결) 조사하여 결정함
驗力(험력) **經驗**(경험) **試驗**(시험)

馬　馬　馬ト　驗　驗　驗

3단계

高 4급

革
[가죽 혁(革)부]
[9革0 총9획]

가죽 혁

가죽, 피부 　　　영leather 중革 gé 일カク(かえる)

상형 짐승의 머리에서 꼬리까지 벗긴 '가죽'의 모양을 본뜬 글자이다.

革帶(혁대) 가죽으로 만든 대

革命(혁명) 革罷(혁파) 革去(혁거)

一 ＋ ＋ 甘 呈 苎 革

中 4Ⅱ급

賢
[조개 패(貝)부]
[7貝8 총15획]

어질 현

어질다, 어진 사람 　　영wise 중贤 xián 일ケン(かしこい)

형성 굳을 견(臤)+조개 패(貝)자로 원래 재화가 많음을 가리켜 '어질다'는 뜻이다.

賢良(현량) 어질고 착함

賢明(현명) 賢人(현인) 賢淑(현숙)

厂 厂 臣 臤 督 賢

高 4급

顯
[머리 혈(頁)부]
[9頁14 총23획]

나타날 현

나타나다 윤現(나타날 현) 영appear 중显 xiǎn 일顕ケン(あきらか)

형성 머리에 감은 아리따운 장식품이 눈에 '나타나다'의 뜻이다.

顯考(현고) 망부의 경칭

顯貴(현귀) 顯著(현저) 發顯(발현)

昻 晁 㬎 㬎 顯 顯

4-4Ⅱ급 핵심한자 | **335**

中 4Ⅱ급

[피 혈(血)부]
[6血0 총6획]

피 **혈**

피, 골육　　　　　　　　영 blood 중 血 xuě 일 ケツ(ち)

회의·형성 삐침 별(丿)+그릇 명(皿)자로 칼질을 하여 흘러나온 '피'를 그릇에 담다.

血管(혈관) 핏줄
血氣(혈기) 血淚(혈루) 血鬪(혈투)

丿 丶 冂 血 血 血

中 4Ⅱ급

[열 십(十)부]
[2+6 총8획]

합할 **협**

화합하다　유 和(화할 화)　영 harmony 중 协 xié 일 キョウ(かなう)

형성 열 십(十)+화할 협(劦)자로 많은 사람이 힘을 '화합하다'의 뜻이다.

協同(협동) 여럿이 마음과 힘을 합하여 어떤 일을 함
協力(협력) 協助(협조) 協商(협상)

十 †力 劦 協 協 協

中 4급

刑
[칼 도(刀/刂)부]
[2刀4 총6획]

형벌 **형**

형벌, 형벌을 주다　영 punishment 중 刑 xíng 일 ケイ(のり)

형성 우물 정(井)+칼 도(刂)자로 죄인을 형틀에 매달고 칼로 위엄을 보이므로 '형벌'의 뜻이다.

刑期(형기) 형에 처하는 시기
刑典(형전) 刑罰(형벌) 刑事(형사)

一 二 チ 开 刑 刑

3단계

高 4Ⅱ급

[마음 심심방변(忄/㣺)부]
[4心8 총12획]

은혜 혜

은혜, 혜택　유恩(은혜 은)　영favor　중惠 huì　일ケ(めぐむ)

회의 삼갈 전(叀)+마음 심(心)자로 말과 행동을 삼가고 어진 마음으로 베푸는 '은혜'를 뜻한다.

惠聲(혜성) 인자하다는 소문

惠示(혜시)　**惠澤**(혜택)　**惠存**(혜존)

一　亘　車　重　恵　惠

中 4Ⅱ급

[입 구(口)부]
[3口5 총8획]

부를 호

부르다, 외치다　영call, cry　중呼 hū　일コ(よぶ)

형성 입 구(口)+어조사 호(乎)자로 소리를 길게 내어 '부르다'의 뜻이다.

呼戚(호척) 인척간의 항렬을 찾아 부름

呼應(호응)　**呼價**(호가)　**呼客**(호객)

口　口ˊ　口ˇ　口ˇ　呼　呼

中 4Ⅱ급

[계집 녀(女)부]
[3女3 총6획]

좋을 호

좋다　반惡(미워할 오)　영good　중好 hǎo　일コウ(よい)

회의 계집 녀(女)+아들 자(子)자로 여자가 아이를 안고 좋아하므로 '좋다'를 뜻한다.

好感(호감) 좋은 느낌

好機(호기)　**好轉**(호전)　**好況**(호황)

く　夕　女　女ˊ　好　好

中 4Ⅱ급

[집 호(戶)부]
[4戶0 총4획]

지게 **호**

지게, 지게문　　　　　　　　영 door 중 户 hù 일 コ(と)

상형 두 짝으로 된 문의 한 짝인 '지게문'을 본뜬 글자이다.

戶口(호구) 호수와 인구
戶別(호별) 戶當(호당) 戶主(호주)

´ 厂 戶 戶

高 4Ⅱ급

[말씀 언(言)부]
[7言14 총21획]

보호할 **호**

보호하다, 지키다　　　　영 protect 중 护 hù 일 ゴ(まもる)

형성 타이르고 또 정상을 '보호하다'의 뜻이다.

護國(호국) 나라를 다른 나라의 침략으로부터 지킴
護身術(호신술) 護送(호송) 護衛(호위)

誈 誈 誈 誈 護 護

中 4급

[창 과(戈)부]
[4戈4 총8획]

혹 **역**

혹, 혹은　　　　　　　　영 perhaps 중 或 huò 일 ワク(あるいは)

회의 적군이 영토 안에 쳐들어올지도 모른다 하여 '혹시'를 뜻한다.

或問(혹문) 어떤 이가 묻는다는 식으로 설명하는 일
或說(혹설) 或是(혹시) 或者(혹자)

一 口 口 或 或 或

3단계

中 4급

[계집 녀(女)부]
[3女8 총11획]

혼인할 **혼**

혼인하다, 혼인　　　영 marry 중 婚 hūn 일 コン

회의 계집 녀(女)+저물 혼(昏)자로 옛날 신부를 어두울 때 결혼하므로 '혼인'의 뜻이다.

婚期(혼기) 혼인하기에 적당한 나이

婚配(혼배)　婚禮(혼례)　婚需(혼수)

女　女´　如　妒　妖　婚

中 4급

混

[물 수(삼수변) 水(氵)부]
[3氵8 총11획]

섞을 **혼**

섞다, 섞임　유 雜(섞일 잡)　영 mix 중 混 hùn 일 コン(まぜる)

형성 물 수(氵)+같을 곤(昆)자로 탁하고 맑은 물이 모두 같은 '섞인다'는 뜻이다.

混用(혼용) 섞어서 씀

混合(혼합)　混沌(혼돈)　混亂(혼란)

氵　氵　泗　泥　混　混

中 4급

[실 사(糸)부]
[6糸3 총9획]

붉을 **홍**

붉다, 붉은 빛　유 朱(붉을 주)　영 red 중 红 hóng 일 コウ(べに)

형성 실 사(糸)+장인 공(工)자로 실에 붉은 물감을 들여서 붉게 만드므로 '붉다'의 뜻이다.

紅寶石(홍보석) 홍옥. 루비를 말함

紅顔(홍안)　紅蓮(홍련)　紅柿(홍시)

＼　幺　幺　糸　糸─　紅

中 4Ⅱ급

[조개 패(貝)부]
[7貝4 총11획]

재화 **화**

말하다, 이야기함 ㊀財(재물 재) ㊁goods ㊂货 huò ㊃カ(かね)

회의·형성 될 화(化)+조개 패(貝)자로 돈이 되는 물건이므로 '재화'를 뜻한다.

貨幣(화폐) 지불 수단으로 사용되는 매개체

貨物(화물) 貨主(화주) 貨車(화차)

亻 化 乍 併 併 貨 貨

中 4급

[풀초(초두) 艸(艹)부]
[4艹8 총12획]

빛날 **화**

꽃, 꽃피다 ㊀榮(영화 영) ㊁brilliant ㊂华 huá ㊃カ(はな)

회의 풀 초(艹)+드리울 수(垂)자로 초목의 꽃이 무성하여 '화려하다'의 뜻이다.

華甲(화갑) 61세

華僑(화교) 華麗(화려) 華奢(화사)

艹 艹 芏 芏 苹 莝 華

高 4Ⅱ급

[돌 석(石)부]
[5石10 총15획]

굳을 **확**

확실하다 ㊀固(굳을 고) ㊁firm ㊂确 què ㊃カク(たしか)

형성 돌 석(石)+새높이날 확(隺)자로 지조가 높고 의지가 돌처럼 '굳다'의 뜻이다.

確答(확답) 확실한 대답

確實(확실) 確保(확보) 確定(확정)

石 石′ 石冖 碎 碎 確

3단계

中 4급

[하품 흠(欠)부]
[4欠18 총22획]

기뻐할 **환**

기뻐하다 ㉾ 喜(기쁠 희) ㉼ delight ㉴ 欢 huān ㉾ 歡 カン(よろこぶ)

형성 황새 관(萑)+하품 흠(欠)자로 어미 황새가 먹이를 물어오면 새끼들이 '기뻐한다'의 뜻이다.

歡談(환담) 정겹게 말을 주고받음

歡迎(환영) 歡聲(환성) 歡待(환대)

艹 芇 芇 雚 歡 歡

高 4급

[구슬 옥(玉/王)부]
[4王13 총17획]

고리 **환**

고리, 두르다 ㉼ ring, link ㉴ 环 huán ㉾ カン(たまき)

형성 속이 빈 둥근 옥이므로 '고리'의 뜻이다.

環境部(환경부) 행정 각부의 하나

環刀(환도) 花環(화환) 玉環(옥환)

王 瑁 瑁 瑁 環 環

高 4급

[물 수(삼수변) 水(氵)부]
[3氵5 총8획]

하물며 **황**

하물며, 더구나 ㉼ moreover ㉴ 况 kuàng ㉾ キョウ(いわんや)

형성 물 수(氵)+맏 형(兄)자로 물이 이전보다 더불어나서 많아지므로 '하물며'의 뜻이다.

現況(현황) 현재의 상황

況且(황차) 景況(경황) 實況(실황)

氵 氵 汜 汜 況 況

4-4Ⅱ급 핵심한자 | **341**

中 4Ⅱ급

[큰입 구(口)부]
[3口3 총6획]

돌 회

돌다, 돌아오다　　영return 중廻 huí 일カイ·ェ(めぐる)

지사 물건이 회전하는 모양으로 빙빙 '돎'을 본뜬 글자이다.

回甲(회갑) 나이 61세

回顧錄(회고록)　回軍(회군)　回答(회답)

丨 冂 冂 叵 回 回

中 4급

[불 화(火/灬)부]
[4火2 총6획]

재 회

재, 재가 되다　　영ashes 중灰 huī 일カイ(はい)

회의 바위[厂] 밑에서 불[火]을 때니 '재'가 남는다.

灰壁(회벽) 석회를 바른 벽

灰色(회색)　灰燼(회신)　石灰(석회)

一 ナ 大 ナ 広 灰

中 4급

[사람 인(人)부]
[2人8 총10획]

철 후

철, 계절　　영season 중候 hòu 일コウ(うかがう)

형성 활을 쏠 때 과녁을 잘 살펴야 하는 것처럼 날씨를 살피는 '기후'의 뜻이다.

候補(후보) 어떤 지위나 신분에 오르기를 바람

候鳥(후조)　氣候(기후)　問候(문후)

亻 伊 伊 伊 俟 候

3단계

中 4급

[민엄 호(厂)부]
[2厂7 총9획]

두터울 **후**

두텁다, 도탑다   영thick 중厚 hòu 일コウ(あつい)

형성 집 엄(厂)+클 후(厚)자로 높고 두터운 벼랑의 뜻으로 '두텁다'를 뜻한다.

厚待(후대) 두터운 대우

厚德(후덕) **厚意**(후의) **厚生**(후생)

一 厂 厂 厅 厚 厚 厚

高 4급

[손 수(扌)변] 手(扌)부]
[3扌9 총12획]

휘두를 **휘**

휘두르다, 지시하다   영brandish 중挥 huī 일キ(ふるう)

회의 손 수(扌)+군사 군(軍)자로 손을 휘두르며 군사들을 통솔하므로 '휘두르다'를 뜻한다.

揮毫(휘호) 붓을 휘두름. 글씨를 쓰거나 그림을 그림

揮場(휘장) **揮發**(휘발) **指揮**(지휘)

丨 扌 扌 扩 捐 捐 揮

高 4Ⅱ급

[입 구(口)부]
[3口4 총7획]

숨을 **흡**

숨 들이쉬다, 마시다   영breath 중吸 xī 일キュウ(すう)

회의 입 구(口)+미칠 급(及)자로 입으로 들이쉬는 숨이 폐에까지 미치므로 '들이쉬다'를 뜻한다.

吸着(흡착) 달라붙음

吸血鬼(흡혈귀) **吸煙**(흡연) **吸入**(흡입)

丨 口 口 叮 叨 吸 吸

中 4Ⅱ급

興
[절구 구(臼)부]
[6臼10 총16획]

일 **흥**

번성하다 (반) 亡(망할 망)   (영) rise (중) 兴 xīng (일) コウ(おこる)

지사 마주들 여(舁)+한가지 동(同)자로 힘을 합해 함께 들어올리면 일이 '흥한다'는 뜻이다.

興國(흥국) 나라를 흥하게 함

興起(흥기) 興亡(흥망) 興味(흥미)

ﾄ ﾄ ﾄﾄ ﾄ同 興 興

中 4급

喜
[입 구(口)부]
[3口9 총12획]

기쁠 **희**

기쁘다, 즐겁다 (유) 歡(기쁠 환)   (영) glad (중) 喜 xǐ (일) キ(よろこぶ)

회의 북 고(鼓)+입 구(口)자로 북을 치며 입으로 노래를 부르므로 '기쁘다'는 뜻이다.

喜劇(희극) 익살과 풍자가 섞인 연극

喜報(희보) 喜捨(희사) 喜悅(희열)

一 士 吉 吉 壴 喜

中 4Ⅱ급

希
[수건 건(巾)부]
[3巾4 총7획]

바랄 **희**

바라다 (유) 望(바랄 망)   (영) expect (중) 希 xī (일) キ(ねがう)

회의 풀벨 예[乂]+수건 건(巾)자로 찢어진 수건을 새것으로 교체하기를 '희망'하다.

希求(희구) 원하고 바람

希望(희망) 希願(희원) 希冀(희기)

ノ ㄨ 㐅 希 希 希

부록

- 한자(漢字)에 대하여
- 부수(部首)일람표
- 두음법칙(頭音法則) 한자
- 동자이음(同字異音) 한자
- 약자(略字)·속자(俗字)
- 고사성어(古事成語) (ㄱ, ㄴ, ㄷ순)

한자(漢字)에 대하여

1. 한자(漢字)의 필요성

지구상에서 한자가 통용되는 인구는 줄잡아 14억을 넘고 있다. 최근 글로벌 시대를 맞이하여 한자를 사용하고 있는 한국·중국·일본을 중심으로 한 동아시아의 경제와 문화가 급격히 부상하면서 한자 학습의 중요성이 더욱 강조되고 있다.

2. 한자(漢字)의 생성 원리

한글은 말소리를 나타내는 소리글자 즉, 표음문자(表音文字)이지만, 한자는 그림이나 사물의 형상을 본떠서 시각적으로 의미를 전달하는 뜻글자로 표의문자(表意文字)이다. 대부분의 사람들은 한자를 공부하는 데 우선 어렵다고 느껴지겠지만 한자의 기본 원칙인 육서(六書)를 익혀두고, 기본 부수풀이를 익힌다면 한자를 이해하는 데 많은 도움이 될 것이다.

(가) 한자(漢字)의 세 가지 요소

모든 한자는 고유한 모양 '형(形)'과 소리 '음(音)'과 뜻 '의(義)'의 세 가지 요소로 이루어져 있으며, 일반적으로 뜻을 먼저 읽고 나중에 음을 읽는다.

모양	天	地	日	月	山	川
소리	천	지	일	월	산	천
뜻	하늘	땅	해·날	달	메	내

(나) 한자(漢字)를 만든 원리

❶ 상형문자(象形文字) : 구체적인 사물의 모양을 본떠 만든 것.
(예 : ⊙ → 日 , → 山 , → 川)
日 : 해의 모양을 본뜬 글자로 '해'를 뜻한다.

❷ 지사문자(指事文字) : 그추상적인 뜻을 점이나 선으로 표시하여 발전한 글자.
(예 : 上, 下, 一, 二, 三)

❸ 회의 문자(會意文字) : 상형이나 지사의 원리에 의하여 두 글자의 뜻을 합쳐 결합하여 새로운 뜻을 나타내는 글자.
(예 : 日 + 月 → 明, 田 + 力 → 男)

❹ 형성문자(形聲文字) : 상형이나 지사문자들을 서로 결합하여 뜻 부분과 음 부분 나타내도록 만든 글자.
(예 : 工 + 力 → 功)

❺ 전주문자(轉注文字) : 이미 만들어진 글자를 최대한으로 다른 뜻으로 유추하여 늘여서 쓰는 것.
(예 : 樂 → 풍류 악, 즐거울 락, 좋아할 요 惡 → 악할 악, 미워할 오)

❻ 가차문자(假借文字) : 이미 있는 글자의 뜻에 관계 없이 음이나 형태를 빌어다 쓰는 글자.
(예 : 自 → 처음에는 코(鼻 : 코 비)라는 글자였으나 그음을 빌려서 '자기'라는 뜻으로 사용.

(다) 부수(部首)의 위치와 명칭

❶ 머리(冠)·두(頭)

부수가 글자의 위에 있는 것.

대표부수: 亠, 宀, 竹, 艸(艹)

　宀 갓머리(집면) : 官(벼슬 관)
　艹(艸) 초두머리(풀초) : 花(꽃 화), 苦(쓸 고)

❷ 변(邊)

부수가 글자의 왼쪽에 있는 것.

대표부수: 人(亻), 彳, 心(忄), 手(扌), 木, 水(氵), 石

　亻(人) 사람인변 : 仁(어질 인), 代(대신 대)
　禾 벼화변 : 科(과목 과), 秋(가을 추)

❸ 발·다리(脚)

부수가 글자의 아래에 있는 것.

대표부수: 儿, 火(灬), 皿

　儿 어진사람인 : 兄(형 형), 光(빛 광)
　灬(火) 연화발(불화) : 烈(매울 열), 無(없을 무)

❹ 방(傍)

부수가 글자의 오른쪽에 있는 것.

대표부수: 刀(刂), 攴(攵), 欠, 見, 邑(阝)

　刂(刀) 선칼도방 : 刻(새길 각), 刑(형벌 형)
　阝(邑) 우부방 : 郡(고을 군), 邦(나라 방)

❺ 엄(广)

부수가 글자의 위에서 왼쪽으로 덮여 있는 것.

대표부수: 厂, 广, 疒, 虍

广 엄호(집엄) : 序(차례 서), 度(법도 도)
尸(주검시) : 居(살 거), 局(판 국)

❻ 받침

부수가 왼쪽에서 밑으로 있는 것.

대표부수: 廴, 走, 辶(辵)

廴 민책받침(길게걸을인) : 廷(조정 정), 建(세울 건)
辶(辵) 책받침(쉬엄쉬엄갈착) : 近(가까울 근), 追(따를 추)

❼ 몸

부수가 글자를 에워싸고 있는 것.

대표부수: 凵, 囗, 門

凵 위튼입구몸(입벌릴감) : 凶(흉할 흉), 出(날 출)

匚 감출혜 : 匹(짝 필), 區(구분할 구)
匚 튼입구몸(상자방) : 匠(장인 장), 匣(갑 갑)

門 문문 : 開(열 개), 間(사이 간)

囗 큰입구몸(에운담) :
四(넉 사), 困(곤할 곤), 國(나라 국)

❽ 제부수

부수가 그대로 한 글자를 구성한다.

木(나무목) : 本(근본 본), 末(끝 말)
車(수레거) : 軍(군사 군), 較(비교할 교)
馬(말마) : 驛(역마 역), 騎(말탈 기)

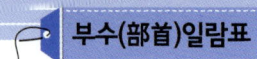

부수(部首)일람표

一 [한 일]	가로의 한 획으로 수(數)의 '하나'의 뜻을 나타냄 (지사자)
ㅣ [뚫을 곤]	세로의 한 획으로, 상하(上下)로 통하는 뜻을 지님 (지사자)
丶 [점 주(점)]	불타고 있어 움직이지 않는 불꽃을 본뜬 모양 (지사자)
丿 [삐칠 별(삐침)]	오른쪽에서 왼쪽으로 삐쳐 나간 모습을 그린 글자 (상형자)
乙(乚) [새 을]	갈지자형을 본떠, 사물이 원활히 나아가지 않는 상태를 나타냄 (상형자)
亅 [갈고리 궐]	거꾸로 휘어진 갈고리 모양을 본뜬 글자 (상형자)
二 [두 이]	두 개의 가로획으로 수사(數詞)의 '둘'의 뜻을 나타냄 (상형자)
亠 [머리 두(돼지해머리)]	亥에서 一을 따 왔기 때문에 돼지해밑이라고 함 (상형자)
人(亻) [사람 인(인변)]	사람, 백성 등이 팔을 뻗쳐 서있는 것을 옆에서 본 모양 (상형자)
儿 [어진사람 인]	사람 두 다리를 뻗치고 서있는 모습 (상형자)
入 [들 입]	하나의 줄기가 갈라져 땅속으로 들어가는 모양 (상형자)
八 [여덟 팔]	사물이 둘로 나뉘어 등지고 있는 모습 (지사자)
冂 [멀 경(멀경몸)]	세로의 두 줄에 가로 줄을 그어, 멀리 떨어진 막다른 곳을 뜻함 (상형자)
冖 [덮을 멱(민갓머리)]	집 또는 지붕을 본떠 그린 글자 (상형자)
冫 [얼음 빙(이수변)]	얼음이 언 모양을 그린 글자 (상형자)
几 [안석 궤(책상궤)]	발이 붙어 있는 대의 모양 (상형자)
凵 [입벌릴 감(위터진입구)]	땅이 움푹 들어간 모양 (상형자)
刀(刂) [칼 도]	날이 구부정하게 굽은 칼 모양 (상형자)

力 [힘 력]	팔이 힘을 주었을 때 근육이 불거진 모습 (상형자)
勹 [쌀 포]	사람이 몸을 구부리고 보따리를 싸서 안고 있는 모양 (상형자)
匕 [비수 비]	끝이 뾰족한 숟가락 모양 (상형자)
匚 [상자 방(터진입구)]	네모난 상자의 모양을 본뜸 (상형자)
匸 [감출 혜(터진에운담)]	물건을 넣고 뚜껑을 덮어 가린다는 뜻 (회의자)
十 [열 십]	동서남북이 모두 추어진 모양
卜 [점 복]	점을 치기 위하여 소뼈나 거북의 등딱지를 태워서 갈라진 모양
卩(㔾) [병부 절]	사람이 무릎을 꿇은 모양을 본떠, '무릎 관절'의 뜻을 나타냄 (상형자)
厂 [굴바위 엄(민엄호)]	언덕의 위부분이 튀어나와 그 밑에서 사람이 살 수 있는 곳 (상형자)
厶 [사사로울 사(마늘모)]	자신의 소유품을 묶어 싸놓고 있음을 본뜸 (지사자)
又 [또 우]	오른손의 옆모습을 본뜬 글자 (상형자)
口 [입 구]	사람의 입모양을 나타냄 (상형자)
囗 [에울 위(큰입구)]	둘레를 에워싼 선에서, '에워싸다', '두르다'의 뜻을 나타냄 (지사자)
土 [흙 토]	초목의 새싹이 땅 위로 솟아오르며 자라는 모양을 본뜬 글자 (상형자)
士 [선비 사]	一에서 十까지의 기수(基數)로 선비가 학업에 입문하는 것 (상형자)
夂 [뒤져올 치]	아래를 향한 발의 상형으로, '내려가다'의 뜻을 나타냄 (상형자)
夊 [천천히걸을 쇠]	아래를 향한 발자국의 모양으로, 가파른 언덕을 머뭇거리며 내려가다는 뜻을 나타냄 (상형자)

夕 [저녁 석]	달이 반쯤 보이기 시작할 때 즉 황혼 무렵의 저녁을 말함 (상형자)
大 [큰 대]	정면에서 바라 본 사람의 머리, 팔, 머리를 본뜸 (상형자)
女 [계집 녀]	여자가 무릎을 굽히고 얌전히 앉아 있는 모습 (상형자)
子 [아들 자]	사람의 머리와 수족을 본뜸 (상형자)
宀 [집 면(갓머리)]	지붕이 사방으로 둘러싸인 집 (상형자)
寸 [마디 촌]	손가락 하나 굵기의 폭 (지사자)
小 [작을 소]	작은 점의 상형으로 '작다'의 뜻 (상형자)
尢(兀) [절름발이 왕]	한쪽 정강이뼈가 굽은 모양을 본뜸 (상형자)
尸 [주검 시]	사람이 배를 깔고 드러누운 모양 (상형자)
屮(㞢) [싹날 철]	풀의 싹이 튼 모양을 본뜸 (상형자)
山 [메 산]	산모양을 본떠, '산'의 뜻을 나타냄 (상형자)
巛(川) [개미허리(내 천)]	물이 굽이쳐 흐르는 모양 (상형자)
工 [장인 공]	천지 사이에 대목이 먹줄로 줄을 퉁기고 있는 모습 (상형자)
己 [몸 기]	사람이 자기 몸을 굽히고 있는 모양을 본뜬 글자 (상형자)
巾 [수건 건]	허리띠에 천을 드리우고 있는 모양 (상형자)
干 [방패 간]	끝이 쌍갈래진 무기의 상형으로, '범하다', '막다'의 뜻을 나타냄 (상형자)
幺 [작을 요]	갓 태어난 아이를 본뜸 (상형자)
广 [집 엄(엄호)]	가옥의 덮개에 상당하는 지붕의 모습을 본뜸 (상형자)
廴 [길게 걸을 인(민책받침)]	길게 뻗은 길을 간다는 뜻 (지사자)

廾 [손맞잡을 공(밑스물입)]	두 손으로 받들 공 왼손과 오른손을 모아 떠받들고 있는 모습 (회의자)
弋 [주살 익]	작은 가지에 지주(支柱)를 바친 모양 (상형자)
弓 [활 궁]	화살을 먹이지 않은 활의 모양을 본뜸 (상형자)
크(ㅋ) [돼지머리 계(터진가로왈)]	돼지머리의 모양을 본뜬 모양 (상형자)
彡 [터럭 삼(삐친석삼)]	터럭을 빗질하여 놓은 모양 (상형자)
彳 [조금걸을 척(중인변)]	넓적다리, 정강이, 발의 세 부분을 그려서 처음 걷기 시작함을 나타냄 (상형자)
心(忄·㣺) [마음 심(심방변)]	사람의 심장의 모양을 본뜬 모양 (상형자)
戈 [창 과]	주살 익(弋)에 一을 덧붙인 날이 옆에 있는 주살 (상형자)
戶 [지게 호]	지게문의 상형으로, '문', '가옥'의 뜻을 지님 (상형자)
手(扌) [손 수(재방변)]	다섯 손가락을 펼치고 있는 손의 모양 (상형자)
支 [지탱할 지]	대나무의 한 쪽 가지를 나누어 손으로 쥐고 있는 모양 (상형자)
攴(攵) [칠 복(등글월문)]	손으로 북소리가 나게 두드린다는 뜻 (상형자)
文 [글월 문]	사람의 가슴을 열어, 거기에 먹으로 표시한 모양 (상형자)
斗 [말 두]	자루가 달린 용량을 계측하는 말을 본뜸 (상형자)
斤 [도끼 근(날근)]	날이 선, 자루가 달린 도끼로 그 밑에 놓인 물건을 자르려는 모양 (상형자)
方 [모 방]	두 척의 조각배를 나란히 하여 놓고 그 이름을 붙여 놓은 모양 (상형자)

无(兀) [없을 무(이미기방)]	사람의 머리 위에 一의 부호를 더하여 머리를 보이지 않게 한 것 (지사자)
日 [날 일]	태양의 모양을 본뜸 (상형자)
曰 [가로 왈]	입과 날숨을 본뜸 (상형자)
月 [달 월]	달의 모양을 본뜸 (상형자)
木 [나무 목]	나무의 줄기와 가지와 뿌리가 있는 서 있는 나무를 본뜸 (상형자)
欠 [하품 흠]	사람의 립에서 입김이 나오는 모양 (상형자)
止 [그칠 지]	초목에서 싹이 돋아날 무렵의 뿌리 부분의 모양 (상형자)
歹(歺) [뼈앙상할 알(죽을사변)]	살이 깎여 없어진 사람의 백골 시체의 모양 (상형자)
殳 [칠 수(갖은등글월문)]	오른손에 들고 있는 긴 막대기의 무기 모양 (상형자)
毋 [말 무]	毋말무 여자를 함부로 범하지 못하도록 막아 지킨다는 뜻 (상형자)
比 [견줄 비]	人을 반대 방향으로 나란히 세워 놓은 모양 (상형자)
毛 [터럭 모]	사람이나 짐승의 머리털을 본뜸 (상형자)
氏 [각시 씨]	산기슭에 튀어나와 있는 허물어져가는 언덕의 모양 (상형자)
气 [기운 기]	구름이 피어오르는 모양. 또는 김이 곡선을 그으면서 솟아오르는 모양 (상형자)
水(氵) [물 수(삼수변)]	물이 끊임없이 흐르는 모양 (상형자)
火(灬) [불 화]	불이 활활 타오르는 모양 (상형자)
爪(爫) [손톱 조]	손으로 아래쪽의 물건을 집으려는 모양 (상형자)

父 [아비 부]	손으로 채찍을 들고 가족을 거느리며 가르친다는 뜻 (상형자)
爻 [점괘 효]	육효(六爻)의 머리가 엇갈린 모양을 본뜸 (상형자)
爿 [조각널 장(장수장변)]	나무의 한 가운데를 세로로 자른 그 왼쪽 반의 모양 (상형자)
片 [조각 편]	나무의 한 가운데를 세로로 자른 그 오른 쪽 반의 모양 (상형·지사자)
牙 [어금니 아]	입을 다물었을 때 아래 위의 어금니가 맞닿은 모양 (상형자)
牛(牛) [소 우]	머리와 두 뿔이 솟고, 꼬리를 늘어뜨리고 있는 소의 모양 (상형자)
犬(犭) [개 견]	개가 옆으로 보고 있는 모양 (상형자)
老(耂) [늙을 로]	늙어서 머리털이 변한 모양 (상형자)
玉(王) [구슬 옥]	가로 획은 세 개의 옥돌, 세로 획은 옥 줄을 꿴 끈을 뜻함 (상형자)
艸(艹) [풀 초(초두)]	초목이 처음 돋아나오는 모양 (상형자)
辵(辶) [쉬엄쉬엄갈 착(책받침)]	가다가는 쉬고 쉬다가는 간다는 뜻 (회의자)
玄 [검을 현]	'亠'과 '幺'이 합하여 그윽하고 멀다는 의미를 지님 (상형자)
瓜 [오이 과]	'八'는 오이의 덩굴을 , '厶'는 오이의 열매를 본뜸 (상형자)
瓦 [기와 와]	진흙으로 구운 질그릇의 모양 (상형자)
甘 [달 감]	'ㅁ'와 'ㅡ'를 합한 것으로 입 안에 맛있는 것이 들어있음을 뜻함 (지사자)
生 [날 생]	초목이 나고 차츰 자라서 땅 위에 나온 모양 (상형자)
田 [밭 전]	'ㅁ'은 사방의 경계선을 '十'은 동서남북으로 통하는 길을 본뜸 (상형자)

疋 [필 필]	무릎 아래의 다리 모양 (상형자)
疒 [병들 녁(병질엄)]	사람이 병들어 침대에 기댄 모양 (회의자)
癶 [걸을 발(필발머리)]	두 다리를 뻗친 모양 (상형자)
白 [흰 백]	저녁의 어스레한 물색을 희다고 본데서 '희다'의 뜻을 나타냄 (상형자)
皮 [가죽 피]	손으로 가죽을 벗기는 모습 (상형자)
皿 [그릇 명]	그릇의 모양 (상형자)
目(罒) [눈 목]	사람의 눈의 모양 (상형자)
矛 [창 모]	병거(兵車)에 세우는 장식이 달리고 자루가 긴 창의 모양 (상형자)
矢 [화살 시]	화살의 모양 (상형자)
石 [돌 석]	언덕 아래 굴러있는 돌멩이 모양 (상형자)
示(礻) [보일 시]	인간에게 길흉을 보여 알림을 뜻함 (상형자)
禸 [짐승발자국 유]	짐승의 뒷발이 땅을 밟고 있는 모양 (상형자)
禾 [벼 화]	줄기와 이삭이 드리워진 모양 (상형자)
穴 [구멍 혈]	움을 파서 그 속에서 살 혈거주택을 본 뜬 모양 (상형자)
立 [설 립]	사람이 땅 위에서 있는 모양 (상형자)
衣(衤) [옷 의]	사람의 윗도리를 가리는 옷이라는 뜻 (상형자)
竹 [대 죽]	대나무의 줄기와 대나무의 잎이 아래로 드리워진 모양 (상형자)
米 [쌀 미]	네 개의 점은 낱알을 뜻하고 十은 낱알이 따로따로 있음을 뜻함 (상형자)

糸 [실 사]	실타래를 본뜬 모양 (상형자)
缶 [장군 부]	장군을 본뜬 모양 (상형자)
网(罓·罒) [그물 망]	그물을 본뜬 모양 (상형자)
羊 [양 양]	양의 뿔과 네 다리를 나타낸 모양 (상형자)
羽 [깃 우]	새의 날개를 본뜬 모양 (상형자)
而 [말이을 이]	코 밑 수염을 본뜬 모양 (상형자)
耒 [쟁기 뢰]	우거진 풀을 나무로 만든 연장으로 갈아 넘긴다는 뜻으로 쟁기를 의미함 (상형자)
耳 [귀 이]	귀를 본뜬 모양 (상형자)
聿 [붓 율]	대쪽에 재빠르게 쓰는 물건 곧 붓을 뜻함 (상형자)
肉(月) [고기 육(육달월변)]	잘라낸 고기 덩어리를 본뜬 모양 (상형자)
臣 [신하 신]	임금 앞에 굴복하고 있는 모양 (상형자)
自 [스스로 자]	코를 본뜬 모양 (상형자)
至 [이를 지]	새가 날아 내려 땅에 닿음을 나타냄 (지사자)
臼 [절구 구(확구)]	확을 본뜬 모양 (상형자)
舌 [혀 설]	口와 干을 합하여 혀를 나타냄 (상형자)
舛(牟) [어그러질 천]	사람과 사람이 서로 등지고 반대 된다는 뜻 (상형·회의자)
舟 [배 주]	배의 모양을 본뜬 모양 (상형자)
艮 [그칠 간]	눈이 나란하여 서로 물러섬이 없다는 뜻 (회의자)
色 [빛 색]	사람의 심정이 얼굴빛에 나타난 모양 (회의자)

虍 [범의문채 호(범호)]	호피의 무늬를 본뜬 모양 (상형자)
虫 [벌레 충(훼)]	살무사가 몸을 도사리고 있는 모양 (상형자)
血 [피 혈]	제기에 담아서 신에게 바치는 희생의 피를 나타냄 (상형자)
行 [다닐 행]	좌우의 발을 차례로 옮겨 걸어감을 의미함 (상형자)
襾 [덮을 아]	그릇의 뚜껑을 본뜬 모양 (지사자)
見 [볼 견]	사람이 눈으로 보는 것을 뜻함 (회의자)
角 [뿔 각]	짐승의 뿔을 본뜬 모양 (상형자)
言 [말씀 언]	불신(不信)이 있을 대는 죄를 받을 것을 맹세한다는 뜻
谷 [골 곡]	샘물이 솟아 산 사이를 지나 바다에 흘러들어 가기까지의 사이를 뜻함 (회의자)
豆 [콩 두]	굽이 높은 제기를 본뜬 모양 (상형자)
豕 [돼지 시]	돼지가 꼬리를 흔드는 모양 (상형자)
豸 [발없는벌레 치(갖은 돼지시변)]	짐승이 먹이를 노려 몸을 낮추어 이제 곧 덮치려 하고 있는 모양 (상형자)
貝 [조개 패]	조개를 본뜬 모양 (상형자)
赤 [붉을 적]	불타 밝은데서 밝게 드러낸다는 뜻 (회의자)
走 [달아날 주]	사람이 다리를 굽혔다 폈다 하면서 달리는 모양 (회의자)
足 [발 족]	무릎부터 다리까지를 본뜬 모양 (상형자)
身 [몸 신]	아이가 뱃속에서 움직이는 모양 (상형자)
車 [수레 거]	외바퀴차를 본뜬 모양 (상형자)
辛 [매울 신]	문신을 하기 위한 바늘을 본뜬 모양 (상형자)

辰 [별 진]	조개가 조가비를 벌리고 살을 내놓은 모양 (상형자)
邑(阝) [고을 읍(우부방)]	사람이 모여 사는 마을을 뜻함 (회의자)
酉 [닭 유]	술두루미를 본뜬 모양 (상형자)
采 [분별할 변]	짐승의 발톱이 갈라져 있는 모양 (상형자)
里 [마을 리]	밭도 있고 흙도 있어서 사람이 살만한 곳을 뜻함 (회의자)
金 [쇠 금]	땅 속에 묻혔으면서 빛을 가진 광석에서 가장 귀한 것을 뜻함 (상형·형성자)
長(镸) [길 장]	사람의 긴 머리를 본뜬 모양 (상형자)
門 [문 문]	두 개의 문짝을 달아놓은 모양 (상형자)
阜(阝) [언덕 부(좌부방)]	층이 진 흙산을 본뜬 모양 (상형자)
隶 [미칠 이]	손으로 꼬리를 붙잡기 위해 뒤에서 미친다는 뜻 (회의자)
隹 [새 추]	꽁지가 짧은 새를 본뜬 모양 (상형자)
雨 [비 우]	하늘의 구름에서 물방울이 뚝뚝 떨어지는 모양 (상형자)
青 [푸를 청]	싹도 우물물도 맑은 푸른빛을 뜻함 (형성자)
非 [아닐 비]	새가 날아 내릴 때 날개를 좌우로 날아 드리운 모양 (상형자)
面 [낯 면]	사람의 머리에 얼굴의 윤곽을 본뜬 모양 (지사자)
革 [가죽 혁]	두 손으로 짐승의 털을 뽑는 모양 (상형자)
韋 [다룸가죽 위]	어떤 장소에서 다른 방향으로 발걸음을 내디디는 모양 (회의자)
韭 [부추 구]	땅 위에 무리지어 나있는 부추의 모양 (상형자)
音 [소리 음]	말이 입 밖에 나올 때 성대를 울려 가락이 있는 소리를 내는 모양 (지사자)

頁 [머리 혈]	사람의 머리를 강조한 모양 (상형자)
風 [바람 풍]	공기가 널리 퍼져 움직임을 따라 동물이 깨어나 움직인다는 뜻 (상형·형성자)
飛 [날 비]	새가 하늘을 날 때 양쪽 날개를 쭉 펴고 있는 모양 (상형자)
食 [밥 식(변)]	식기에 음식을 담고 뚜껑을 덮은 모양 (상형자)
首 [머리 수]	머리털이 나있는 머리를 본뜬 모양 (상형자)
香 [향기 향]	기장을 잘 익혔을 때 나는 냄새를 뜻함 (회의자)
馬 [말 마]	말을 본뜬 모양 (상형자)
骨 [뼈 골]	고기에서 살을 발라내고 남은 뼈를 뜻함 (회의자)
高 [높을 고]	출입문 보다 누대는 엄청 높다는 뜻 (상형자)
髟 [머리털늘어질 표(터럭발)]	긴 머리털을 뜻함 (회의자)
鬥 [싸울 투]	두 사람이 손에 병장기를 들고 서로 대항하는 모양 (상형자)
鬯 [술 창]	곡식의 낟알이 그릇에 담겨 괴어 액체가 된 것을 숟가락으로 뜬다는 뜻 (회의자)
鬲 [솥 력]	솥과 비슷한 다리 굽은 솥의 모양 (상형자)
鬼 [귀신 귀]	사람을 해치는 망령 곧 귀신을 뜻함 (상형자)
魚 [물고기 어]	물고기를 본뜬 모양 (상형자)
鳥 [새 조]	새를 본뜬 모양 (상형자)
鹵 [소금밭 로]	서쪽의 소금밭을 가리킴 (상형자)
鹿 [사슴 록]	사슴의 머리, 뿔, 네 발을 본뜬 모양 (상형자)

麥 [보리 맥]	겨울에 뿌리가 땅속에 깊이 박힌 모양 (회의자)
麻 [삼 마]	삼의 껍질을 가늘게 삼은 것을 뜻함 (회의자)
黃 [누를 황]	밭의 색은 황토색이기 때문에 '노랗다'는 것을 뜻함 (상형자)
黍 [기장 서]	술의 재료로 알맞은 기장을 뜻함 (상형·회의자)
黑 [검을 흑]	불이 활활 타올라 나가는 창인 검은 굴뚝을 뜻함 (상형자)
黹 [바느질할 치]	바늘에 펜 실로서 수를 놓는 옷감을 그린 모양 (상형자)
黽 [맹꽁이 맹]	맹꽁이를 본뜬 모양 (상형자)
鼎 [솥 정]	발이 세 개, 귀가 두개인 솥의 모양 (상형자)
鼓 [북 고]	장식이 달린 아기를 오른손으로 친다는 뜻 (회의자)
鼠 [쥐 서]	쥐의 이와 배, 발톱과 꼬리의 모양 (상형자)
鼻 [코 비]	공기를 통하는 '코'를 뜻함 (회의·형성자)
齊 [가지런할 제]	곡식의 이삭이 피어 끝이 가지런한 모양 (상형자)
齒 [이 치]	이가 나란히 서 있는 모양
龍 [용 룡]	끝이 뾰족한 뿔과 입을 벌린 기다란 몸뚱이를 가진 용의 모양 (상형자)
龜 [거북 귀(구)]	거북이를 본뜬 모양 (상형자)
龠 [피리 약]	부는 구멍이 있는 관(管)을 나란히 엮은 모양 (상형자)

두음법칙(頭音法則) 한자

한자음에서 첫머리나 음절의 첫소리에서 발음되는 것을 피하기 위해 다른 소리로 바꾸어 발음하는 것으로 즉, 'ㅣ, ㅑ, ㅕ, ㅛ, ㅠ' 앞에서 'ㄹ과 ㄴ'이 'ㅇ'이 되고, 'ㅏ, ㅓ, ㅗ, ㅜ, ㅡ, ㅐ, ㅔ, ㅚ' 앞의 'ㄹ'은 'ㄴ'으로 변하는 것을 말한다.

ㄴ➡ㅇ로 발음

尿(뇨)	뇨-糖尿病(당뇨병) 요-尿素肥料(요소비료)	尼(니)	니-比丘尼(비구니) 이-尼僧(이승)	泥(니)	니-雲泥(운니) 이-泥土(이토)
溺(닉)	닉-眈溺(탐닉) 익-溺死(익사)	女(녀)	여-女子(여자) 녀-小女(소녀)	匿(닉)	닉-隱匿(은닉) 익-匿名(익명)
紐(뉴)	뉴-結紐(결뉴) 유-紐帶(유대)	念(념)	념-理念(이념) 염-念佛(염불)	年(년)	년-數十年(수십년) 연-年代(연대)

ㄹ➡ㄴ, ㅇ로 발음

洛(락)	락-京洛(경락) 낙-洛東江(낙동강)	蘭(란)	란-香蘭(향란) 난-蘭草(난초)	欄(란)	란-空欄(공란) 난-欄干(난간)
藍(람)	람-甘藍(감람) 남-藍色(남색)	濫(람)	람-氾濫(범람) 남-濫發(남발)	拉(랍)	랍-被拉(피랍) 납-拉致(납치)
浪(랑)	랑-放浪(방랑) 낭-浪說(낭설)	廊(랑)	랑-舍廊(사랑) 낭-廊下(낭하)	涼(량)	량-淸凉里(청량리) 양-凉秋(양추)
諒(량)	량-海諒(해량) 양-諒解(양해)	慮(려)	려-憂慮(우려) 여-慮外(여외)	勵(려)	려-獎勵(장려) 여-勵行(여행)
曆(력)	력-陽曆(양력) 역-曆書(역서)	蓮(련)	련-水蓮(수련) 연-蓮根(연근)	戀(련)	련-悲戀(비련) 연-戀情(연정)
劣(렬)	렬-拙劣(졸렬) 열-劣等(열등)	廉(렴)	렴-淸廉(청렴) 염-廉恥(염치)	嶺(령)	령-大關嶺(대관령) 영-嶺東(영동)

露(로)	로-白露(백로) 노-露出(노출)	爐(로)	로-火爐(화로) 노-爐邊(노변)	祿(록)	록-國祿(국록) 녹-祿俸(녹봉)
弄(롱)	롱-戲弄(희롱) 농-弄談(농담)	雷(뢰)	뢰-地雷(지뢰) 뇌-雷聲(뇌성)	陵(릉)	릉-丘陵(구릉) 능-陵墓(능묘)
療(료)	료-治療(치료) 요-療養(요양)	龍(룡)	룡-靑龍(청룡) 용-龍床(용상)	倫(륜)	륜-人倫(인륜) 윤-倫理(윤리)
隆(륭)	륭-興隆(흥륭) 융-隆盛(융성)	梨(리)	리-山梨(산리) 이-梨花(이화)	裏(리)	리-表裏(표리) 이-裏面(이면)
吏(리)	리-官吏(관리) 이-吏讀(이두)	理(리)	리-倫理(윤리) 이-理解(이해)	臨(림)	림-君臨(군림) 임-臨席(임석)

동자이음(同字異音) 한자

降	내릴 항복할	강 항	降雨(강우) 降伏(항복)	更	다시 고칠	갱 경	갱생(更生) 경장(更張)
車	수레 수레	거 차	車馬(거마) 車票(차표)	乾	하늘, 마를 마를	건 간	乾燥(건조) 乾物(간물)
見	볼 나타날, 뵐	견 현	見聞(견문) 謁見(알현)	串	버릇 땅이름	관 곶	串童(관동) 甲串(갑곶)
告	알릴 뵙고청할	고 곡	告示(고시) 告寧(곡녕)	奈	나락 어찌	나 내	奈落(나락) 奈何(내하)
帑	처자 나라곳집	노 탕	妻帑(처노) 帑庫(탕고)	茶	차 차	다 차	茶菓(다과) 茶禮(차례)
宅	댁 집	댁 택	宅內(댁내) 宅地(택지)	度	법도 헤아릴	도 탁	度數(도수) 忖度(촌탁)
讀	읽을 구절	독 두	讀書(독서) 吏讀(이두)	洞	마을 통할	동 통	洞里(동리) 洞察(통찰)
屯	모일 어려울	둔 준	屯田(둔전) 屯困(준곤)	反	돌이킬 뒤집을	반 번	反亂(반란) 反田(번전)
魄	넋 넋잃을	백 탁/박	魂魄(혼백) 落魄(낙탁)	便	똥오줌 편할	변 편	便所(변소) 便利(편리)
復	회복할 다시	복 부	復歸(복귀) 復活(부활)	父	아비 남자미칭	부 보	父母(부모) 尙父(상보)
否	아닐 막힐	부 비	否決(부결) 否塞(비색)	北	북녘 달아날	북 패	北進(북진) 敗北(패배)
分	나눌 단위	분 푼	分裂(분열) 分錢(푼전)	不	아니 아닐	불 부	不能(불능) 不在(부재)

沸	끓을 물용솟음칠	비 불	沸騰(비등) 沸水(불수)	寺	절 내시, 관청	사 시	寺刹(사찰) 寺人(시인)
殺	죽일 감할	살 쇄	殺生(살생) 殺到(쇄도)	狀	모양 문서	상 장	狀況(상황) 狀啓(장계)
索	찾을 쓸쓸할	색 삭	索引(색인) 索莫(삭막)	塞	막을 변방	색 새	塞源(색원) 要塞(요새)
說	말씀 달랠 기뻐할	설 세 열	說得(설득) 說客(세객) 說喜(열희)	省	살필 덜	성 생	省墓(성묘) 省略(생략)
率	거느릴 비율	솔 률/율	率先(솔선) 率身(율신)	衰	쇠할 상복	쇠 최	衰退(쇠퇴) 衰服(최복)
數	셀 자주 촘촘할	수 삭 촉	數學(수학) 數窮(삭궁) 數罟(촉고)	宿	잘 별	숙 수	宿泊(숙박) 宿曜(수요)
拾	주울 열	습 십	拾得(습득) 拾萬(십만)	瑟	악기이름 악기이름	슬 실	瑟居(슬거) 琴瑟(금실)
食	밥 먹일	식 사	食堂(식당) 簞食(단사)	識	알 기록할	식 지	識見(식견) 標識(표지)
什	열사람 세간	십 집	什長(십장) 什器(집기)	十	열	십 시	十干(십간) 十月(시월)
惡	악할 미워할	악 오	惡漢(악한) 惡寒(오한)	樂	풍류 즐길 좋아할	악 낙/락 요	樂聖(악성) 樂園(낙원)
若	만약 반야	약 야	若干(약간) 般若(반야)	於	어조사 탄식할	어 오	於是乎(어시호) 於兎(오토)

厭	싫어할	염	厭世(염세)	葉	잎	엽	葉書(엽서)
	누를	엽	厭然(엽연)		성씨	섭	葉氏(섭씨)
六	여섯	육/륙	六年(육년)	易	쉬울	이	易慢(이만)
	여섯	유/뉴	六月(유월)		바꿀, 주역	역	易學(역학)
咽	목구멍	인	咽喉(인후)	刺	찌를	자	刺戟(자극)
	목멜	열	嗚咽(오열)		수라	라	水刺(수라)
					찌를	척	刺殺(척살)
炙	구울	자	炙背(자배)	著	지을	저	著述(저술)
	고기구이	적	炙鐵(적철)		붙을	착	著近(착근)
抵	막을	저	抵抗(저항)	切	끊을	절	切迫(절박)
	칠	지	抵掌(지장)		모두	체	一切(일체)
提	끌	제	提携(제휴)	辰	지지	진	辰時(진시)
	보리수	리	菩提樹(보리수)		일월성	신	生辰(생신)
	떼지어날	시	提提(시시)				
斟	술따를	짐	斟酌(짐작)	徵	부를	징	徵兵(징병)
	짐작할	침	斟量(침량)		음률이름	치	
差	어긋날	차	差別(차별)	帖	문서	첩	帖着(첩착)
	층질	치	參差(참치)		체지	체	帖文(체문)
諦	살필	체	諦念(체념)	丑	소	축	丑時(축시)
	울	제	眞諦(진제)		추		公孫丑(공손추)
則	법	칙	則效(칙효)	沈	가라앉을	침	沈沒(침몰)
	곧	즉	然則(연즉)		성씨	심	沈氏(심씨)
拓	박을	탁	拓本(탁본)	罷	그만둘	파	罷業(파업)
	넓힐	척	拓殖(척식)		고달플	피	罷勞(피로)

編	엮을	편	編輯(편집)	布	베	포	布木(포목)
	땋을	변	編髮(변발)		베풀	보	布施(보시)
暴	사나울	폭	暴動(폭동)	曝	볕쬘	폭	曝衣(폭의)
	사나울	포	暴惡(포악)		볕쬘	포	曝白(포백)
皮	가죽	피	皮革(피혁)	行	다닐	행	行樂(행락)
	가죽	비	鹿皮(녹비)		항렬·줄	항	行列(항렬)
陝	좁을	협	陝隘(협애)	滑	미끄러울	활	滑降(활강)
	땅이름	합	陝川(합천)		어지러울	골	滑稽(골계)

약자(略字) · 속자(俗字)

假=仮 (거짓 가)
價=価 (값 가)
覺=覚 (깨달을 각)
擧=挙 (들 거)
據=拠 (의지할 거)
輕=軽 (가벼울 경)
經=経 (경서 경)
徑=径 (지름길 경)
鷄=鶏 (닭 계)
繼=継 (이를 계)
館=舘 (집 관)
關=関 (빗장 관)
廣=広 (넓을 광)
敎=教 (가르칠 교)
區=区 (구역 구)
舊=旧 (예 구)
驅=駆 (몰 구)
國=国 (나라 국)
權=権 (권세 권)
勸=勧 (권할 권)
龜=亀 (거북 귀)
氣=気 (기운 기)
旣=既 (이미 기)
內=内 (안 내)
單=単 (홑 단)
團=団 (둥글 단)
斷=断 (끊을 단)
擔=担 (멜 담)
當=当 (당할 당)
黨=党 (무리 당)

對=対 (대할 대)
德=徳 (큰 덕)
圖=図 (그림 도)
讀=読 (읽을 독)
獨=独 (홀로 독)
樂=楽 (즐길 락)
亂=乱 (어지러울 란)
覽=覧 (볼 람)
來=来 (올 래)
兩=両 (두 량)
凉=涼 (서늘할 량)
勵=励 (힘쓸 려)
歷=歴 (지날 력)
練=練 (익힐 련)
戀=恋 (사모할 련)
靈=灵 (신령 령)
禮=礼 (예도 례)
勞=労 (수고로울 로)
爐=炉 (화로 로)
綠=緑 (푸를 록)
賴=頼 (의지할 뢰)
龍=竜 (용 룡)
樓=楼 (다락 루)
稟=禀 (삼갈·사뢸 품)
萬=万 (일만 만)
滿=満 (찰 만)
蠻=蛮 (오랑캐 만)
賣=売 (팔 매)
麥=麦 (보리 맥)
半=半 (반 반)

發=発 (필 발)
拜=拝 (절 배)
變=変 (변할 변)
辯=弁 (말잘할 변)
邊=辺 (가 변)
竝=並 (아우를 병)
寶=宝 (보배 보)
拂=払 (떨칠 불)
佛=仏 (부처 불)
氷=氷 (얼음 빙)
絲=糸 (실 사)
寫=写 (베낄 사)
辭=辞 (말씀 사)
雙=双 (짝 쌍)
敍=叙 (펼 서)
潟=泻 (개펄 석)
釋=釈 (풀 석)
聲=声 (소리 성)
續=続 (이을 속)
屬=属 (붙을 속)
收=収 (거둘 수)
數=数 (수 수)
輸=輸 (보낼 수)
肅=粛 (삼갈 숙)
濕=湿 (젖을 습)
乘=乗 (탈 승)
實=実 (열매 실)
兒=児 (아이 아)
亞=亜 (버금 아)
惡=悪 (악할 악)

巖=岩 (바위 암)	錢=銭 (돈 전)	齒=歯 (이 치)
壓=圧 (누를 압)	傳=伝 (전할 전)	恥=耻 (부끄러울 치)
藥=薬 (약 약)	轉=転 (구를 전)	稱=称 (일컬을 칭)
讓=譲 (사양할 양)	點=点 (점 점)	彈=弾 (탄할 탄)
嚴=厳 (엄할 엄)	靜=静 (고요 정)	澤=沢 (못 택)
餘=余 (남을 여)	淨=浄 (깨끗할 정)	擇=択 (가릴 택)
與=与 (줄 여)	濟=済 (건널 제)	廢=廃 (폐할 폐)
驛=駅 (정거장 역)	齊=斉 (다스릴 제)	豐=豊 (풍성할 풍)
譯=訳 (통역할 역)	條=条 (가지 조)	學=学 (배울 학)
鹽=塩 (소금 염)	弔=吊 (조상할 조)	解=解 (풀 해)
榮=栄 (영화 영)	從=従 (쫓을 종)	鄕=郷 (고을 향)
豫=予 (미리 예)	晝=昼 (낮 주)	虛=虚 (빌 허)
藝=芸 (재주 예)	卽=即 (곧 즉)	獻=献 (드릴 헌)
溫=温 (따뜻할 온)	增=増 (더할 증)	驗=験 (증험할 험)
圓=円 (둥글 원)	證=証 (증거 증)	顯=顕 (나타날 현)
圍=囲 (둘레 위)	眞=真 (참 진)	螢=蛍 (반딧불 형)
爲=為 (하 위)	盡=尽 (다할 진)	號=号 (부르짖을 호)
陰=陰 (그늘 음)	晉=晋 (나라 진)	畫=画 (그림 화)
應=応 (응할 응)	贊=賛 (찬성할 찬)	擴=拡 (늘릴 확)
醫=医 (의원 의)	讚=讃 (칭찬할 찬)	歡=歓 (기쁠 환)
貳=弐 (두 이)	參=参 (참여할 참)	黃=黄 (누를 황)
壹=壱 (하나 일)	册=冊 (책 책)	會=会 (모을 회)
姉=姊 (누이 자)	處=処 (곳 처)	回=回 (돌아올 회)
殘=残 (남을 잔)	淺=浅 (얕을 천)	效=効 (본받을 효)
潛=潜 (잠길 잠)	鐵=鉄 (쇠 철)	黑=黒 (검을 흑)
雜=雑 (섞일 잡)	廳=庁 (관청 청)	戱=戯 (희롱할 희)
壯=壮 (씩씩할 장)	體=体 (몸 체)	
莊=庄 (별장 장)	觸=触 (닿을 촉)	
爭=争 (다툴 쟁)	總=総 (다 총)	
戰=戦 (싸움 전)	蟲=虫 (벌레 충)	

고사 성어(古事成語)

家家戶戶(가가호호)	각 집, 각각의 집마다
刻舟求劍(각주구검)	배에 새겨 칼을 구함
肝膽相照(간담상조)	간과 쓸개가 서로 본다(격의 없이 지내는 사이)
甘言利說(감언이설)	남의 비위에 맞도록 꾸민 달콤한 말
乾坤一擲(건곤일척)	주사위를 한 번 던져 승패를 겸
建陽多慶(건양다경)	새해가 시작됨에 경사스런 일이 많기를 바람
見利思義(견리사의)	눈앞의 이익을 보면 먼저 의리를 생각함
犬馬之誠(견마지성)	개와 말의 주인을 위한 충성
見善從之(견선종지)	선한 것을 보면 그것을 좇음
結者解之(결자해지)	맺은 사람이 풀어야 함
結草報恩(결초보은)	풀을 묶어서 은혜에 보답(죽은 뒤에라도 은혜를 갚음)
鷄卵有骨(계란유골)	계란이 곯았다(좋은 기회를 만나도 일이 잘 안 됨)
鷄肋(계륵)	닭갈비(버리기에는 아깝고 먹자니 별거 없음)
苦盡甘來(고진감래)	고생 끝에 즐거움이 옴
公平無私(공평무사)	공평하여 사사로움이 없음
過猶不及(과유불급)	지나침은 미치지 못함과 같음
管鮑之交(관포지교)	아주 친한 친구 사이의 사귐
矯角殺牛(교각살우)	소의 뿔을 바로 잡으려다가 소를 죽임
交友以信(교우이신)	벗을 믿음으로써 사귀어야 함
教學相長(교학상장)	가르치고 배우면서 서로 성장함

句句節節(구구절절)	하나하나의 모든 구절(매우 상세하고 간곡함)
九死一生(구사일생)	아홉 번죽을 뻔하다가 겨우 살아남
群鷄一鶴(군계일학)	닭의 무리 가운데 한 마리의 학(무리 중 뛰어난 인물)
君臣有義(군신유의)	임금과 신하 사이에는 의리가 있어야 함
君爲臣綱(군위신강)	임금과 신하 사이에 마땅히 지켜야 할 도리
勸善懲惡(권선징악)	착한 것을 권하고 악을 응징함
捲土重來(권토중래)	어떤 일에 실패한 뒤 힘을 길러 다시 그 일을 시작함
金蘭之契(금란지계)	친구 사이의 매우 두터운 정
金蘭之交(금란지교)	친구 사이의 매우 두터운 정
今昔之感(금석지감)	지금과 옛날의 감정이 크게 달라짐
金石之交(금석지교)	쇠붙이와 돌처럼 굳고 변함없는 우정
金枝玉葉(금지옥엽)	금으로 된 가지와 옥으로 된 잎(임금의 일족을 높임)
起死回生(기사회생)	거의 죽을 뻔하다가 도로 살아남
杞人之憂(기인지우)	기나라 사람의 걱정 근심
奇貨可居(기화가거)	진기한 물건은 잘 간직하여 나중에 이익을 남기고 팖
難兄難弟(난형난제)	서로 비슷비슷하여 우열이나 정도를 가리기 어려움
男女老少(남녀노소)	남자와 여자와 늙은이와 젊은이
老馬之智(노마지지)	늙은 말의 지혜
多多益善(다다익선)	많으면 많을수록 좋음
斷機戒(단기지계)	학문을 하다가 중도에 그만두면 아무 쓸모가 없음

單刀直入(단도직입)	단칼로 쳐들어감(요점이나 문제의 핵심을 곧바로 말함)
大器晚成(대기만성)	큰 그릇을 만드는 데는 시간이 오래 걸림
獨不將軍(독불장군)	무슨 일이든지 제 생각대로 혼자 처리하는 사람
讀書亡羊(독서망양)	글을 읽는 데 정신이 팔려 먹이고 있던 양을 잃음
讀書尙友(독서상우)	책을 읽음으로써 옛 현인들과 벗이 될 수 있음
冬去春來(동거춘래)	겨울이 가고 봄이 옴
東問西答(동문서답)	질문과는 전혀 상관없는 엉뚱한 대답
登龍門(등용문)	입신출세를 위한 어려운 관문이나 시험
燈下不明(등하불명)	등잔 밑이 어둡다(가까이에서 일어난 일을 잘 모름)
燈火可親(등화가친)	서늘한 가을밤은 등불을 가까이 하여 글 읽기에 좋음
馬耳東風(마이동풍)	말의 귀에 동풍이 불어도 아랑곳하지 않음
莫逆之交(막역지교)	서로 뜻이 잘 맞고 허물없는 아주 친한 사귐
望雲之情(망운지정)	자식이 객지에서 고향에 계신 어버이를 그리는 마음
亡子計齒(망자계치)	죽은 자식 나이 세기
梅蘭菊竹(매난국죽)	매화와 난초와 국화와 대나무
麥秀之嘆(맥수지탄)	보리가 팬 것을 보고 하는탄식(조국이 망한 것을 한탄)
明明白白(명명백백)	아주 뚜렷함
名山大川(명산대천)	이름난 산과 큰 내
明若觀火(명약관화)	불을 보는 것처럼 분명하고 뻔함
毛遂自薦(모수자천)	자기가 자기를 추천하는 것

目不識丁(목불식정)	한자 중 쉬운 글자인 '丁'자도 모를 정도로 무식함
武陵桃源(무릉도원)	무릉에 있는 선경(중국 후난성 복숭아꽃이 만발한 낙원)
墨守(묵수)	자기의 의견이나 주장을 굽히지 않고 굳게 지킴
文房四友(문방사우)	글방의 네 가지 친구
聞一知十(문일지십)	한 가지를 듣고 열 가지를 미루어 안다(지극히 총명함)
尾生之信(미생지신)	융통성이 없이 약속만을 굳게 지키는 것
反哺之孝(반포지효)	까마귀 새끼가 자라서 늙은 어미에게 먹이를 물어다 주는 효
拔本塞源(발본색원)	좋지 않은 일의 근본 원인 요소를 완전히 없애 버림
蚌鷸之爭(방휼지쟁)	조개와 도요새의 싸움(둘이 싸우면 엉뚱한 제삼자가 이익)
背水之陣(배수지진)	물을 등지고 진을 침(싸움에 임한 비장한 각오)
百年大計(백년대계)	먼 장래까지 내다보고 세우는 큰 계획
百年河淸(백년하청)	어떤 일이 아무리 오랜 시간이 흘러도 이루어지기 어려움
伯牙絶絃(백아절현)	참다운 벗의 죽음을 슬퍼함
百折不屈(백절불굴)	수없이 많이 꺾여도 굴하지 않고 이겨 나감
步武堂堂(보무당당)	걸음걸이가 씩씩하고 활기참
夫婦有別(부부유별)	남편과 아내 사이에는 분별이 있어야 함
夫爲婦綱(부위부강)	남편과 아내 사이에 마땅히 지켜야 할 도리
父爲子綱(부위자강)	부모와 자식 사이에 마땅히 지켜야 할 도리
父子有親(부자유친)	아버지와 자식간에는 친함이 있어야 함
朋友有信(붕우유신)	친구 사이에는 믿음이 있어야 함

非一非再(비일비재)	한두 번이나 한둘이 아니고 많음
氷山一角(빙산일각)	빙산의 한 모서리(어떤 일이 숨겨져 극히 일부분만 드러남)
舍己從人(사기종인)	자신을 버리고 남을 따름
四面楚歌(사면초가)	적에게 완전히 포로가 되어 있는 상태
砂上樓閣(사상누각)	모래 위에 세운 누각(기초가 튼튼하지 못함)
師弟同行(사제동행)	스승과 제자가 함께 길을 감
蛇足(사족)	뱀의 다리를 그림(쓸데없는 군짓을 하여 도리어 잘못되게 함)
事親以孝(사친이효)	부모님을 효로써 섬겨야 함
四通八達(사통팔달)	도로망, 교통망, 통신망 따위가 이리저리 사방으로 통함
事必歸正(사필귀정)	모든 일은 반드시 바른길로 돌아가게 마련임
山高水長(산고수장)	덕행이나 지조의 깨끗함을 산과 강물에 비유
山戰水戰(산전수전)	세상일의 어려운 고비를 다 겪어 봄
殺身成仁(살신성인)	자기 몸을 희생하여 인을 이룸
三馬太守(삼마태수)	세 마리의 말만 거느린 태수(청빈한 관리)
三三五五(삼삼오오)	서너 사람이나 대여섯 사람씩 떼지어 다님
三人成虎(삼인성호)	근거 없는 말도 여럿이 하면 곧이듣게 됨
三日天下(삼일천하)	사흘 동안 천하를 얻음(짧은 기간 동안 정권을 잡음)
三尺童子(삼척동자)	키가 석자밖에 되지 않는 어린아이
三遷之敎(삼천지교)	맹자의 교육을 위해 그 어머니가 집을 세 번 옮김
塞翁之馬(새옹지마)	인간의 길흉화복은 변화가 무쌍하여 도무지 예측할 수 없음

先見之明(선견지명)	다가올 일을 미리 짐작하는 밝은 지혜
先公後私(선공후사)	공적인 일을 먼저 하고 사사로운 일은 나중에 함
雪膚花容(설부화용)	눈처럼 흰 살갗과 꽃처럼 고운 얼굴(아름다운 여자의 모습)
雪上加霜(설상가상)	눈이 내리는 위에 서리까지 더함(불행이 겹침)
小貪大失(소탐대실)	작은 것을 탐하다가 큰 것을 잃음
束手無策(속수무책)	어찌할 도리나 방책이 없어 꼼짝 못함
送舊迎新(송구영신)	묵은 해를 보내고 새해를 맞음
松茂栢悅(송무백열)	소나무가 무성하면 잣나무가 기뻐함(벗이 잘됨을 기뻐함)
首尾一貫(수미일관)	어떤 일을 처음부터 끝까지 한결같이 함
手不釋卷(수불석권)	손에서 책을 놓지 않음
水魚之交(수어지교)	물과 물고기의 관계(매우 친밀한 사이)
守株待兎(수주대토)	그루터기를 지키면서 토끼를 기다림
宿虎衝鼻(숙호충비)	자는 호랑이의 코를 찌름(공연히 건드려서 일을 그르침)
脣亡齒寒(순망치한)	입술이 없으면 이가 시림
是是非非(시시비비)	옳은 것을 옳다 하고 그른 것을 그르다 함
始終如一(시종여일)	처음과 끝이 한결 같음
身言書判(신언서판)	예전 인물을 골랐던 네 가지 조건(신수, 말씨, 문필, 판단력)
十中八九(십중팔구)	열 가운데 여덟이나 아홉이 그렇다(대개가 그러함)
我田引水(아전인수)	자기 논에 물 댄다(자기에게 이롭게 되도록 행동함)
安貧樂道(안빈낙도)	가난한 생활을 하면서도 편안한 마음으로 도를 지킴

眼下無人(안하무인)	눈아래 보이는 사람이 없다(방자하고 교만함)
愛人如己(애인여기)	남을 자기 몸처럼 사랑함
愛之重之(애지중지)	매우 사랑하고 소중히 여김
藥房甘草(약방감초)	한약에는 감초를 넣는 일이 많아 한약방에는 항상 감초가 있음
羊頭狗肉(양두구육)	양 머리를 걸어놓고 개고기를 팜
良藥苦口(양약고구)	좋은 약은 입에 씀
魚頭肉尾(어두육미)	물고기는 머리 쪽이, 짐승은 꼬리 쪽이 맛이 있음
漁父之利(어부지리)	도요새와 조개가 서로 다투다가 어부에게 둘다 잡힘
於異阿異(어이아이)	'어'다르고 '아'다름
億兆蒼生(억조창생)	수많은 백성
言中有骨(언중유골)	말 속에 뼈가 있음
與民同樂(여민동락)	임금이 백성과 더불어 즐김
易地思之(역지사지)	남과 처지를 바꾸어 생각함(남의 입장에서 생각함)
年年歲歲(연년세세)	해마다 이어져 무궁토록
緣木求魚(연목구어)	나무에 올라가서 물고기를 구함(불가능한 일을 하려 함)
榮枯盛衰(영고성쇠)	세월이 흐름에 따라 변전하는 번영과 쇠락
五里霧中(오리무중)	오리 사방이 안개속(어디에 있는지 찾을 길이 없음)
吾鼻三尺(오비삼척)	내 코가 석 자
烏飛梨落(오비이락)	까마귀 날자 배 떨어짐(일이 공교롭게 때가 같아 의심을 받음)
五十步百(오십보백보)	오십보를 간 자나 백보를 간 자나 본질적으로 같음

烏合之卒(오합지졸)	임시로 모여들어 규율이 없고 무질서한 병졸 또는 군중
溫故知新(온고지신)	옛것을 익히고 그것을 통하여 새것을 앎
溫柔敦厚(온유돈후)	온화하고 부드럽고 돈독하고 두터움
臥薪嘗膽(와신상담)	섶에 누워 쓸개를 맛봄(복수를 위해 고난을 참고 견딤)
王兄佛兄(왕형불형)	살아서는 왕의 형이 되고 죽어서는 부처의 형이 됨
外柔內剛(외유내강)	겉으로는 부드럽고 순하나 속은 곧고 꿋꿋함
外華內貧(외화내빈)	겉으로는 화려하게 보이나 속으로는 빈곤하고 부실함
樂山樂水(요산요수)	산을 좋아하고 물을 좋아함
欲速不達(욕속부달)	일을 너무 빨리 하고자 서두르면 도리어 이루지 못함
龍頭蛇尾(용두사미)	머리는 용이나 꼬리는 뱀(처음은 좋으나 끝이 좋지 않음을)
愚公移山(우공이산)	어리석은 영감이 산을 옮김
牛耳讀經(우이독경)	소귀에 경 읽기
衛正斥邪(위정척사)	바른 것은 보호하고 간사한 것은 내침
韋編三絶(위편삼절)	책을 열심히 읽음
有口無言(유구무언)	입은 있으나 할 말이 없음
有名無實(유명무실)	이름만 그럴듯하고 실속은 없음
有備無患(유비무환)	미리 준비해 두면 근심할 것이 없음
流水不腐(유수불부)	흐르는 물은 썩지 않음
柳暗花明(유암화명)	버들은 무성하고 꽃은 활짝 피어 밝음
唯一無二(유일무이)	오직 하나만 있고 둘은 없음

有害無益(유해무익)	해롭기만 하고 이로움은 없음
隱忍自重(은인자중)	밖으로 드러내지 않고 속으로 참고 견디며 몸가짐을 신중히 함
陰德陽報(음덕양보)	남모르게 덕행을 쌓은 사람은 뒤에 그 보답을 받게 됨
泣兒授乳(읍아수유)	우는 아이에게 젖을 줌
意氣揚揚(의기양양)	기세가 등등하고 뽐내는 모양이 가득함
以德服人(이덕복인)	덕으로써 다른 사람을 복종시킴
以文會友(이문회우)	글로써 벗을 만남
以心傳心(이심전심)	마음과 마음으로 서로 뜻이 통함
以熱治熱(이열치열)	열을 열로 다스림
利害得失(이해득실)	이로움과 해로움 및 얻음과 잃음
人之常情(인지상정)	사람이면 누구나 가질 수 있는 보통의 마음이나 감정
一擧兩得(일거양득)	한 가지 일로 두 가지 이익을 얻음
一石二鳥(일석이조)	한 개의 돌로 두 마리새를 잡음
一進一退(일진일퇴)	한 번 나아갔다 한 번 물러섰다 함
日就月將(일취월장)	날로 달로 발전하거나 성장함
一片丹心(일편단심)	한 조각의 붉은 마음(오직 한 가지에 변함없는 마음)
立身揚名(입신양명)	출세하여 세상에 이름을 떨침
自强不息(자강불식)	스스로 힘써 몸과 마음을 가다듬고 쉬지 않음
子子孫孫(자자손손)	대대로 이어지는 여러 대의 자손
作心三日(작심삼일)	마음 먹은 것이 사흘 감

長幼有序(장유유서)	어른과 아이 사이에는 차례가 있어야 함
前途有望(전도유망)	앞으로 발전하고 성공할 가능성과 희망이 있음
轉禍爲福(전화위복)	화를 바꾸어 복이 되게 함
絶世佳人(절세가인)	당대에는 견줄 만한 상대가 없는 뛰어난 미인
絶長補短(절장보단)	긴 것을 잘라서 짧은 것을 보충함
切磋琢磨(절차탁마)	옥이나 뿔 따위를 갈고 닦아서 빛을 냄
頂門一針(정문일침)	정수리에 침 하나를 꽂음(따끔하고 매서운 충고)
正正堂堂(정정당당)	바르고 떳떳함
朝令暮改(조령모개)	아침에 내린 명령을 저녁에 다시 고침
朝變夕改(조변석개)	아침저녁으로 뜯어고침
朝三暮四(조삼모사)	자기의 이익을 위해 교활한 꾀를 써서 남을 속임
助長(조장)	억지로 힘을 무리하게 써 일을 그르침
坐不安席(좌불안석)	마음이 불안해서 자리에 가만히 앉아 있지를 못함)
坐井觀天(좌정관천)	우물 속에 앉아 하늘을 봄
左衝右突(좌충우돌)	이리저리 마구 치고받고 부딪침
晝耕夜讀(주경야독)	낮에는 농사를 짓고 밤에는 글을 읽음
走馬看山(주마간산)	달리는 말위에서 산천을 구경함
酒池肉林(주지육림)	술이 연못을 이루고 고기가 숲을 이룸(사치하고 음란한 행동)
竹馬故友(죽마고우)	어릴 때에 대나무로 만든 말을 타고 놀던 친구
衆口難防(중구난방)	여러 사람의 입은 막기가 어렵다

知己之友(지기지우)	자기의 가치나 속마음을 잘 알아주는 참다운 벗
之東之西(지동지서)	줏대가 없이 이리저리 갈팡질팡함
芝蘭之交(지란지교)	지초와 난초의 사귐(벗 사이의 높고 맑은 사귐)
指鹿爲馬(지록위마)	사슴을 가리켜 말이라고 함
志在千里(지재천리)	뜻이 천리에 있음
知彼知己(지피지기)	적의 형편과 나의 형편을 다 자세히 앎
紙筆硯墨(지필연묵)	종이와 붓과 벼루와 먹
知行合一(지행합일)	지식과 행동이 하나로 합치됨
集小成多(집소성다)	작은 것을 모아서 많은 것을 이룸
借廳借閨(차청차규)	대청을 빌려 사는 사람이 점점 안방까지 들어감
天長地久(천장지구)	하늘과 땅처럼 오래가고 변함이 없음
千篇一律(천편일률)	여러 사물이 개성이 없이 모두 비슷비슷함
徹頭徹尾(철두철미)	처음부터 끝까지 빈틈없고 철저하게 함
晴耕雨讀(청경우독)	맑은 날은 논밭을 갈고 비오는 날은 책을 읽음
靑松綠竹(청송녹죽)	푸른 소나무와 푸른 대나무
靑雲之志(청운지지)	천자가 될 사람이 있는 곳에는 푸른구름이 깃들임
靑出於藍(청출어람)	푸른색은 쪽빛에서 나옴(스승보다 제자의 실력이 뛰어남)
淸風明月(청풍명월)	맑은 바람과 밝은 달
草綠同色(초록동색)	풀과 초록색은 같은 색
初志不變(초지불변)	처음의 뜻이 변하지 않음

推己及人(추기급인)	자신을 미루어 다른 사람에게 미침
追遠報本(추원보본)	조상의 덕을 추모하여 제사를 지내며 은혜를 갚음
秋風落葉(추풍낙엽)	가을바람에 흩어져 떨어지는 나뭇잎
出告反面(출고반면)	나갈 때는 아뢰고 돌아오면 뵘
親仁善隣(친인선린)	어진 사람을 가까이 하고 이웃과 사이좋게 지냄
他山之石(타산지석)	남의 산에 있는 돌이라도 나의 옥을 다듬는 데에 소용이 됨
泰山北斗(태산북두)	태산과 북두칠성처럼 모든 사람들이 우러러보는 존재
兔死狗烹(토사구팽)	토끼가 죽고 나면 사냥개를 삶아먹음
破邪顯正(파사현정)	사견이나 사도를 깨어 버리고 정도를 나타냄
破竹之勢(파죽지세)	대나무의 한끝을 쪼개듯 거침없이 적에게 진군하는 기세
風樹之嘆(풍수지탄)	어버이가 돌아가시어 효도하고 싶어도 할 수 없음
風前燈火(풍전등화)	바람 앞의 등불(사물이나 인생의 덧없음)
匹夫匹婦(필부필부)	평범한 남녀
學如不及(학여불급)	필요하지도 않고 급하지도 않음
學如逆水(학여역수)	배움은 물을 거슬러올라가는 것과 같음
漢江投石(한강투석)	한강에 돌던지기
咸興差使(함흥차사)	함흥으로 사신을 보냄
螢雪之功(형설지공)	고생 속에서도 꾸준히 공부하여 얻은 보람
兄弟投金(형제투금)	형제가 금을 강에 던짐
形形色色(형형색색)	모양이나 빛깔이 서로 다른 여러 가지

狐假虎威(호가호위)	여우가 호랑이의 힘을 빌려 잘난체하며 경솔하게 행동함
浩然之氣(호연지기)	사람의 마음에 차 있는 너르고 크고 올바른 기운
胡蝶夢(호접몽)	나비의 꿈(자아와 외물은 본디 하나라는 이치)
昏定晨省(혼정신성)	저녁에 자리를 펴드리고 새벽에 문안 인사를드림
畵龍點睛(화룡점정)	가장 중요한 부분을 마무리 지음
和而不同(화이부동)	남과 사이좋게 지내기는 하나 무턱대고 한데 어울리지 않는 일
會者定離(회자정리)	만난 사람은 반드시 헤어지게 됨
後生可畏(후생가외)	뒤에 난 사람은 두려워할 만하다
厚顔無恥(후안무치)	낯가죽이 두꺼워 뻔뻔하고 부끄러움을 모름
興亡盛衰(흥망성쇠)	흥하고 망함과 성하고 쇠함
興盡悲來(흥진비래)	즐거운 일이 다하면 슬픈 일이 옴
喜怒哀樂(희로애락)	기쁨과 성냄과 슬픔과 즐거움

Index
찾아보기

ㄱ

中7급 歌(가) 8
中7급 家(가) 8
中5급 加(가) 60
中5급 價(가) 60
中5급 可(가) 61
中4Ⅱ급 街(가) 178
中4Ⅱ급 假(가) 178
高4급 暇(가) 179
中6급 各(각) 61
中6급 角(각) 61
高4급 刻(각) 179
高4급 覺(각) 179
中7급 間(간) 9
中4급 干(간) 180
中4급 看(간) 180
高4급 簡(간) 180
中6급 感(감) 62
中4Ⅱ급 減(감) 181
中4급 甘(감) 181
中4급 敢(감) 181
高4Ⅱ급 監(감) 182
中4급 甲(갑) 182
中7급 江(강) 9
中6급 强(강) 62
高4Ⅱ급 康(강) 182
中4급 降(강/항) 183
中4Ⅱ급 講(강) 183
中5급 改(개) 62

中6급 開(개) 63
中4Ⅱ급 個(개) 183
中5급 客(객) 63
中4급 更(갱/경) 184
中7급 車(거/차) 9
中5급 去(거) 63
中5급 擧(거) 64
中4급 居(거) 184
中4급 巨(거) 184
高4급 拒(거) 185
高4급 據(거) 185
高5급 件(건) 64
高5급 建(건) 64
高5급 健(건) 65
高4급 傑(걸) 185
高4급 儉(검) 186
中4Ⅱ급 檢(검) 186
高5급 格(격) 65
高4급 激(격) 186
中4급 擊(격) 187
中5급 見(견/현) 65
中4급 堅(견) 187
中4급 犬(견) 187
中5급 決(결) 66
中5급 結(결) 66
中4Ⅱ급 京(경) 66
中5급 景(경) 67

中5급 敬(경) 67
中5급 輕(경) 67
中5급 競(경) 68
高4급 傾(경) 188
中4Ⅱ급 警(경) 189
中4급 驚(경) 189
高4Ⅱ급 境(경) 189
高4급 鏡(경) 190
中4Ⅱ급 經(경) 190
中4Ⅱ급 慶(경) 190
中6급 界(계) 68
中6급 計(계) 68
高4급 系(계) 191
高4Ⅱ급 係(계) 191
中4급 季(계) 191
中4급 鷄(계) 192
中4급 階(계) 192
高4급 戒(계) 192
高4급 繼(계) 193
中6급 古(고) 69
中5급 固(고) 69
中6급 苦(고) 69
中5급 告(고/곡) 70
中5급 考(고) 70
中6급
高(고) 70
中4Ⅱ급 故(고) 193
高4급 孤(고) 193
高4급 庫(고) 194

中5급 曲(곡) 71
中4급 穀(곡) 194
中4급 困(곤) 194
中4급 骨(골) 195
中7급 工(공) 10
中7급 空(공) 10
中6급 共(공) 71
中6급 公(공) 71
中6급 功(공) 72
高4급 攻(공) 195
高4급 孔(공) 195
中6급 果(과) 72
中5급 課(과) 72
中5급 過(과) 73
中6급 科(과) 73
中5급 觀(관) 73
中5급 關(관) 74
中4Ⅱ급 官(관) 196
高4급 管(관) 196
中5급 光(광) 74
中5급 廣(광) 74
高4급 鑛(광) 196
中8급 校(교) 10
中8급 敎(교) 11
中6급 交(교) 75
中5급 橋(교) 75
中8급 九(구) 11
中7급 口(구) 11
高5급 具(구) 75

高6급 區(구) 76	中4급 勤(근) 202	中4급 納(납) 206	中6급 對(대) 86
中5급 救(구) 76	中4급 筋(근) 203	中7급 內(내) 14	中6급 待(대) 86
高6급 球(구) 76	中8급 金(금/김) 12	中8급 女(녀(여)) 15	高4Ⅱ급 帶(대) 210
中5급 舊(구) 77	中6급 今(금) 79	中8급 年(년(연)) 15	高4Ⅱ급 隊(대) 210
中4Ⅱ급 究(구) 197	中4Ⅱ급 禁(금) 203	中5급 念(념(염)) 82	中5급 德(덕) 86
中4Ⅱ급 句(구) 197	高6급 級(급) 79	高4Ⅱ급 努(노) 206	中7급 道(도) 16
中4Ⅱ급 求(구) 197	中6급 急(급) 80	中4Ⅱ급 怒(노) 207	中5급 到(도) 87
高4Ⅱ급 構(구) 198	中5급 給(급) 80	中7급 農(농) 15	中6급 圖(도) 87
中8급 國(국) 12	高7급 旗(기) 13	中5급 能(능) 83	中5급 島(도) 87
高5급 局(국) 77	中7급 記(기) 13		中6급 度(도/탁) 88
中8급 軍(군) 12	中7급 氣(기) 13	**ㄷ**	中5급 都(도) 88
中6급 郡(군) 77	中5급 基(기) 80	中6급 多(다) 83	高4Ⅱ급 導(도) 210
中4급 君(군) 198	中5급 期(기) 81	高5급 團(단) 83	中4급 徒(도) 211
高4급 群(군) 198	中5급 技(기) 81	高5급 壇(단) 84	高4급 逃(도) 211
高4급 屈(굴) 199	中5급 己(기) 81	中6급 短(단) 84	高4급 盜(도) 211
高4Ⅱ급 宮(궁) 199	中5급 汽(기) 82	中4Ⅱ급 單(단) 207	中5급 獨(독) 88
高4급 窮(궁) 199	高4급 奇(기) 203	高4Ⅱ급 檀(단) 207	中6급 讀(독/두) 89
高4급 券(권) 200	高4급 寄(기) 204	中4Ⅱ급 端(단) 208	中4Ⅱ급 毒(독) 212
中4급 卷(권) 200	高4Ⅱ급 器(기) 204	中4Ⅱ급 斷(단) 208	高4Ⅱ급 督(독) 212
中4급 勸(권) 200	高4급 紀(기) 204	中4Ⅱ급 段(단) 208	中7급 冬(동) 17
中4Ⅱ급 權(권) 201	中4Ⅱ급 起(기) 205	中4Ⅱ급 達(달) 209	中8급 東(동) 17
中5급 貴(귀) 78	高4급 機(기) 205	中5급 談(담) 84	中7급 動(동) 17
中4급 歸(귀) 201	中5급 吉(길) 82	高4Ⅱ급 擔(담) 209	中7급 同(동) 18
高5급 規(규) 78		中7급 答(답) 16	中7급 洞(동/통) 18
中4급 均(균) 201	**ㄴ**	中6급 堂(당) 85	中6급 童(동) 89
高4급 劇(극) 202	中4Ⅱ급 暖(난) 205	中5급 當(당) 85	高4Ⅱ급 銅(동) 212
中4Ⅱ급 極(극) 202	中4Ⅱ급 難(난) 206	高4Ⅱ급 黨(당) 209	中6급 頭(두) 89
中6급 近(근) 78	中8급 南(남) 14	中8급 大(대) 16	中4Ⅱ급 斗(두) 213
中6급 根(근) 79	中7급 男(남) 14	中6급 代(대) 85	中4Ⅱ급 豆(두) 213

中4Ⅱ급 得(득) 213
中7급 登(등) 18
中6급 等(등) 90
中4Ⅱ급 燈(등) 214

ㄹ

高4Ⅱ급 羅(라(나)) 214
中5급 落(락(낙)) 90
高6급 樂(락/요) 90
高4급 亂(란(난)) 214
中4급 卵(란(난)) 215
高4급 覽(람) 215
中5급 朗(랑(낭)) 91
中7급 來(래(내)) 19
中5급 冷(랭(냉)) 91
高4급 略(략(약)) 215
中5급 量(량(양)) 91
中5급 良(량(양)) 92
中4Ⅱ급 兩(량(양)) 216
高4급 糧(량(양)) 216
中5급 旅(려(여)) 92
高4급 慮(려(여)) 216
高4Ⅱ급 麗(려(여)) 217
中7급 力(력(역)) 19
中5급 歷(력(역)) 92
中5급 練(련(연)) 93
中4Ⅱ급 連(련(연)) 217
中4Ⅱ급 列(렬(열)) 217
中4급 烈(렬(열)) 218

中5급 令(령(영)) 93
中5급 領(령(영)) 93
中6급 例(례(예)) 94
中6급 禮(례(예)) 94
中7급 老(로(노)) 19
中5급 勞(로(노)) 94
中6급 路(로(노)) 95
中6급 綠(록(녹)) 95
高4Ⅱ급 錄(록(녹)) 218
中4Ⅱ급 論(론(논)) 218
中5급 料(료(요)) 95
高4급 龍(룡(용)) 219
中5급 流(류(유)) 96
高4급 類(류(유)) 96
中4급 柳(류(유)) 219
中4Ⅱ급 留(류(유)) 219
中8급 六(륙(육)) 20
中5급 陸(륙(육)) 96
高4급 輪(륜(윤)) 220
中4Ⅱ급 律(률(율)) 220
中7급 里(리(이)) 20
中6급 理(리(이)) 97
中6급 利(리(이)) 97
高6급 李(리(이)) 97
高4급 離(리(이)) 220
中7급 林(림(임)) 20
中7급 立(립(입)) 21

ㅁ

中5급 馬(마) 98
中8급 萬(만) 21
中4Ⅱ급 滿(만) 221
中5급 末(말) 98
中5급 亡(망/무) 98
中5급 望(망) 99
中7급 每(매) 21
中5급 買(매) 99
中5급 賣(매) 99
中4급 妹(매) 221
高4Ⅱ급 脈(맥) 221
中7급 面(면) 22
中4급 勉(면) 222
中7급 名(명) 22
中7급 命(명) 22
中6급 明(명) 100
中4급 鳴(명) 222
中8급 母(모) 23
高4급 模(모) 222
中4Ⅱ급 毛(모) 223
中8급 木(목) 23
中6급 目(목) 100
高4Ⅱ급 牧(목) 223
高4급 墓(묘) 223
中4급 妙(묘) 224
中5급 無(무) 100
中4Ⅱ급 務(무) 224
中4Ⅱ급 武(무) 224

中4급 舞(무) 225
中8급 門(문) 23
中7급 問(문) 24
中7급 文(문) 24
中6급 聞(문) 101
中7급 物(물) 24
中6급 米(미) 101
中6급 美(미) 101
中4Ⅱ급 未(미) 225
中4Ⅱ급 味(미) 225
中8급 民(민) 25
中4Ⅱ급 密(밀) 226

ㅂ

高6급 朴(박) 102
高4Ⅱ급 博(박) 226
高4급 拍(박) 226
中6급 半(반) 102
中6급 反(반/번) 102
高6급 班(반) 103
中6급 發(발) 103
高4급 髮(발) 227
中7급 方(방) 25
中6급 放(방) 103
高4급 妨(방) 227
中4Ⅱ급 防(방) 227
中4Ⅱ급 房(방) 228
中4Ⅱ급 訪(방) 228
高5급 倍(배) 104

| 中4Ⅱ급 拜(배) 228
| 中5급 奉(봉) 107
| ㅅ
| 中5급 相(상) 113

高4Ⅱ급 背(배) 229
中7급 夫(부) 26
中7급 事(사) 27
中4Ⅱ급 傷(상) 243

高4Ⅱ급 配(배) 229
中8급 父(부) 26
中8급 四(사) 28
高4Ⅱ급 象(상) 244

中8급 白(백) 25
中6급 部(부) 107
中5급 士(사) 109
中4Ⅱ급 常(상) 244

中7급 百(백) 26
高4Ⅱ급 府(부) 234
中5급 仕(사) 110
中4Ⅱ급 床(상) 244

中6급 番(번) 104
高4Ⅱ급 副(부) 235
中6급 使(사) 110
中4Ⅱ급 想(상) 245

中4Ⅱ급 伐(벌) 229
高4Ⅱ급 富(부) 235
中5급 史(사) 110
高4Ⅱ급 狀(상/장) 245

高4Ⅱ급 罰(벌) 230
中4Ⅱ급 否(부/비) 235
高5급 寫(사) 111
中7급 色(색) 29

高4Ⅱ급 犯(범) 230
中4Ⅱ급 婦(부) 236
高6급 社(사) 111
中8급 生(생) 30

高4Ⅱ급 範(범) 230
高4급 負(부) 236
中5급 思(사) 111
中8급 西(서) 30

中5급 法(법) 104
中8급 北(북/배) 27
高5급 查(사) 112
中5급 序(서) 114

高4Ⅱ급 壁(벽) 231
中6급 分(분/푼) 108
中6급 死(사) 112
中6급 書(서) 114

中5급 變(변) 105
高4급 粉(분) 236
中4Ⅱ급 寺(사/시) 240
中7급 夕(석) 30

高4Ⅱ급 邊(변) 231
高4급 憤(분) 237
中4급 射(사) 240
中6급 席(석) 114

高4Ⅱ급 辯(변) 231
中7급 不(불/부) 27
高4Ⅱ급 謝(사) 241
中6급 石(석) 115

中6급 別(별) 105
中4Ⅱ급 佛(불) 237
中4Ⅱ급 師(사) 241
中8급 先(선) 31

中6급 病(병) 105
中5급 比(비) 108
中4Ⅱ급 舍(사) 241
中5급 仙(선) 115

中5급 兵(병) 106
中5급 費(비) 108
中4급 私(사) 242
中5급 善(선) 115

中4Ⅱ급 保(보) 232
中5급 鼻(비) 109
中4급 絲(사) 242
中5급 選(선) 116

中4Ⅱ급 報(보) 232
中4Ⅱ급 備(비) 237
高4급 辭(사) 242
中6급 線(선) 116

中4Ⅱ급 寶(보) 232
中4Ⅱ급 非(비) 238
中8급 山(산) 28
中5급 船(선) 116

高4급 普(보) 233
中4Ⅱ급 悲(비) 238
中7급 算(산) 28
中5급 鮮(선) 117

中4Ⅱ급 步(보) 233
高4급 碑(비) 238
中5급 産(산) 112
高4급 宣(선) 245

中6급 服(복) 106
高4급 批(비) 239
中4급 散(산) 243
中5급 說(설/세/열) 117

高5급 福(복) 106
高4급 祕(비) 239
中4Ⅱ급 殺(살/쇄) 243
中6급 雪(설) 117

中4Ⅱ급 伏(복) 233
中4Ⅱ급 飛(비) 239
中8급 三(삼) 29
高4급 舌(설) 246

中4Ⅱ급 復(복/부) 234
中4Ⅱ급 貧(빈) 240
中7급 上(상) 29
中4Ⅱ급 設(설) 246

中4급 複(복) 234
中5급 氷(빙) 109
中5급 賞(상) 113
中7급 姓(성) 31

中6급 本(본) 107
|
中5급 商(상) 113
中6급 成(성) 118

中5급 性(성) 118	高4급 頌(송) 252	中4Ⅱ급 是(시) 257	高4Ⅱ급 壓(압) 260
中6급 省(성/생) 118	中4Ⅱ급 送(송) 252	中4Ⅱ급 視(시) 257	中6급 愛(애) 128
中4Ⅱ급 城(성) 246	中7급 手(수) 33	中4Ⅱ급 試(시) 258	高4급 額(액) 260
中4Ⅱ급 盛(성) 247	中7급 數(수/삭/촉) 33	中7급 食(식/사) 34	中4Ⅱ급 液(액) 261
中4Ⅱ급 誠(성) 247	中8급 水(수) 33	中7급 植(식) 35	中6급 夜(야) 128
中4Ⅱ급 星(성) 247	中6급 樹(수) 121	中6급 式(식) 124	中6급 野(야) 128
中4Ⅱ급 聖(성) 248	中5급 首(수) 121	中5급 識(식/지) 124	中6급 弱(약) 129
中4Ⅱ급 聲(성) 248	中4Ⅱ급 修(수) 253	高4Ⅱ급 息(식) 258	中5급 約(약) 129
中7급 世(세) 31	中4Ⅱ급 受(수) 253	中6급 神(신) 124	中6급 藥(약) 129
中5급 洗(세) 119	中4Ⅱ급 授(수) 253	中6급 信(신) 125	中6급 洋(양) 130
中5급 歲(세) 119	中4Ⅱ급 守(수) 254	中6급 新(신) 125	中5급 養(양) 130
中4Ⅱ급 勢(세) 248	中4Ⅱ급 收(수) 254	中5급 臣(신) 125	中6급 陽(양) 130
中4Ⅱ급 稅(세) 249	中4급 秀(수) 254	中6급 身(신) 126	中4Ⅱ급 羊(양) 261
中4Ⅱ급 細(세) 249	中5급 宿(숙/수) 121	中4Ⅱ급 申(신) 258	高4급 樣(양) 261
中8급 小(소) 32	中4급 叔(숙) 255	中8급 室(실) 35	中7급 語(어) 36
中7급 少(소) 32	高4급 肅(숙) 255	中6급 失(실) 126	中5급 魚(어) 131
中7급 所(소) 32	中5급 順(순) 122	中5급 實(실) 126	中5급 漁(어) 131
中6급 消(소) 119	中4Ⅱ급 純(순) 255	中7급 心(심) 35	中5급 億(억) 131
高4급 掃(소) 249	高6급 術(술) 122	中4Ⅱ급 深(심) 259	中6급 言(언) 132
中4Ⅱ급 笑(소) 250	中4급 崇(숭) 256	中8급 十(십/시) 36	中4급 嚴(엄) 262
中4Ⅱ급 素(소) 250	中6급 習(습) 122	中4급 氏(씨) 259	中6급 業(업) 132
高5급 束(속) 120	中6급 勝(승) 123		中4Ⅱ급 餘(여) 262
中6급 速(속) 120	中4Ⅱ급 承(승) 256	**ㅇ**	中4Ⅱ급 如(여) 262
中4Ⅱ급 俗(속) 250	中7급 時(시) 34	中5급 兒(아) 127	中4급 與(여) 263
高4급 屬(속) 251	中7급 市(시) 34	中5급 惡(악/오) 127	中4급 易(역/이) 263
中4Ⅱ급 續(속) 251	中6급 始(시) 123	中7급 安(안) 36	中4Ⅱ급 逆(역) 263
中6급 孫(손) 120	中5급 示(시) 123	中5급 案(안) 127	高4급 域(역) 264
高4급 損(손) 251	中4Ⅱ급 詩(시) 256	中4Ⅱ급 眼(안) 259	中4급 或(역) 338
中4급 松(송) 252	中4Ⅱ급 施(시) 257	中4Ⅱ급 暗(암) 260	中7급 然(연) 37

高4급 燃(연) 264	高4Ⅱ급 謠(요) 269	高4급 圍(위) 273	高4급 儀(의) 279
中4Ⅱ급 煙(연) 264	中5급 浴(욕) 135	高4Ⅱ급 衛(위) 273	中4Ⅱ급 議(의) 279
中4Ⅱ급 研(연) 265	中6급 勇(용) 136	高4Ⅱ급 爲(위) 273	高4급 疑(의) 279
高4급 延(연) 265	中6급 用(용) 136	中4급 危(위) 274	中8급 二(이) 40
高4급 鉛(연) 265	中4Ⅱ급 容(용) 270	中4급 委(위) 274	中5급 以(이) 144
高4Ⅱ급 演(연) 266	中7급 右(우) 38	中4급 威(위) 274	中5급 耳(이) 144
高4급 緣(연) 266	中5급 友(우) 136	高4급 慰(위) 275	中4급 異(이) 280
中5급 熱(열) 132	中5급 牛(우) 137	中7급 有(유) 39	中4Ⅱ급 移(이) 280
中5급 葉(엽) 133	中5급 雨(우) 137	中6급 油(유) 141	中4Ⅱ급 益(익) 280
中6급 永(영) 133	中5급 遇(우) 270	中6급 由(유) 141	中8급 人(인) 40
中6급 英(영) 133	高4급 優(우) 270	中4급 乳(유) 275	中5급 因(인) 144
中4Ⅱ급 榮(영) 266	高4급 郵(우) 271	高4급 儒(유) 275	中4급 仁(인) 281
高4급 營(영) 267	中6급 運(운) 137	中4급 遊(유) 276	中4Ⅱ급 認(인) 281
高4급 映(영) 267	中5급 雲(운) 138	中4급 遺(유) 276	中4Ⅱ급 印(인) 281
中4급 迎(영) 267	中5급 雄(웅) 138	中7급 育(육) 39	中4Ⅱ급 引(인) 282
中4Ⅱ급 藝(예) 268	中5급 元(원) 138	中4Ⅱ급 肉(육) 276	中8급 一(일) 41
高4급 豫(예) 268	高5급 院(원) 139	中6급 銀(은) 142	中8급 日(일) 41
中8급 五(오) 37	中5급 原(원) 139	高4급 隱(은) 277	高5급 任(임) 145
中7급 午(오) 37	中5급 願(원) 139	中4Ⅱ급 恩(은) 277	中7급 入(입) 41
中4Ⅱ급 誤(오) 268	中6급 園(원) 140	中6급 音(음) 142	
中5급 屋(옥) 134	中6급 遠(원) 140	中6급 飮(음) 142	**ㅈ**
中4Ⅱ급 玉(옥) 269	高4급 源(원) 271	中4Ⅱ급 陰(음) 277	中7급 子(자) 42
中6급 溫(온) 134	高4Ⅱ급 員(원) 271	中7급 邑(읍) 40	中7급 字(자) 42
中5급 完(완) 134	中4Ⅱ급 圓(원) 272	中4Ⅱ급 應(응) 278	中7급 自(자) 42
中8급 王(왕) 38	高4급 援(원) 272	中6급 衣(의) 143	中6급 者(자) 145
中4Ⅱ급 往(왕) 269	中4급 怨(원) 272	中6급 意(의) 143	中4급 姉(자) 282
中8급 外(외) 38	中8급 月(월) 39	中6급 醫(의) 143	高4급 姿(자) 282
中5급 曜(요) 135	中5급 位(위) 140	中4급 依(의) 278	高4급 資(자) 283
中5급 要(요) 135	中5급 偉(위) 141	中4Ⅱ급 義(의) 278	中6급 作(작) 145

高6급 昨(작) 146
高4급 殘(잔) 283
高4급 雜(잡) 283
中7급 場(장) 43
高8급 長(장) 43
中6급 章(장) 146
高4급 腸(장) 284
高4급 壯(장) 284
高4급 裝(장) 284
中4Ⅱ급 將(장) 285
中4급 奬(장) 285
高4급 張(장) 285
高4급 帳(장) 286
中4Ⅱ급 障(장) 286
中5급 再(재) 146
中6급 在(재) 147
中6급 才(재) 147
中5급 材(재) 147
中5급 財(재) 148
高5급 災(재) 148
中5급 爭(쟁) 148
中5급 貯(저) 149
中4Ⅱ급 低(저) 286
高급 底(저) 287
中5급 的(적) 149
中5급 赤(적) 149
中4Ⅱ급 敵(적) 287
中4급 適(적) 287
高4급 積(적) 288

高4급 績(적) 288
高4급 籍(적) 288
高4급 賊(적) 289
中7급 全(전) 43
中7급 前(전) 44
中7급 電(전) 44
中5급 傳(전) 150
中5급 典(전) 150
中5급 展(전) 150
中6급 戰(전) 151
高4급 專(전) 289
高4급 轉(전) 289
中4급 錢(전) 290
中4Ⅱ급 田(전) 290
高5급 切(절/체) 151
中5급 節(절) 151
高4급 折(절) 290
中4Ⅱ급 絶(절) 291
中5급 店(점) 152
高4급 占(점) 291
中4급 點(점) 291
中4Ⅱ급 接(접) 292
中7급 正(정) 44
中5급 停(정) 152
中6급 定(정) 152
中6급 庭(정) 153
中5급 情(정) 153
中4급 丁(정) 292
高4Ⅱ급 程(정) 292

中4Ⅱ급 政(정) 293
高4급 整(정) 293
中4Ⅱ급 精(정) 293
中4급 靜(정) 294
中8급 弟(제) 45
中6급 題(제) 153
中6급 第(제) 154
高4Ⅱ급 制(제) 294
中4Ⅱ급 製(제) 294
中4Ⅱ급 濟(제) 295
中4Ⅱ급 提(제) 295
中4Ⅱ급 帝(제) 295
中4Ⅱ급 除(제) 296
中4Ⅱ급 祭(제) 296
中4Ⅱ급 際(제) 296
中7급 祖(조) 45
中5급 調(조) 154
高5급 操(조) 154
中6급 朝(조) 155
中4Ⅱ급 助(조) 297
高4급 組(조) 297
高4급 潮(조) 297
中4Ⅱ급 早(조) 298
高4급 條(조) 298
中4Ⅱ급 造(조) 298
中4Ⅱ급 鳥(조) 299
中7급 足(족) 45
中6급 族(족) 155
中4급 存(존) 299

中4Ⅱ급 尊(존) 299
中5급 卒(졸) 155
中5급 種(종) 156
中5급 終(종) 156
中4Ⅱ급 宗(종) 300
中4급 從(종) 300
中4급 鐘(종) 300
中7급 左(좌) 46
高4급 座(좌) 301
中5급 罪(죄) 156
中7급 主(주) 46
中7급 住(주) 46
中6급 注(주) 157
中5급 週(주) 157
高5급 州(주) 157
中6급 晝(주) 158
高4급 周(주) 301
中4급 朱(주) 301
中4Ⅱ급 走(주) 302
中4급 酒(주) 302
中4Ⅱ급 竹(죽) 302
高4Ⅱ급 準(준) 303
中8급
中(중) 47
中7급 重(중) 47
中4Ⅱ급 衆(중) 303
中4Ⅱ급 增(증) 303
中4급 證(증) 304
中7급 地(지) 47

中7급 紙(지) 48	中6급 窓(창) 160	高4Ⅱ급 築(축) 314	中5급 打(타) 165
中5급 止(지) 158	高4Ⅱ급 創(창) 310	高4Ⅱ급 縮(축) 315	高5급 卓(탁) 165
中5급 知(지) 158	中5급 採(채) 310	中7급 春(춘) 51	高급 炭(탄) 165
中4급 持(지) 304	中5급 責(책) 161	中7급 出(출) 51	高4급 彈(탄) 320
中4Ⅱ급 指(지) 304	中4급 冊(책) 311	中5급 充(충) 163	高4급 歎(탄) 320
中4Ⅱ급 志(지) 305	中4Ⅱ급 處(처) 311	中4Ⅱ급 忠(충) 315	中4급 脫(탈) 321
高4급 誌(지) 305	中7급 千(천) 48	中4Ⅱ급 蟲(충) 315	中4급 探(탐) 321
高4Ⅱ급 支(지) 305	中7급 天(천) 49	中4Ⅱ급 取(취) 316	中6급 太(태) 166
高4급 智(지) 306	中7급 川(천) 49	高4급 趣(취) 316	高4Ⅱ급 態(태) 321
中4Ⅱ급 至(지) 306	中4급 泉(천) 311	中4급 就(취) 316	中5급 宅(택/댁) 166
中7급 直(직) 48	中5급 鐵(철) 161	高4Ⅱ급 測(측) 317	高4급 擇(택) 322
高4급 織(직) 306	中8급 青(청) 49	中4급 層(층) 317	中8급 土(토) 52
高4Ⅱ급 職(직) 307	中6급 清(청) 161	中5급 致(치) 163	高4급 討(토) 322
高급 陣(진) 307	中4급 聽(청) 312	高4Ⅱ급 置(치) 317	中6급 通(통) 166
高급 珍(진) 307	高4급 廳(청) 312	中4Ⅱ급 治(치) 318	高4급 痛(통) 322
中4Ⅱ급 進(진) 308	中4Ⅱ급 請(청) 312	中4Ⅱ급 齒(치) 318	中4Ⅱ급 統(통) 323
中4급 盡(진) 308	中6급 體(체) 162	中5급 則(칙/즉) 164	中4Ⅱ급 退(퇴) 323
中4Ⅱ급 眞(진) 308	中7급 草(초) 50	中6급 親(친) 164	中4급 投(투) 323
中5급 質(질) 159	中5급 初(초) 162	中8급 七(칠) 52	高4급 鬪(투) 324
中6급 集(집) 159	中4급 招(초) 313	高4Ⅱ급 侵(침) 318	中6급 特(특) 167
	中8급 寸(촌) 50	高4급 寢(침) 319	
ㅊ	中7급 村(촌) 50	中4급 針(침) 319	**ㅍ**
高4급 差(차) 309	高4Ⅱ급 總(총) 313	高4급 稱(칭) 319	中4Ⅱ급 波(파) 324
中4Ⅱ급 次(차) 309	高4Ⅱ급 銃(총) 313		中4Ⅱ급 破(파) 324
中5급 着(착) 159	中5급 最(최) 162	**ㅋ**	高4급 派(파) 325
高4급 讚(찬) 309	中7급 秋(추) 51	中4Ⅱ급 快(쾌) 320	高5급 板(판) 167
中4Ⅱ급 察(찰) 310	中4급 推(추/퇴) 314		中4급 判(판) 325
中5급 參(참/삼) 160	中5급 祝(축) 163	**ㅌ**	中8급 八(팔) 52
中5급 唱(창) 160	高4Ⅱ급 蓄(축) 314	中5급 他(타) 164	中5급 敗(패,) 167

中7급 便(편/변) 53
中4급 篇(편) 325
中7급 平(평) 53
高4급 評(평) 326
中4급 閉(폐) 326
高4Ⅱ급 包(포) 326
高4급 胞(포) 327
中4Ⅱ급 砲(포) 327
中4Ⅱ급 布(포/보) 327
中4Ⅱ급 暴(폭/포) 328
高4급 爆(폭) 328
中6급 表(표) 168
高4Ⅱ급 票(표) 328
高4급 標(표) 329
中5급 品(품) 168
中6급 風(풍) 168
中4Ⅱ급 豊(풍) 329
高4급 疲(피) 329
高4급 避(피) 330
中5급 必(필) 169
中5급 筆(필) 169

ㅎ

中7급 下(하) 53
中7급 夏(하) 54
中5급 河(하) 169
中8급 學(학) 54
中7급 漢(한) 54
中8급 韓(한) 55
中5급 寒(한) 170
中4급 恨(한) 330
中4Ⅱ급 限(한) 330
中4Ⅱ급 閑(한) 331
中6급 合(합) 170
高4급 抗(항) 331
中4Ⅱ급 航(항) 331
中4Ⅱ급 港(항) 332
中7급 海(해) 55
中5급 害(해) 170
中4Ⅱ급 解(해) 332
高4급 核(핵) 332
中6급 幸(행) 171
中6급 行(행/항) 171
中6급 向(향) 171
中4Ⅱ급 鄕(향) 333
中4Ⅱ급 香(향) 333
中5급 許(허) 172
中4Ⅱ급 虛(허) 333
高4급 憲(헌) 334
高4급 險(험) 334
高4급 驗(험) 334
高4급 革(혁) 335
中6급 現(현) 172
中4Ⅱ급 賢(현) 335
高4급 顯(현) 335
中4Ⅱ급 血(혈) 336
中4Ⅱ급 協(협) 336
中8급 兄(형) 55

中6급 形(형) 172
中4급 刑(형) 336
高4Ⅱ급 惠(혜) 337
中5급 湖(호) 173
中6급 號(호) 173
中4Ⅱ급 呼(호) 337
中4Ⅱ급 好(호) 337
中4Ⅱ급 戶(호) 338
高4Ⅱ급 護(호) 338
中4급 婚(혼) 339
中4급 混(혼) 339
中4급 紅(홍) 339
高47급 花(화) 56
中8급 火(화) 56
中7급 話(화) 56
中5급 化(화) 173
中6급 和(화) 174
中6급 畫(화/획) 174
中4Ⅱ급 貨(화) 340
中4Ⅱ급 華(화) 340
高4Ⅱ급 確(확) 340
中5급 患(환) 174
中4급 歡(환) 341
高4급 環(환) 341
中7급 活(활) 57
中6급 黃(황) 175
高4급 況(황) 341
中6급 會(회) 175
中4Ⅱ급 回(회) 342

中4급 灰(회) 342
中7급 孝(효) 57
中5급 效(효) 175
中7급 後(후) 57
中4급 候(후) 342
中4급 厚(후) 343
中6급 訓(훈) 176
高4급 揮(휘) 343
中7급 休(휴) 58
中5급 凶(흉) 176
中5급 黑(흑) 176
高4Ⅱ급 吸(흡) 343
中4Ⅱ급 興(흥) 344
中4급 喜(희) 344
中4Ⅱ급 希(희) 344

부수명칭(部首名稱)

	1획
一	한 일
丨	뚫을 곤
丶	점 주(점)
丿	삐칠 별(삐침)
乙(乚)	새 을
亅	갈고리 궐
	2획
二	두 이
亠	머리 두(돼지해머리)
人(亻)	사람 인(인변)
儿	어진사람 인
入	들 입
八	여덟 팔
冂	멀 경(멀경몸)
冖	덮을 멱(민갓머리)
冫	얼음 빙(이수변)
几	안석 궤(책상궤)
凵	입벌릴 감(위터진입구)
刀(刂)	칼 도
力	힘 력
勹	쌀 포
匕	비수 비
匚	상자 방(터진입구)
匸	감출 혜(터진에운담)
十	열 십
卜	점 복
卩(㔾)	병부 절
厂	굴바위 엄(민엄호)
厶	사사로울 사(마늘모)
又	또 우
	3획
口	입 구
囗	에울 위(큰입구)
土	흙 토
士	선비 사
夂	뒤져올 치
夊	천천히걸을 쇠
夕	저녁 석

大	큰 대
女	계집 녀
子	아들 자
宀	집 면(갓머리)
寸	마디 촌
小	작을 소
尢(兀)	절름발이 왕
尸	주검 시
屮(中)	싹날 철
山	메 산
巛(川)	개미허리(내 천)
工	장인 공
己	몸 기
巾	수건 건
干	방패 간
幺	작을 요
广	집 엄(엄호)
廴	길게걸을 인(민책받침)
廾	손맞잡을 공(밑스물입)
弋	주살 익
弓	활 궁
彐(彑)	돼지머리 계(터진가로왈)
彡	터럭 삼(삐친석삼)
彳	조금걸을 척(중인변)
	4획
心(忄·㣺)	마음 심(심방변)
戈	창 과
戶	지게 호
手(扌)	손 수(재방변)
支	지탱할 지
攴(攵)	칠 복(등글월문)
文	글월 문
斗	말 두
斤	도끼 근(날근)
方	모 방
无(旡)	없을 무(이미기방)
日	날 일
曰	가로 왈
月	달 월

木	나무 목
欠	하품 흠
止	그칠 지
歹(歺)	뼈앙상할 알(죽을사변)
殳	칠 수(갖은등글월문)
毋	말 무
比	견줄 비
毛	터럭 모
氏	각시 씨
气	기운 기
水(氵)	물 수(삼수변)
火(灬)	불 화
爪(爫)	손톱 조
父	아비 부
爻	점괘 효
爿	조각널 장(장수장변)
片	조각 편
牙	어금니 아
牛(牜)	소 우
犬(犭)	개 견
	5획
玄	검을 현
玉(王)	구슬 옥
瓜	오이 과
瓦	기와 와
甘	달 감
生	날 생
用	쓸 용
田	밭 전
疋	필 필
疒	병들 녁(병질엄)
癶	걸을 발(필발머리)
白	흰 백
皮	가죽 피
皿	그릇 명
目(罒)	눈 목
矛	창 모
矢	화살 시
石	돌 석

示(礻)	보일 시	谷	골 곡		**10 획**
内	짐승발자국 유	豆	콩 두	馬	말 마
禾	벼 화	豕	돼지 시	骨	뼈 골
穴	구멍 혈	豸	발없는벌레 치(갖은돼지시변)	高	높을 고
立	설 립	貝	조개 패	髟	머리탈늘어질 표(터럭발)
	**6 획**	赤	붉을 적	鬥	싸울 투
竹	대 죽	走	달아날 주	鬯	술 창
米	쌀 미	足(⻊)	발 족	鬲	솥 력
糸	실 사	身	몸 신	鬼	귀신 귀
缶	장군 부	車	수레 거		**11 획**
网(罒·⺲)	그물 망	辛	매울 신	魚	물고기 어
羊	양 양	辰	별 진	鳥	새 조
羽	깃 우	辵(辶)	쉬엄쉬엄갈 착(책받침)	鹵	소금밭 로
老(耂)	늙을 로	邑(⻏)	고을 읍(우부방)	鹿	사슴 록
而	말이을 이	酉	닭 유	麥	보리 맥
耒	쟁기 뢰	釆	분별할 변	麻	삼 마
耳	귀 이	里	마을 리		**12 획**
聿	붓 율		**8 획**	黃	누를 황
肉(月)	고기 육(육달월변)	金	쇠 금	黍	기장 서
臣	신하 신	長(镸)	길 장	黑	검을 흑
自	스스로 자	門	문 문	黹	바느질할 치
至	이를 지	阜(⻖)	언덕 부(좌부방)		**13 획**
臼	절구 구(확구)	隶	미칠 이	黽	맹꽁이 맹
舌	혀 설	隹	새 추	鼎	솥 정
舛(㐄)	어그러질 천	雨	비 우	鼓	북 고
舟	배 주	青	푸를 청	鼠	쥐 서
艮	그칠 간	非	아닐 비		**14 획**
色	빛 색		**9 획**	鼻	코 비
艸(艹)	풀 초(초두)	面	낯 면	齊	가지런할 제
虍	범의문채 호(범호)	革	가죽 혁		**15 획**
虫	벌레 충(훼)	韋	다룸가죽 위	齒	이 치
血	피 혈	韭	부추 구		**16 획**
行	다닐 행	音	소리 음	龍	용 룡
衣(衤)	옷 의	頁	머리 혈	龜	거북 귀(구)
襾	덮을 아	風	바람 풍		**17 획**
	**7 획**	飛	날 비	龠	피리 약변
見	볼 견	食(飠)	밥 식(변)	*는	*㤖 심방(변) *㧘 재방(변)
角	뿔 각	首	머리 수	부수의	*㣇 삼수(변) *㹺 개사슴록(변)
言	말씀 언	香	향기 향	변형글자	*⻏(邑) 우부(방) *⻖(阜) 좌부(변)